读一本书　爱一门课

鬼脸物理课③

微观世界探幽

GUI LIAN WU LI KE

刘继军◎著

南京师范大学出版社
NANJING NORMAL UNIVERSITY PRESS

图书在版编目（CIP）数据

鬼脸物理课．3 / 刘继军著．-- 南京：南京师范大学出版社，2019.2

ISBN 978-7-5651-4002-0

Ⅰ.①鬼… Ⅱ.①刘… Ⅲ.①中学物理课—课外读物 Ⅳ.① G634.73

中国版本图书馆 CIP 数据核字（2018）第 301955 号

书　　名 / 鬼脸物理课．3
作　　者 / 刘继军
责任编辑 / 陈　晨
责任校对 / 张新新
出版发行 / 南京师范大学出版社
地　　址 / 江苏省南京市玄武区后宰门西村 9 号（邮编：210016）
电　　话 /（025）83598919（总编办）（0371）68698016（邮购部）
网　　址 / http://www.njnup.com
电子信箱 / nspzbb@163.com
印　　刷 / 河南瑞之光印刷股份有限公司
开　　本 / 710 毫米 ×1010 毫米　1/16
印　　张 / 17
字　　数 / 260 千字
版　　次 / 2019 年 2 月第 1 版　2019 年 2 月第 1 次印刷
书　　号 / ISBN 978-7-5651-4002-0
定　　价 / 35.00 元

出 版 人　彭志斌

目
录

第十五章 量子论前传（上） 雾锁迷云

世界是什么

这是一个古老的问题。一个很无聊却又无比重要的问题，也是始终折磨地球人却又持续推动人类发展的问题。

通俗点问：世界是由什么构成的？

是金石土木、风火水云、虫鱼禽兽、日月星辰。哦哟，这么理直气壮，看来答案很靠谱。好吧，那么它们又是什么构成的？

它们是由不同的小颗粒构成的。嘿嘿，好像有点底气不足了，那么好吧，这些不同的小颗粒又是由什么构成的呢，大神？

……

咱俩发现，顺着这个思路，用不了 10 个问号，那个看似在眼前晃来晃去的答案，就会“biu”的一声飞出我们的视线。

抬头，假装让目光穿透雾霾刺向星空；低头，再看看自己身上这些物件。虽然这一切都很坦然地面对着我们，但，一股神秘的气息仍旧扑面而来。（画外音：已经洗澡了啊，怎么还这么大味儿！）

仅仅是几个问号，就让咱俩感到，这个曾经熟悉到乏味的世界，包括我们自己，突然变得陌生起来！

于是，咱俩习惯性地把迷惘的目光转向先贤——神啊，又要开始回忆了！

有什么关系呢？子曰：忘记过去，就意味着错过了复习。下面我们来复习一下开篇，过去的地球人对这事儿是怎么看的。

世界是什么？

老子：是虚无。（天下万物生于有，有生于无。有无相生嘛！）

泰勒斯：是水。（答案开始明确了，但是好像有点……）

毕达哥拉斯：是数。（够明确，但太抽象。）

留基伯和德谟克利特：是原子。（这个嘛……）

中国古代人民集体智慧：金木水火土。（天有五行，水火金木土，分时化育，以成万物嘛。清晰而又具体。）

……

学过一点点自然常识的我们，会很文艺地认为，原子的答案最靠谱。但是，很快我们就会知道，这种文艺的“认为”其实很扯淡。站在公平的、科学的角度讲，在他们得出结论时，抛开偏见，这些答案没有优劣之分，都差不多！

不服气？就知道你不服。

那你说说，上面哪个答案最不靠谱：虚无？水？数？原子？五行？

你挑出其中任何一个，然后咱俩去看看人家的哲学思辨和理论基础，你会发现，这些大神说的，都相当有道理！

既然，既然这些答案，都是经过深思熟虑后，各自提出的一种假设（记住哦，都是“假设”），而且，都很有道理，那么，你凭什么断定，哪位思考出来的假设靠谱，而哪位思考出来的假设不靠谱？

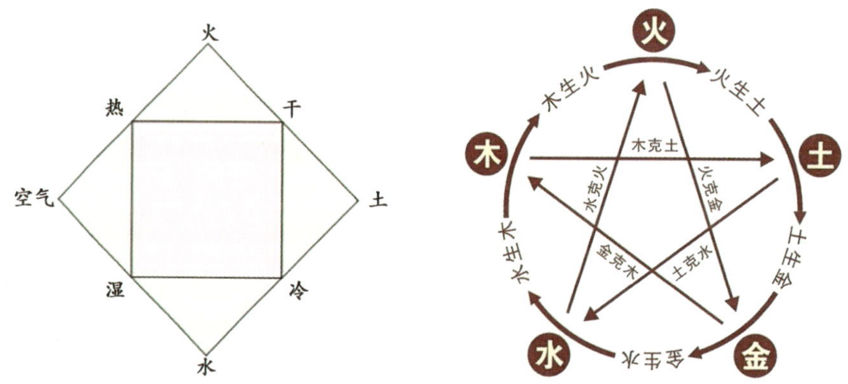

古希腊四元素说与我国古代的阴阳五行

我们发现，这些个拚法，不能跟国际接轨，而且水越搅越混，说是适合摸鱼，其实只适合摸石头，所以幡然醒悟：想断定什么靠谱，一定要用别的法子！

其实答案很简单，就摆在那，用不着摸，拿来就能用：验证。

任何假设——如果你不喜欢"假设"这个词，也可以叫作"猜想"，或者"语录""梦呓"，都行，随你喜欢——嗯，任何假设，在经过反复验证、确认之前，你都只当是娱乐八卦好了，对咱俩都没毛意义。不管哪个看起来更美丽迷人，哪个看起来更猥琐恶心，它们都只是假设而已。但是，有一点必须认真对待：一旦"最终"验证了哪个是"正确"的，或者，换句话说，一旦验证了哪个最好用——不论它看起来有多荒谬，那么，它就是王道，而其余的竞争理论就都是垃圾——不论它们看起来有多合理。这就叫成王败寇。

哦，明白。验证是吧？那么好，我们大家都很爱思考，各有各的看法，在这不计其数的假设中，我们有什么靠谱的手段，来验证、判定谁的假设更靠谱呢？

连续遭遇这么多耗费脑细胞的问题，是不是累了？

嗷！我讨厌问号，下面插播广告：

滚滚红尘，立言无数，纷繁争艳，乱花迷眼，想知道谁更靠谱？请使用"冷酷清洗大法"！

面对玄妙的哲学，你皈依吗？

面对严谨的逻辑，你膜拜吗？

面对美丽的猜想，你痴迷吗？

面对翔实的数据，你臣服吗？

咱俩的答案是：不！这不是我想要的！！

冷酷清洗大法要诀：我要的不单单是哲学，或者逻辑、猜想、数据什么的，而是一个完整的、耐用的科学理论。

必须冷静到冷酷的程度，才能清洗掉我们不想要的，得到我们想要的。就算得不到我们想要的，也绝不凑合要不想要的。所以，为了冷酷到底，我们从一个悲剧说起。

这个故事来自美国人斯蒂夫·列维特和斯蒂芬·都伯纳所著的《超爆魔鬼经济学》，比较火的一本书。

故事说的是19世纪40年代，产妇分娩极易染上一种病：产褥热。一旦染上，常常母婴双亡。伦敦产科总医院、巴黎产科医院等欧洲最好的医院里的产

赛梅尔维斯

妇，都饱受威胁。

维也纳总医院也不例外。1841—1846 年，产褥热导致产妇死亡率达 1/10。到 1847 年，这一数字达 1/6。太恐怖了！院长助理、匈牙利籍医生赛梅尔维斯看在眼里，急在心里。他殚精竭虑想解决问题。

第一步，查原因。

他反复检查接生过程、医疗环境等，但一无所获。

其实，当时的主流医生也能说出一堆理由：妊娠期间产妇胸衣和衬裙太紧，产房的空气恶臭，宇宙影响……

聪明的赛梅尔维斯看出，这些纯属胡猜。

于是，他开始了第二步，统计数据。

他取得了充足的第一手资料，经分析，发现几个诡异的现象：

①在医院生产的产妇死亡率，远远高于民间产婆接生的产妇死亡率。后者是前者的 1/60。也就是说，接生同样数量的产妇，在医院里死 60 个产妇，产婆手里只死 1 个。

②男医生负责的产房的死亡率，是女接生员（不是医生哦）负责产房死亡率的 2 倍还多！

这不是要逆天吗？俺们医生又不是在屠宰场培训的！没道理啊！

接下来的分析，得到了更离谱的事实：

①产妇就算是在大街上生产，也比在医院里生产死亡率低。

②先在医院外分娩，再去医院的，无论贫穷还是富有，一般不会得产褥热。

③接生的医生没有染上产褥热，因此，该病没有传染性。

所有的数据分析指向一个结论——问题出在医院！

悲剧啊！

数据很翔实，是不是可以公布，请居委会大妈通知产妇不要去医院、不要找医生帮助生孩子了？

当然不行，你数据是有了，可是没有理由啊！这不等于宣布医生是凶手吗？凭什么？你欠世界一个解释。

科学需要解释。

如果看到不一样的东西，就急着发表意见，那么，在生活中，在实验室里，几乎天天都会涌现“新发现”。其中，绝大多数的“新发现”都相当不靠谱。

小赛很清楚这一点，所以他进行了第三步：找个解释。

答案在又一个悲剧中找到了。一位老教授指导学生解剖尸体，被手术刀划伤手指，随即患病而死，症状与产褥热极其相似。

是“进入他血管系统的死尸粒子”害死了他，赛梅尔维斯推测道。

那个时期，欧洲的医院兴起解剖热，病人死了直接送解剖室。离开解剖室，医生往往直接去产房，顺便将死尸粒子带给了产妇！

上面那些诡异、离谱的现象，一下子都有了答案。

现在，有了数据，也有了配套的理论解释，可以公布了吧？

不行，这个解释靠不靠谱还很难说，没有实验证据啊！

于是小赛进行第四步：实践。他要求维也纳总医院的医生解剖后必须洗手，结果立竿见影，产妇死亡率比 2008 年股票下跌还快，直接降到了 1%！

神医啊！

这回统计数据、理论解释、实验证据都有了，可以公布了吧？

Yes！赛梅尔维斯认为可以了。

但是，可怜的小赛万没想到，其他医院的医生们对洗手的建议十分不屑，认为这是小赛对医生们的集体羞辱和诽谤。死尸粒子？哼！这是什么东西？你拿出来先给我们观测一下！它是通过什么机制导致人死亡的？你说来听听！

不能观测，并且缺乏一个靠谱的机制，这不能称为科学。

解开产褥热之谜，不仅没有被认可，还受到医生们的讥笑和侮辱！小赛压力倍增，精神崩溃。后来，他凄凉死去。惜哉！悲哉！

那么，医学界没有接受小赛的建议，错了吗？

没错。

这位同学愤愤不平：太没道理了！人家小赛数据翔实，论据充分，还有理论解释和实验证明，这些还不够?！你们凭什么不信?！

是的，你说的这些确实有，但不够。科学必须经受质疑、异见和争论。否则，科学早死了。

关键的东西不能观测，不能提供有效的机制，如果这样也行，那么，同一件事就会拥有无数个理论，如果都付诸实践，那才是愚蠢的。

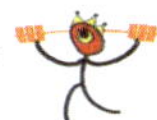

科学，不仅需要统计数据、理论解释、实验结果——这些很有可能是巧合，或者其他什么因素导致的相似结果，科学还需要答案明确，需要机制清晰有效，需要可观测、可重复、可验证。

巴斯德发现了微生物。

可怜的小赛死了，但洗手的故事还没结束。赛梅尔维斯死后一二十年，路易斯·巴斯德（法国著名生物学家、化学家，在《影响人类历史进程的100名人排行榜》中名列第12名）奠定了工业微生物学和医学微生物学的基础，并开创了微生物生理学。英国医生李斯特据此解决了创口感染问题。

那个问题现在看起来很简单：是微生物感染伤口杀死了病人。

知道是谁干的，解决办法也就简单了：避免伤口感染。手段：消毒杀菌、包扎隔离，当然也包括洗手。

微生物可观测。

有些微生物可以感染伤口、致人死亡，这个机制很清楚很靠谱。

这个机制可验证、可重复——向无辜的小白鼠们致哀。

还是那个顽固的医学界，这次一句废话没有，立即信了。这才是一个靠谱的科学理论。

有了这个靠谱的科学理论，整个医学从此迈入细菌学时代，得到了空前发展——不仅是产妇，其他病例的死亡率也迅速下降。巴斯德发明的巴氏消毒法至今仍在应用。

这个理论的优先权归谁呢？当然没有小赛的份，它是巴斯德和李斯特等人的功劳。

关于科学理论的问题，我们已经拿到了奥卡姆剃刀等神兵器（第十章中“《论动体的电动力学》”一节），为什么还要插播这段广告呢？因为量子之路太艰险、太诡异，我们必须手握利器，外武装到牙齿，内武装到头脑，才有可能保持清醒，一往无前。所以，后面还有几段广告在等着我们。

现在，让咱俩回到那个问题：世界是什么。我们快跑几步，跟上牛人们的脚

步，踏上发现和验证之旅，顺便看看，前面那些假设，谁靠谱，谁不靠谱。

留基伯和德谟克利特所说的“原子”，在希腊文里是“不可分”的意思，用以表示构成物质最基本的微粒。而亚里士多德和柏拉图认为，物质是由离散的单元组成的，能够被任意分割。我们知道，以上双方的这些想法，都只是由哲学推理，并非实验观察而来的。

1661 年，波义耳，对，就是在波粒人战中玩肥皂泡的那个波义耳，他出版了《怀疑派化学家》，近代化学由此发轫。他认为，物质是由不同的“微粒”或原子自由组合而成，气、土、火、水等不是基本元素。

1789 年，一个喜欢玩火的法国贵族给“原子”下了定义：原子是化学反应的最小单位。他是安托万-洛朗·德·拉瓦锡，近代化学之父，化学领域的牛顿。

拉瓦锡还发现了燃烧原理，说起来是个“意外”。

在当时，物体燃烧被认为是“燃素”脱离物体的结果。按照这个理论，物体燃烧后，质量应该减轻才对。

1772 年秋，拉瓦锡想测量“燃素”的含量是多少。他称量了一些红磷，将其点燃，冷却后又称量灰烬，然后惊奇地发现，质量竟然增加了！他的好奇心立即被勾起来了，他又燃烧硫黄，同样发现质量增加了！

难道有什么气体被吸收进去了？那就罩上烧烧看！

拉瓦锡把白磷放进一个钟罩内，点燃，同时监测罩内的空气压力。他发现，燃烧后，灰烬增加的重量，和罩内所消耗的空气重量基本接近。

拉瓦锡在向妻子解释他的实验。

结论与“燃素说”的预言正好相反！一边是强大的“燃素说”，一边是小小的天平，相信哪个呢？

当然相信天平！相信实验结果。

无论多强大的理论，无论这个理论有多久远、有多少人信奉，只要确定一例

实验或观测结果与理论不符（注意，句子里有“确定”），这个理论就立即被证伪，你必须认账，毫无商量余地，你可以修补，也可以推翻重建，但就是不能坚守不降。抱着一个不符合观测、经不住验证的理论拒不撒手、死不松口，无论在自然科学界还是在社会科学界，都是孱弱和无耻的表现。

1773 年 2 月，拉瓦锡在实验记录本上写道：“我所做的实验，使物理和化学发生了根本的变化。”他说的没错。

通过玩火，拉瓦锡发现了一种大家都喜欢的气体，物质燃烧离不开，动物呼吸也离不开，于是，他给它起了个名：氧气。1775 年，他发现物体燃烧时增加的质量，恰好是氧气减少的质量。这说明，物体燃烧，实际上就是与氧气化合。

这火，拉瓦锡真是玩出了国际水平，他不仅用氧化学说彻底地推翻了“燃素说”，指出水由氧元素和氢元素构成，还顺便证明了化学反应中的质量守恒定律。我们发现，按照这个说法，不光泰勒斯的“水”说、咱家的“五行”说靠不住了，古希腊的四元素说和三要素说，也都靠不住了。在《化学概要》里，拉瓦锡列出了第一张元素一览表，这应该是元素周期表的前世吧。

2 元素周期表

由于亚里士多德和柏拉图太抢眼，原子说长期徘徊在公众的视线之外，流落蛮荒。

道尔顿

直到道尔顿拔刀相助，原子说才摘掉非主流的帽子，登上科学的舞台，吸引越来越多的眼球。

约翰·道尔顿，英国化学家、物理学家、气象学家，1766 年生于坎伯兰的伊格尔斯菲尔德。他天生色盲，却没有影响科学研究，反而利用这个“优势”，研究了颜色视觉问题，发表了《关于颜色视觉的特殊例子》的论文，用亲身体验，对色盲症给出了最早描述。难得啊！

1803 年，道尔顿创立了原子说。为什么创立原子说的是道尔顿，而不是留基伯和德谟克利特呢？我们看看道尔顿的工作就门儿清了。

我们现在知道，碳和氧“联姻”，可以产生两种气体：一氧化碳 CO 和二氧化碳 CO_2。

道尔顿很好奇，在这两种气体中，碳和氧的质量关系是怎样的。说量就量，结果是：一氧化碳中碳和氧的质量之比是5.4∶7；二氧化碳中碳和氧的质量之比是5.4∶14。

道尔顿注意到，一氧化碳与二氧化碳所含的氧，质量之比为1∶2，是整数倍的关系。

其实这个工作，有个牛人早在3年前，也就是1800年就做了。法拉第的老师戴维，他测定了三种氮的氧化物，即一氧化二氮 N_2O、一氧化氮 NO 和二氧化氮 NO_2。他只测出了氧和氮在这三种气体中各占了多大比例，却没纵向换算一下，在这三种化合物之间，氧、氮的同类比例关系各是多少。可惜了，就差一步。好在戴维老师的发现多得是，尤其是还包括发现了法拉第，够用了。

道尔顿注意到这件事后，有点小激动。因为，他相信，物质是由原子构成的，但是那东西太小，看不见摸不着，没有证据。如果这个整数的倍比关系普遍成立，就说明元素是“一个一个”的，而不是可以无限分割的，那么，原子说也就可以成立！

于是，他一鼓作气，兴奋地分析了沼气等其他化合物，结果如他所愿：当甲乙两种元素“联姻”，可以生成不同的化合物时，如果甲的重量恒定，那么，乙在各化合物中的重量成简单的倍数比。这就是著名的“倍比定律”。道尔顿以此论证了他的原子说。

之后，瑞典化学家、有机化学之父贝采里乌斯也做了类似的试验，以精确的数据证实了倍比定律。1840年，两位原子、分子测量方面的高手——比利时化学家斯达和法国化学家杜马斯，他俩严格测定了多种化合物，把元素的质量关系搞得相当精确，得出了相同的结论，倍比定律再次过关。

道尔顿提出，原子是构成物质的最基本的砖块，每一种元素只包含一种原子，而这些原子的聚散离合——化学反应，形成了一切物质。

他著成了《化学哲学的新体系》，创立了原子论。比起当时的其他学说，原子论能解释更多的现象，包括气体的行为、物质的化学变化等方面。比方说，为什么某些气体更容易溶于水；再比方说，水分子是由两个氢原子和一个氧原子组成的；等等。

开始，化学家们对此将信将疑，不过这没关系，反正作为一种工具，原子用来解释实验数据更方便。当然，也有反应比较激烈的，比如刚刚这位杜马斯，他曾说："要是我能做主，我会把原子这个词从科学上抹掉。"

路遥知马力。原子不是你想抹，想抹就能抹。斗转星移，花落雪飞，大家慢慢发现，越来越多的独立证据，纷纷向原子论暗送秋波、投怀送抱。

但是，仍然有很多人反对原子说，比如马赫，对，就是跟牛爷抢水桶的那个马赫（第八章"马赫的批判"一节），还有德国物理学家、化学家奥斯特瓦尔德等。谁也没见过原子的真身，是吧？于是他们强调，谈论一个无法看到的东西，是毫无意义的。

再唠叨一下，这里的"看"，指的是观测、检测、感知，以后也是一样。

那么，谈论无法看到的东西，到底有没有意义呢？

这是个大问题。以后我们将发现，在量子论的创立过程中，那些大牛们也在这个问题上纠缠不休，大伤脑筋。没法看到的东西，要不要挥起我们的奥卡姆剃刀，断然削除呢？

这个，就要看情况了。

根据奥卡姆剃刀"如无必要，勿增实体"的八字方针，操刀诀是：

对同一现象，假设最少的解释最接近真相。所以多余的假设，以及假设多的解释，必须斩除。这一条，科学家们不反对。

永远无法检测到的条件，等于不存在，必须斩立决。这一条，科学家们也不反对。

那么，他们在争论什么呢？让他们先吵着，咱俩再来详细讨论一下操刀诀：

①有的东西不能直接观测，但是可以间接观测，我们根据这些间接的观测结果，来确定可信度，同时，慢慢寻找直接观测的办法。这样的例子也不少，比方说弯曲的空间、引力波、黑洞、希格斯粒子等。

这种情况，我们不能贸然动用奥卡姆剃刀。

②由于技术条件等方面的限制，有的东西现在看不到，但将来可能看得到。

这第二种情况就比较麻烦了，我们怎么断定，哪些东西将来可能看到，哪些东西根本就不存在呢？这才是科学家们争论的焦点。

其实，在一般情况下，也很简单。因为科学允许假设。观测不到的东西，可以作为一个假设条件引入理论。

引入该假设后，如果这个理论能够很好地解释现象，与观测相符，并且能做

出明确以及准确的预言，我们就暂时保留它，相信这个可以有，等观测到了再确信。比方说暗物质、暗能量、高维空间等。

引入该假设后，如果出现这三种情况——和没引入一样、引入后理论与观测不相符、理论不能做出明确以及准确的预言——中的任何一种，我们就不管它“事实上”存在不存在，一律斩立决，比方说光以太、龙王爷等。

所以，马赫等科学家反对原子说，也有他们的道理。

道尔顿需要观测证据，哪怕是间接的也行。

一个爱玩水的植物学家——英国人罗伯特·布朗，实现了他的愿望。

布朗是一名热爱科学的军医，后来受邀乘船去澳洲搞沿海测绘，他顺便搜集标本、研究植物，成了一名植物学家。

1827 年，布朗想知道微粒在水中悬浮时，是个啥情况，就用显微镜去观察。他惊奇地发现，在看起来无比平静的水里，微粒们不是老老实实地悬浮着不动，而是勤奋地做运动！并且运动路线毫无规律可言。颗粒越小，现象越明显，温度越高，运动越激烈，它们一个劲儿地折腾什么？全民健身运动？或者，是什么让它们这样不厌其烦地瞎折腾？动力何来？

布朗当时观察的是花粉里迸出的微粒（这里澄清一下，不是花粉，花粉颗粒的直径大约是水分子的 10 万倍，难以产生不规则振动），难道花粉里迸出的微粒是“活性因子”，可以美容美发美肤包治百病的那种？他迫不及待地观察了灰尘等微粒，这些小家伙是一样一样一样地爱折腾啊！这是怎么回事?!

现象很简单，似乎是小菜一碟。但是当时，没人能解释。后来，微粒在液体里瞎折腾的现象，被叫作“布朗运动”，记录在案，坐等高人破解。

布朗一定不会想到，这一等，就是 78 年。他更不会想到，杀这只鸡用的不是牛刀，而是屠龙刀！

屠龙刀还未出世，我们先按下不表。所以，我们还是把 19 世纪 20 年代的事情搞搞清楚吧。曾记否，那些年，我们一起追过的星——集工艺技术、科学理论于一身的强人夫琅和费，他发明了光栅，还越搞越精密，能够精确观测光谱线（第六章“元素的指纹”一节）。

从 19 世纪 50 年代开始，这个技术在元素识别工作中大显神通。德国物理学家基尔霍夫和本生发现，不同的元素，有着不同的光谱线，光谱线就是元素的指纹。有了这个利器，基尔霍夫、本生、瑞典物理学家埃格斯特朗、英国化学家

克鲁克斯、德国化学家赖希等众多科学家纷纷抢滩登陆，发现了多种元素，同时记录了这些元素的光谱线。

科学家们的发现越来越多，元素越来越丰富。但这些，只能换来短暂的欢欣。因为，有些现象，天天见，却解释不了。比方说，为什么气体会对容器产生压力。

这个问题看起来很简单，可是，那么多科学家，就是拿不出一个靠谱的解释。

一个纯粹的科学家，是不能容忍难题在自己面前耀武扬威的。麦克斯韦更是如此。

麦爷刚刚搞定电磁学，就一边筹建卡文迪许实验室，一边抽空搞起了气体动力的研究。他把气体看作一群刚性小球的集合，它们不停地冲撞容器壁，这种过程，可以用牛顿力学描述。气体越热，分子运动越快，对容器的压力也就越大。这样，就解释了气体为什么会对容器壁产生压力。

虽然刚性小球疑似原子，并且这个假设引入后，理论非常符合观测，但是，它依然属于假设。根据刚才讨论的操刀诀，这个可以有，暂时保留，以观后效。

那么，这些“原子”，或者元素，它们有什么性质？关系如何呢？

19 世纪 40 年代，一个超级敬业的俄国教师开始了对元素规律的艰辛探索。

德米特里·伊万诺维奇·门捷列夫，1834 年生于俄国西伯利亚的托博尔斯克市，著名科学家。

门捷列夫

那时候，我们已经发现了 63 种元素。这些元素相互化合，可以产生成百上千种化合物，组成形形色色的物质。身为化学教师的门捷列夫意识到，这些东西太杂乱，讲上几个月也讲不完，枝枝丫丫的，可能讲得越多，听的人就越糊涂。怎么办？大自然如此美妙，这些元素绝不可能毫无章法、乱凑乱搭。一定要找出那个普遍的、统一的规律！

可是，谈何容易！当真正面对的时候，才发现，这是一团乱麻，每一种元素都有自己的个性，好像很偶然很随机的样子，毫无 PS

痕迹！

最基本的，这些元素按什么排列，就是个大问题。颜色？密度？电磁性质？身价？三围？姓氏笔画？都不靠谱。

那个隐秘的自然秩序究竟是什么？

静下心来，细细地分析整理，门捷列夫发现，一些元素性质的相似性极强。这绝非偶然！门捷列夫基于这个想法，把所有的元素，连同它们的各种化合物，综合“排兵布阵”。然后再去分析，决定元素位置的，到底是什么。

原子量、原子价——门捷列夫脑子里蹦出两个词。

所谓原子量，其实就是相对原子质量。为了方便计算，从20世纪60年代起，我们以碳12原子质量的1/12为标准，其他原子的质量跟它相比较，从而得到一个相对质量，作为相对原子质量。

所谓原子价，就是一个原子能够与其他原子合体的数目。氢原子的原子价是1，很适合拿来当参照，于是规定：其他原子间接或者直接与氢原子合体时氢原子的数目，或者能够替代成氢原子的数目，就是该原子的原子价。比方说，1个氧原子可以和2个氢原子合体（水分子），氧的原子价就是2；1个碳原子可以和2个氧原子合体（二氧化碳），那么碳的原子价就是4。

门捷列夫抓住这两根线，玩起了卡片游戏——用厚纸板切成63张卡片，每张卡片写一种元素的名称、重要性质和相对原子质量，然后不厌其烦地排布调整，寻找规律。

1867年2月17日，那个苦苦寻求的规律，终于浮出水面：各元素的性质和它们的相对原子质量，呈周期性的依赖关系。于是，那些小纸片排布得越发美妙起来。1869年3月1日，门捷列夫公布第一稿元素周期表，由此得出8个原理，其中，最主要的是“元素的物理性质和化学性质随着相对原子质量做周期性的变化”。

1870年，门捷列夫将周期表加以修缮补充，宣告元素周期分类已趋成熟。

按照周期表排布原理，他在表中留出了一些空格，预言在这些位置应该填入的未知元素，并描述了它们的性质。后来果然陆续发现了那些元素。比方说，他预言，在钛的下面，应该填入一个相对原子质量72、密度5.5，其氯化物为液体的元素，后来果然发现了这个元素：锗。它的相对原子质量为72.61，密度为5.323，氯化锗为无色液体。预言正确。

Reihen	Gruppo I. — R^2O	Gruppo II. — RO	Gruppo III. — R^2O^3	Gruppo IV. RH^4 RO^2	Gruppo V. RH^3 R^2O^5	Gruppo VI. RH^2 RO^3	Gruppo VII. RH R^2O^7	Gruppo VIII. — RO^4
1	H=1							
2	Li=7	Be=9,4	B=11	C=12	N=14	O=16	F=19	
3	Na=23	Mg=24	Al=27,3	Si=28	P=31	S=32	Cl=35,5	
4	K=39	Ca=40	—=44	Ti=48	V=51	Cr=52	Mn=55	Fe=56, Co=59, Ni=59, Cu=63.
5	(Cu=63)	Zn=65	—=68	—=72	As=75	Se=78	Br=80	
6	Rb=85	Sr=87	?Yt=88	Zr=90	Nb=94	Mo=96	—=100	Ru=104, Rh=104, Pd=106, Ag=108.
7	(Ag=108)	Cd=112	In=113	Sn=118	Sb=122	Te=125	J=127	
8	Cs=133	Ba=137	?Di=138	?Ce=140	—	—	—	— — — —
9	(—)	—	—	—	—	—	—	
10	—	—	?Er=178	?La=180	Ta=182	W=184	—	Os=195, Ir=197, Pt=198, Au=199.
11	(Au=199)	Hg=200	Tl=204	Pb=207	Bi=208	—	—	
12	—	—	—	Th=231	—	U=240	—	— — — —

第一份完整的元素周期表

元素周期律的发现，是近代化学史上的一个创举。元素周期表的发明，使我们对元素的认识更加深刻，那神秘玄妙的化学，变得连中学生都能理解了。直到现在，我们的化学课本里，都少不了元素周期表。

但是，这只是一个开始。

为什么元素性质非要随着相对原子质量的递增而呈周期性的变化？

为什么相对原子质量的一个小变动，就会引起元素性质的大变动？比方说，氟和氖的相对原子质量只差 1，但个性迥异：氟最活泼，和几乎所有元素都合得来，甚至能与铂、金等发生剧烈反应；而氖最不活泼，一般不跟任何元素发生反应，包括氟在内。而铁和钴的相对原子质量差值达到 3，可是它们的化学性质却差不多！

是谁在和我们开玩笑？

我们从雾霾中跌跌撞撞、一路走来，偶一抬头，前方白云缥缈，豁然开朗，谈笑间却身入其中，希望灰飞烟灭，但见迷云漫漫，深渊暗壑，隐隐其间。

3 原子之谜

原子在理论上作为一个假设，逐渐被接受。相当一部分人相信它的存在，也有相当一部分人怀疑它的存在，只把它作为一种工具来使用，有的甚至不屑使用这个工具。不信当然有不信的道理，因为作为一个科学理论，原子说缺少关键的东西：证据。

没有观测证据，间接的也没有。

元素周期表固然美丽，把看起来毫不相干的元素，组成了一个完整的自然体系，但是，它是建在沼泽地上的豪宅，没有地基——理论基础，造成元素性质不同的机制是什么？问谁谁傻眼。

我们发现了原子的条码身份证——光谱线，借此发现了越来越多的原子，积累了大量的、精确的光谱数据，但是，谁也不知道光谱线何时出现、为啥出现。

我们从这些数据、经验中所得到的知识，确实能解决很多问题，但是，它们有时候好使，有时候不好使，这让科学家们情何以堪?!

七彩光谱诡异莫测，究竟谁是幕后黑手？基本粒子似隐似现，到底在隐藏什么秘密？原子为何频频变脸，究竟哪个才是真身？这一切到底是上帝的疯狂还是人类的偏执？敬请追随科学牛人的脚步，关注原子之谜！

无论这些问号怎样让我们愁肠百转，问题还得一步一步解决。

在科学家们纷纷用光栅观测原子光谱、发现新原子的那个激情燃烧的年代，瑞典物理学家埃格斯特朗也跻身其中，关注了氢的光谱中，处于红、绿、蓝、紫色区域的四条光谱线，他给这四条线起了个名——阿尔法(α)、贝塔(β)、伽马(γ)、德尔塔(δ)，并测量了它们的波长——656.21、486.07、434.01、410.12，单位是纳米，精确到了骨子里。

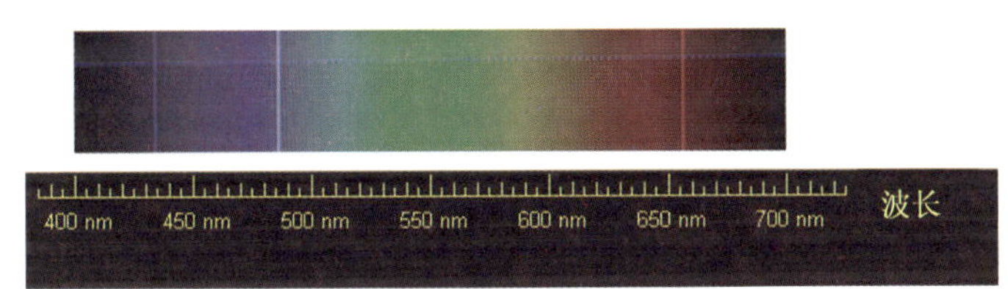

氢的光谱

瑞士，有间女子学校。

约翰·雅各布·巴尔末老师今天有点无聊，抱怨没啥有趣的事可做。巴尔末老师是教数学的，课余喜欢玩有点挑战性的数学游戏，比如数字占卦术之类的。

物理教授哈根拜希正为光谱纠结呢，听到巴老师的抱怨，就说，三条腿的蛤

巴尔末

蟆不好找，n 条线的难题有的是！你摆弄一下埃格斯特朗的四条线吧，正好你喜欢玩数学游戏，试试看，能不能找到它们的数学关系？

这些谱线，看似纤弱懒散，却岿然不动；看似毫无章法，却不越雷池。怎一个“妙”字了得?！喜欢刺激的巴老师立即就被光谱线的神秘勾住了魂。解谜的渴望，让巴老师的业余生活立即充实起来——凑公式，凑公式，以及凑公式。其实方法无非就是三长一短选最短，三短一长选最长，长短不一选择B，参差不齐就选 D，同长为 A 同短为C……口诀好像背串了是吧？总之就是各种人工暴力破解。

1884 年 6 月，巴老师快满 60 岁的时候，终于凑出一条公式，可以再现四条谱线的波长。我们来欣赏欣赏巴老师的劳动成果：

$$\lambda = B[m^2/(m^2 - n^2)]$$

m 和 n 为整数。$B = 3.654\,6 \times 10^{-7}$ m，是个常数。

这个式子是硬凑出来的，用的都是数学技巧，至于 m 和 n 为啥必须是整数，B 的值为啥必须是这个常数，它的描述代表什么意义，巴老师一概不知。他只知道，眼前的这个式子好用。

奇怪吗？不奇怪。凑式子这种事，并不少见。我们不能解释某个现象，但可以根据手里掌握的观测资料，用数学予以描述，先凑出一个公式，作为一个工具来用，确定它好用、实用后，就可以试着读出它隐藏的秘密。

巴尔末发现，如果 $n = 2$，让 m 分别等于 3、4、5、6 的话，那么，这个公式会分别得出那四条线的波长。

不仅如此，他还用这个公式预测到，氢谱线应该还有第五条，那就是当 $n = 2, m = 7$ 时。

巴尔末还不知道，埃格斯特朗后来已经发现了第五条线，当然也测量了它的波长，这个成果是在瑞典发表的，没人告诉巴老师这件事。你知道，那个时候

没有互联网，无墙可翻，信息不畅啊！

后来，人们拿着第五条线的测量值，与巴老师的理论值一比照，嗬，那是相当吻合了！

再后来，巴尔末用他的公式，分别让 n 等于 1、3、4、5，让 m 也取不同的值，预测出氢原子在红外和紫外区域还存在其他光谱线。预测本是寻常事，偏偏此事不寻常——这些预测被证实是对的，简直太成功了！

可是，就是没人能解释，是什么让这个公式频频得手。

1885 年，巴尔末公式被刊载在《物理、化学纪要》杂志上。这一年的 10 月 7 日，在丹麦的哥本哈根，一座名副其实的豪宅里，年轻的母亲艾伦在自己生日这天，产下她的第二个儿子，尼尔斯·亨利克·大卫·玻尔。隐藏在这个公式背后的惊天秘密，将在 28 年后，由这个男孩一手揭开。

所以，关于巴尔末公式的故事，我们 28 年后再说。现在，我们去看看另一位牛人对原子做了什么。

约瑟夫·约翰·汤姆逊(J. J. 汤姆逊)，著名物理学家，1856 年 12 月 18 日生于英国曼彻斯特。

天才都很善于学习。上曼彻斯特大学那年，汤姆逊年方十四。后来他又去了剑桥，听过麦克斯韦老师的课，也不知道他是用什么办法听懂的。汤姆逊还在卡文迪许实验室第二任主任瑞利勋爵的指导下，完成了几篇论文。

受教过这么多名师，汤姆逊显得很出色，但是那时，他还没做出什么突出的贡献。

1884 年，瑞利如约辞去了卡文迪许实验室主任兼物理教授职务(他承诺只任 5 年)。时年 28 岁的汤姆逊试着申请了一下主任的职务，没抱什么希望，所以即使落选也不会失望。但是，天上真掉了个馅饼，还直接砸到汤姆逊头上。经瑞利推荐，汤姆逊居然当选了！申请人自己先吓了一跳，这才想起来，自己还“没有认真考虑过这项工作和所

在实验室的 J. J. 汤姆逊

要负的责任”。但后来的事实证明，汤姆逊极其认真负责，并且具备担任这一职务的实力。估计是大家相信瑞利的眼光，才让汤姆逊坐上了这个重要位置。

汤主任治学严谨，他注重培养会思考、有独立工作能力的人才，要求学生在做研究之前，必须先学好相关实验技术。不仅做实验的观察者，更要做实验的创造者。

汤姆逊在担任这一要职的 34 年间，创立了一个极为成功的研究学派，新成果、新发现从卡文迪许实验室不断涌出，培养了一大批牛人：卢瑟福、威尔逊、斯特拉特（R. J. Strutt，瑞利勋爵之子）、汤森、巴克拉、里查生、阿斯顿、泰勒、G. P. 汤姆逊（G. P. Thomson，汤主任之子）……在汤姆逊的学生中，有九名诺奖得主，加上他自己的诺奖，汤主任这个老师当得可谓十全十美了，真正做到了“创新智慧竞相迸发，创新人才大量涌现”。

这里要说的，不是汤主任的教育勋业，而是他和阴极射线的那些事儿。

汤姆逊阴极射线是什么玩意儿？这还得从一根玻璃管说起。

1858 年，德国的盖斯勒制成了低压气体放电管。就是一根密封的玻璃管，内充少量气体，两端通电，一端是阳极，另一端你来猜猜看？对嘛，是阴极！给电极通电，电压达到一定高度时，电流就会击穿管内的气体，开始放电。

1858 年，德国的普吕克尔觉得这根管挺好玩，于是给它通电，发现阴极的对面冒出了绿光。咦？

为什么不直接说是阳极那边冒出绿光呢？等 17 年后就知道了。

1876 年，德国的戈尔兹坦回答道，是阴极产生的某种射线，撞击到对面，从而发出绿光。他给这种射线起了个名：阴极射线。

阴极射线本身跟它的名字一样神秘，有人说它是电磁波，也有人说它是带电的原子束，还有人说是以太波……20 多年过去了，只有争论，没有结果。

1897 年，汤姆逊决定试试看。他拿来一块小玻璃片，涂上硫化锌，放在阴极射线的必由之路上。阴极射线能让硫化锌闪光。利用这个原理，他搞清了阴极射线的“径迹”。他发现，一般情况下，阴极射线是走直线的。接着，他拿来一块 U 形磁铁，跨放在放电管外面，结果见证了奇迹——阴极射线跑偏了！根据这个偏折方向，可以断定，阴极射线是带负电的微粒。顺便说一下，用电场也可以让阴极射线跑偏。

那么，阴极射线是原子还是分子呢？测一下质量就知道了！可是，这么小

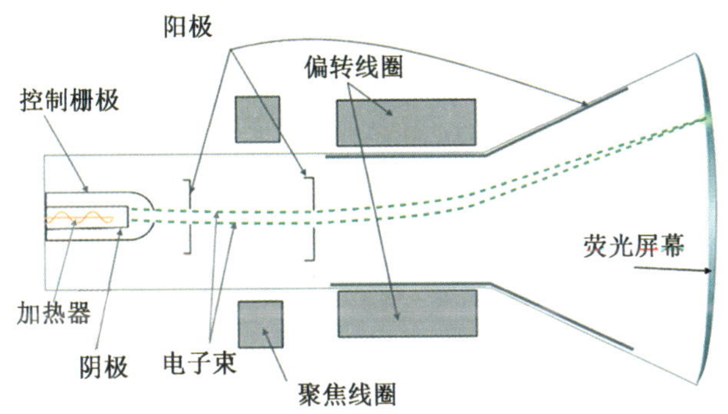

阴极射线实验示意图

的东西，怎么能测出质量呢？这需要多精细的设备啊！

这时，汤主任的功力就显现出来了。他设计了一套既简单又巧妙的实验：

首先，电场，或者磁场，都能使带电体偏转。而磁场呢，对粒子施加的力，是与粒子的速度密切相关的。汤教授同时施加电场和磁场，让粒子受"夹板气"，并精心调节，直到双场造成的粒子偏转互相抵消。这时，粒子在双场的威力下，仍做直线运动。然后，用电场强度和磁感应强度的比值，就能算出粒子的运动速度。

有了速度值，单靠磁偏转，或者电偏转，都可以测出粒子的电荷与质量的比值。

算出这个值后，汤姆逊惊奇地发现，它比电解质中氢离子的比值还要大得多！

这说明什么呢？说明这种粒子的质量，比氢原子的质量要小得多——前者大约是后者的1/2 000。

我们看看元素周期表就知道，氢原子是最轻的原子，质量仅是它1/2 000的东西，不可能是原子！

那么，它是谁？一股寒意倏然袭来。

纵览科学史，从来没有这样的概念：比原子还小得多的带电微粒。

汤主任漂亮的实验结果，证实了阴极射线是由电子组成的。这是人类首次用实验证实了一种"基本粒子"——电子的存在。

我们一直在为原子找证据，因为无法观测而总是怀疑它的存在。为这事儿，不知白了多少少年头，熬了多少不眠夜！没想到，我们首先观测到的微粒，竟然是电子！而原子，到现在也没看到，真是造化弄人啊！

先不要忙着感慨，好像有点不对劲——发现了电子，这意味着什么？

这意味着，八成存在原子。即使存在原子，它也不是原来大家认为的那样，是一个不可分割的基本颗粒，Look，电子就是从原子身上拆下来的！

它同时还意味着，除了电子，原子里还存在别的什么东西。

什么？你说原子里都是电子不可以吗？

不可以，因为原子不带电，也就是说，它是电中性的。而电子带负电，只有跟带正电的东西在一起，才可能抵消，表现出整体的电中性。所以，原子里一定还有带正电的结构。

这位同学说了，就不能是带正电的电子吗？

不能，以后我们会知道，如果这个世界上，负电子非要和正电子往一块儿凑，那么，世界就毁了。

原子还没被证实，它的“基本粒子”身份就被取消了。科学进入了一个新时代。

发现电子后，汤主任火了，被誉为“最先打开通向基本粒子物理学大门的伟人”。1906 年，他因此获得诺贝尔物理学奖。

1940 年 8 月 30 日，汤姆逊逝世，他的骨灰与牛顿、达尔文、开尔文等伟人的骨灰安放在一起。

话说发现电子后，人们都在想，电子貌似是原子的零件之一，那么，原子的构造是个什么模样呢？这时，想象力占了主场，科学家们纷纷提出各种原子模型。

1901 年，法国物理学家让・佩兰提出，带负电的电子，围着一个带正电的粒子旋转，组成了原子。原子的光谱不一样，是因为电子的运行周期不一样。

1903 年，日本“物理学之父”长冈半太郎受到麦克斯韦土星模型的启发，提出原子就是像土星那样。

1904 年，汤姆逊提出，原子是个球，带正电，镶嵌着带负电的电子，有点像葡萄干蛋糕。

……

众说纷纭，各有各理，很难说哪个靠谱，哪个不靠谱。揭开原子之谜的道路太曲折，太漫长。我们也累了。现在，咱俩静静地坐下来，插播一段广告。

客观世界纷繁复杂，你想撇开次要因素吗？你想抓住主要矛盾吗？你想让科学研究更纯粹、更基本、更简洁吗？请使用科学模型！

科学离不开模型。科学研究中的计算，针对的都是模型，而不是“现实”的东西。这个模型，要能够尽量简洁地模拟现实对象。比如计算天体力学关系时，最简洁、最有效的办法是，把天体简化成质点，这样计算起来又快又准。如果不依赖这个“质点模型”，那我们就把自己逼疯了：我们必须考虑每一个天体及其每一个原子之间的力学关系！就算我们有这个能力、精力和时间，也是麻烦无比，还很难算得准。

各版本原子模型

有人说了，模型这东西，虽然好用，但太主观。

不错，不仅模型主观，就连我们对客观世界的观察，也撇不开主观。因为，我们的感知能力有限。所以，观察到的东西，只能是世界的一小部分，究竟是多小的一部分，还不知道。这些碎片信息，通过感官，映射到我们的大脑，做出分析理解，这个过程本身，就是客观刺激、主观反映。我们所能做的，就是尽量多地去观测客观世界，尽量客观地去模拟现实对象——用我们的模型。

这位同学问，模型再好用，它也不是“真实”的，科学追求的不是真理吗？

是的，科学是要人类追求真理、拼命鞭策自己去接近真理，但是，对于科学，最科学的表述是：我们追求的真理，是有限的，但必须是有效的。

绝对真理也许存在，也许将来有一天，能够找到我们这个宇宙的绝对真理。但是，你能保证我们的宇宙是唯一的吗？你能保证其他宇宙的真理也和我们一样吗？

研究绝对真理，是哲学家、神学家、玄学家们的事。他们可以仙风道骨，很拽很大气；坐而论道，很玄很肯定。唯一的遗憾是，他们不能准确地预测一件事。

科学家们没那么潇洒，他们谨小慎微，很清楚地知道自己建的模型很简陋，对大自然的描述很片面。他们承认自己没有能力客观地、全面地、历史地、辩证

地看问题，只能用这些简陋的、片面的、孤立的东西战战兢兢地搞些观测、做些实验，好不容易总结出可怜的几条规律，还心虚不已，一个劲儿地预测、验证。一旦发现某处与观测不符，就立即推翻自己苦心经营的理论，从头再来。他们唯一的骄傲是，总算能够准确地预测一些事了。比方说，能把飞行器送上太空的预设轨道，或月球和火星上的指定位置；预测几千年中发生的日食、月食，发生时间敢精确到秒；土星在 2022 年 2 月 2 日 2 点 2 分处于什么位置；130 亿光年远的那颗恒星含有什么元素……有一次不准，他们会立即认栽，比谁都认真地找出到底错在哪，一旦找到原因，改得比谁都快。这就是有自知之明的科学家，知道自己不代表真理的科学家。

咦？到底谁更主观？

哈，扯远了，违反了广告法。下面，接着说模型。

原子还没观测到，模型倒是提出不少。那，到底有没有原子呢？

别急，咱俩熟悉的奇迹年——1905 年姗姗而至。三级技术员爱因斯坦同志在创立狭义相对论之余，关注了一下微观世界。他的目光落在布朗运动谜题上。小爱同志接连发表了《热的分子运动论所要求的静止液体中悬浮粒子的运动》《关于布朗运动的理论》两篇论文，用来解释布朗运动。

在论文里，小爱说，研究布朗运动，就是要找到证据，证实原子存在或不存在。原理是，假设存在水分子和构成水分子的原子，把它们看作微小的圆球，那么，按照热分子运动理论，观测悬浮颗粒的运动，就可以用数学手段精确测定小球的大小。如果做不到，那就说明，不能把水看作小球的集合，也就是说，原子不存在。

他做到了。在论文里，小爱创立了相关数学定律，成功统计了在一定体积的液体中，分子的数量和质量，准确描述了布朗运动，还给出了完美的解释：是分子（原子）的热运动（分子的无规则运动跟温度有关，温度越高，分子热运动越激烈），不停地撞击悬浮在其中的颗粒，使它们不停地瞎折腾。运动的分子们具有动能，叫分子动能。

这个结论，不仅证明了原子的存在，终结了两千年来关于原子存在与否的争论，还顺便为现代统计力学做出了基础性的重大贡献。

分子动理论

(1) 物质是由大量分子组成的,分子直径的数量级一般是 10^{-10} m。

(2) 分子永不停息地做无规则热运动。

① 扩散现象:不同的物质在互相接触时,可以彼此进入对方中去。温度越高,扩散越快。

② 布朗运动:在显微镜下看到的悬浮在液体(或气体)中微小颗粒的无规则运动,是由液体分子对微小颗粒撞击作用的不平衡造成的,是液体分子永不停息地无规则运动的宏观反映。颗粒越小,温度越高,布朗运动越明显。

(3) 分子间存在着相互作用力:分子间同时存在着引力和斥力,引力和斥力都随分子间距离增大而减小,但斥力的变化比引力的变化快,实际表现出来的是引力和斥力的合力。

【例 1】关于布朗运动,下列说法正确的是

A. 布朗运动用眼睛可直接观察到

B. 布朗运动在冬天观察不到

C. 布朗运动是液体分子无规则运动的反映

D. 在室内看到的尘埃的不停运动是布朗运动

答案☞ C。布朗运动是在显微镜下看到的运动,所以 A、D 不对。B,布朗运动在冬天看不到,明显不对,因为布朗运动是分子永不停息的运动。根据定义可知 C 正确。

研究分子时最容易理解的就是气体。

气体的状态参量

(1) 温度:宏观上表示物体的冷热程度,微观上是分子平均动能的标志。两种温标的换算关系:$T=(t+273.15)$ K。绝对零度为 -273.15 ℃,它是低温的极限,只能接近不能达到。

(2) 气体的体积：气体的体积不是气体分子自身体积的总和，而是指大量气体分子所能达到的整个空间的体积。封闭在容器内的气体，其体积等于容器的容积。

(3) 气体的压强：气体作用在器壁单位面积上的压力，数值上等于单位时间内器壁单位面积上受到气体分子的总冲量。

①产生原因：大量气体分子无规则运动碰撞器壁，对器壁各处形成均匀的持续的压力。

②决定因素：一定气体的压强大小，微观上决定于分子的运动速率和分子密度，宏观上决定于气体的温度和体积。

(4) 对于一定质量的理想气体，pV/T 为一个恒量。

气体分子运动的特点

(1) 气体分子间有很大的空隙，气体分子之间的距离大约是分子直径的 10 倍。

(2) 气体分子之间的作用力十分微弱。在处理某些问题时，可以把气体分子看作没有相互作用的质点。

(3) 气体分子运动的速率很大，常温下大多数气体分子的速率能达到数百米每秒。大量气体分子的速率分布表现出“中间多，两头少”的统计分布规律。

【例 2】一根一端封闭的粗细均匀的细玻璃管，长 $L=38.0\ \text{cm}$，用一段 $h=19.0\ \text{cm}$ 的水银柱将一部分空气封闭在细玻璃管里，当玻璃管开口向上竖直放置时，如图甲所示，管内空气柱 $l_1=15.0\ \text{cm}$，外界大气压强 $p_0=76\ \text{cmHg}$，那么当玻璃管开口向下竖直放置时，如图乙所示，管内空气的长度该是多少？(全过程等温)

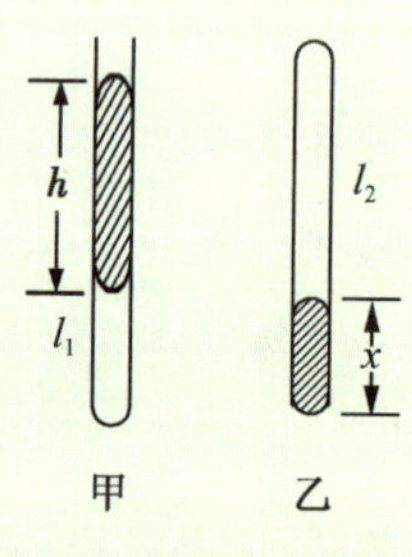

解析☞ 设开口向下时，水银无溢出，则水银柱长度不改变，利用 pV/T 为恒量，等温时：

$$p_1V_1=p_2V_2$$

$$(p_0+p_h)l_1S=(p_0-p_h)l_2S$$

$(76+19)\times15=(76-19)\times l_2$

$l_2=25.0$ cm。

又因为 $l_2+h=25.0+19.0=44.0$ cm >38.0 cm，

所以说明有水银溢出，不符合题意。

设开口向下时留有水银柱长度为 x，则有：

$(p_0+p_h)l_1S=(p_0-x)(L-x)S$

$(76+19)\times15\times S=(76-x)(38-x)S$

$x=14.7$ cm。

所以 $l_2=L-x=38-14.7=23.3$ cm。

小爱为解释布朗运动所创立的统计方法，可以用来描述和预测那些信息海量庞杂、变化微妙多端的复杂事物，比方说，模拟空气污染物的行为，或者股票市场涨落走势，等等。

后来的事，我们在前面说过，让·佩兰在物理学领域验证了爱因斯坦的理论，斯维德伯格在化学领域验证了爱因斯坦的理论，他俩因此分别获得了1926年的诺贝尔物理学奖和化学奖（第十一章“宇宙在召唤”一节）。验证同一个结论的两个实验，分别获得不同领域的诺贝尔奖，这在诺奖历史上应该是绝无仅有的，足见这个理论的重要性。

多年来不遗余力捍卫原子论的著名科学家玻尔兹曼胜利了，但他已身心俱疲，于1906年自杀身亡。玻尔兹曼是热力学和统计物理学的奠基人之一，我们以后会谈到他。

原子，你是有多让人操心啊！

初露端倪

科学家们提出的品类繁多、形态各异的原子模型，到底哪个更靠谱呢？这个问题不能靠口才来解决，科学家们用的都是笨办法：实验。

1909 年的这个实验，被评为物理最美实验之一。

伟大的实验，自然要由伟大的人物——欧内斯特·卢瑟福来做。

法拉第之后最伟大的实验物理学家的名头，不是说有就有的。

如果你嫌不够，那么，卡文迪许实验室第四任主任，也不是说当就能当的。

他的名头当然远远不止这两个。如果列一张清单给你，你一定会后悔看到它。因为它很长，长到你无法承受。

卢瑟福可以承受，凭实力。

但现在，他把这些名头都忘到了九霄云外。因为，他正盯着一个模型——原子模型。

每个人心中都有一个原子模型，但这个不同。

如果要选择一个模型去相信它，自然要选老师的那个。

可以肯定，这位老师，就是汤姆逊，那位尊敬的长者。

而模型，却未必是原子的真身。

葡萄干蛋糕？其实这个模型更像一只西瓜，当然是削了皮的那只。西瓜瓤，应该就是原子；而西瓜子，自然就是电子。

揭开它的面纱，这是卢瑟福的一个梦，也是整个物理界的一个梦。

梦想很丰满，但武器太骨感。

一张纸，涂了硫酸锌的纸。这张纸围成一个圈，让人想起天坛的回音壁。纸壁上有一个孔。纸圈当中，一张箔孑然而立。

够薄才能称箔。但这张，薄得让人心酸。寒酸的厚度，却由上好材质打造。是的，这是一张金箔。做靶，是它的宿命。

带正电的氦核，江湖人称 α 粒子，昵称“阿尔法”。它现在是射线，由放射性元素衰变射出，当然，裂变亦可。

纸圈外，α 粒子发射孔透过纸孔，正对着那张箔。

当阿尔法遭遇硫酸锌，便有微光闪逝。

武器太寒酸，相对于这个名震物理江湖的实验。但放在卢瑟福手中，已然足够。

兵刃未动，卢瑟福却已在心中过招。事实上，每一个高手都会在心中过招。

α 粒子射中金箔中的原子，会发生什么？

实力决定结果。

α 粒子冲击电子，就像卡车撞上乒乓球，毫无挂碍。而西瓜瓤这种疏松之

物，只作容纳电子之用，不足为虑。

所以，α 粒子将直贯而过——穿透金箔，砸在发射孔对面的纸壁上，就像子弹穿透纸靶射进墙壁。这是卢瑟福的推测，也是所有人的推测。

然而，失算乃兵家常事，即使是高手也不例外，比如现在的卢瑟福。

不错，果然有微光频闪，但不止是在发射孔对面，大半个纸壁上都有！

那些散落在别处的微光也不容小觑。

事实上，每一点微光都不容小觑。一点微光，就是一个 α 粒子。

少数 α 粒子被反弹，偏角超过 90°！

它撞上了什么，被弹得四处飞散?！

电子？绝无可能。

那么，就只有一种可能：原子内部，一定还有异物！

质量大、硬度高，才有如此功力。

原子里居然有这等神器?

失算的不是卢瑟福，而是那个模型。

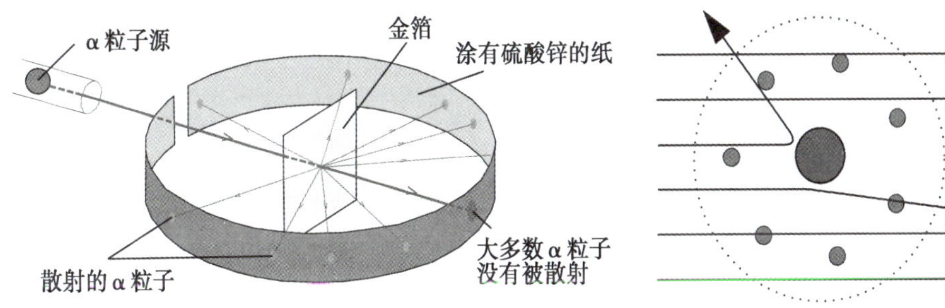

α 粒子散射实验

“这就像你用一发十五英寸的炮弹去轰击一张纸，可这发炮弹却被弹回来打到你一样。”

卢瑟福这样形容他对“α 粒子散射实验”结果的震惊。

实际上，这个实验，比上述要复杂得多。比方说，为了多打探些原子的内幕信息，必须干一件又费力又无聊的事——数清闪光次数。需要在完全黑暗的环境中老老实实盯几个小时，去捕捉那一闪而逝的、孱弱的微光。达摩面壁，还能看见蚂蚁搬家呢，这小黑屋谁伤得起？对一般人来说，这活儿还不如守墓呢。好在卢老师门下奇人辈出，都不一般。

盖革尤其不一般。卢瑟福评价说，盖革工作起来像个魔鬼，可以整夜定时

计数，而且极其淡定，丝毫不乱。

于是盖革老是被安排干这类事。

于是盖革发明了一个仪器替自己工作，这就是名震江湖的盖革计数器。当然它不是为这次实验发明的。

这次实验，还是要靠眼力。因为不仅要计数，还得搞清楚散射位置。

盖革发现，α 粒子要么直接穿过金箔，要么稍有偏转。这都很正常。但意外的是，盖革还发现，一些 α 粒子偏转角相当可观。

而那时，物理学家卢瑟福刚刚获得了诺贝尔化学奖。因为他发现，所谓放射性，是嬗变产生的一种现象，而所谓嬗变，就是一种元素变成另一种元素。突然从物理学家嬗变为化学家，这是在恶搞吗？喜欢幽默的他为这件滑稽的事发生在自己身上有点小得意："这真是太妙了！我研究了那么多变化，但是最大的变化是这一次，我从一个物理学家变成了一个化学家。"

幽默归幽默，工作归工作。卢老师算了下，按照汤老师的模型，α 粒子被大角度偏转的可能性不大。这时，盖革向卢老师推荐了一位很有前途的研究生——马斯登，并建议给这位新人安排一个项目。

卢老师当场拍板：那就让他去看看，有没有 α 粒子被反弹回来。

卢老师安排这件事的时候，只是给这位年轻人找点事干，也没抱什么希望，怎么可能被反弹回来呢，还恰好被你看见，是吧？

于是马斯登就屁颠屁颠去了盖革的小黑屋。

没想到啊没想到，他真看到了！

于是卢瑟福拿炮弹来比喻，表示对这件事的惊讶。

事情到这儿还没完。搞出这么大个怪事，盖革和马斯登更来劲了，他们召集不同材料的箔，组织了一场比赛，就比谁弹回的 α 粒子多。赛后，盖革和马斯登发布了成绩榜：金是银的 2 倍，是铝的 20 倍……然后就兴冲冲干别的去了。

但卢瑟福没心思干别的了。他想为这张成绩榜找个解释。

在此之前，他得先理清思路：

第一，爱因斯坦对布朗运动的解释，加上自己刚发现的元素嬗变，这两个证据都毋庸置疑地证明了原子的存在。

第二,汤老师发现了电子,不容置疑地证明了原子不是基本粒子,它是可以拆开的。

第三,汤老师认为,原子主要是由电子构成的,还提出一个镶了很多电子的球形原子模型。

第四,α 粒了有大角度的散射,说明原子里存在人质量的硬物。汤老师的模型不对。

第五,绝大部分 α 粒子直贯而过,说明这个硬物体积不大。那么它到底有多大呢? 可以根据 α 粒子散射的数量,以及分布情况的数据算出来。

第六,这个数据已经被盖革和马斯登这俩小子弄出来了。

Yeah!

1910 年 12 月,卢老师告诉盖革:“俺晓得原子是什么模样了!”

卢瑟福原子模型闪亮登场:一个小小的、带正电的核心,叫原子核,只占原子中极小的一部分空间,就像教堂中心悬浮的一只苍蝇,电子绕着原子核转,就像教堂的墙。也就是说,原子基本上是空的。如果非要想象一下电子的大小,我们就只好把原子放大到地球的尺寸,原子核就相当于一个棒球场,而电子就是棒球。

左图为卢瑟福原子模型,图中原子核被夸大,电子轨道被缩小;右图为卢瑟福。

实际上,原子核只占原子体积的几千亿分之一,却集中了原子 99.96% 以上的质量! 原子核的密度是一样的,质量越大的原子,其原子核体积越大,所以弹回的 α 粒子越多。如果原子不是空的,而是都充满原子核,那么,$1\ m^3$ 的任何物质都将重达 100 万亿吨!

卢老师的原子模型简直就是一个小行星系统的翻版，就像我们的太阳系——原子核是太阳，电子就是行星，史称"行星系统"模型。多美妙啊！微观世界竟然是宏观世界的超级袖珍版！

这个原子模型，直接由实验数据计算而来，原子核的概念从此出现在人类的词典里，它颠覆了此前人们对原子的认识，开辟了物理学的一个崭新分支，向原子核物理学最终确立迈出了决定性的一步。在卢瑟福的主持下，卡文迪许实验室涌现出一系列重大发现，成为实验物理学的圣殿。卢瑟福因此被誉为"原子核物理学之父"。

"原子核物理学之父"于1871年降生于新西兰纳尔逊，父亲是个手艺人，车轮工匠、木匠、机械、农活，样样拿得起。

但是样样拿得起的人，往往有一样拿不起——钱。并不是每个人都可以做达·芬奇，所以爱好不要太广泛，盯住一样做到极致，你就赢了。

卢瑟福自小家境贫寒，好在智力和快乐并不是按价购买的。

小卢聪明淘气，建过土炮，DIY过相机，拆过闹钟，心灵手巧的劲儿胜于父亲。如果你对此不以为然，那是你不知道，这对一个实验物理学家是有多重要。所以，看见孩子拆东西，鼓捣稀奇古怪的玩意儿，千万不要粗暴制止，说不定你一不留神，就扼杀了一个伟大的科学家。

咱爹就是个明白人，咱俩拆啥他都不管，但是后来，咱俩都没变成科学家。那是因为，咱俩管拆不管装，把成品变成零件，就算万事大吉了。什么？你现在是报废汽车回收公司经理？嗯，算是专业对口，人尽其才了！

人家小卢比咱俩厉害，他不仅能拆，还能装上，坏了还能修好，比如那只闹钟；自己没有的东西能DIY出来，比如那个相机，真能拍照片，厉害吧？

其实他更厉害的是，淘气、学习两不误，小时候就爱思考、爱读书，但目标不明确。直到10岁那年，他看到一本书——《物理学入门》。小卢立即被书里简单而神奇的实验、美丽而优雅的自然规律所吸引，从此心里种下一个梦。也算是冥冥之中的巧合吧，这本书是他后来的老师汤姆逊的老师写的，说起来，还是师祖点化他投入师父的门下。

小卢靠自己劳动，解决了小学的学费。小学以后的学费，他靠奖学金解决。我们知道，奖学金可是个稀罕物，它只青睐两类人：凤毛、麟角。你得用成绩PK

掉绝大多数对手才行。小卢一路过关斩将，进入了新西兰大学，毕业时还赚了三个学位：文学学士、理科学士和硕士学位。这个时候，他也可以凭本事养家了。但卢瑟福同学心里的那个梦发芽了，于是他申请了剑桥的奖学金，这回竞争对手更多了。而且，你知道，敢申请剑桥奖学金的，那都是神人，否则就是神经了。

果然，这次竞争特别激烈，一个叫迈克劳林的人跟小卢杠上了，他俩条件差不多，基金委员会很为难，最后经过争论，决定把机会给迈克劳林。小卢只好回家等下次机会。1895 年 4 月，小卢正在菜园里挖土豆，母亲兴奋地给他送来一份电报，原来基金委员会改了主意，奖学金归卢瑟福了。小卢立马扔掉铁锹，雀跃道："这是我挖的最后一个土豆了！"

卢瑟福从菜园子一路走来，取得巨大成就，靠的不仅仅是聪明的头脑，更多的是勤奋、坚持和勇气。还记得我们的成功等式吗？那几个因子，小卢一个也不少。他也许不是最牛的物理学家，但绝对是最牛的物理学导师，没有之一。

他真挚、爽朗、淳朴、诚恳、热忱、负责、渊博、智慧、幽默、勤恳，几乎具备作为好朋友、好导师所要求的一切优点，这绝不是吹捧，他被科学界公认为"从来没树立过一个敌人，也从来没失去过一个朋友"，让整个科学界这帮吹毛求疵的家伙公认一件事，容易吗？

当然不容易！他作为导师，对学生的影响和帮助，无论在精神、知识还是其他方面，都是无可比拟的。

苏联物理学家卡皮查勤奋、有思想、有幽默感，在卢老师门下工作了 14 年，师生俩情同父子，小卡给他敬爱的卢老师起了个外号——鳄鱼，寓意老师从不回头、勇往直前的精神。他还做了一个鳄鱼徽标，挂在卢老师为他建的"蒙德实验室"，用来激励自己。

1934 年秋，卡皮查回国探亲，被苏联留在国内出不来了。一个实验物理学家，离开了实验室，那就是龙游浅水、虎落平阳，卡皮查一连三年无所事事。卢瑟福做了一件谁也没想到的事，他说服了苏英两国政府，把"蒙德实验室"的所有设备、仪器送到莫斯科，还派了个得力助手前去协助安装。

小卡后来在液氦的超流动性、球形闪电研究等方面取得成功，于 1978 年获得诺贝尔物理学奖，成为史上最高龄捧回诺奖者，那年他 84 岁。这个记录

保持了 24 年，后来仅被打破两次：2002 年，88 岁的美国科学家雷蒙德·戴维斯与另外三位科学家分享了诺贝尔物理学奖，打破了这一纪录；2013 年，84 岁的希格斯与 81 岁的恩格勒分享诺贝尔物理学奖，获奖时，希格斯比当时的卡皮查大 1 个多月。

卢老师对学生不仅“能帮”，还“善导”。一天深夜，卢瑟福见实验室仍亮着灯，进去一看，一个学生正在那忙乎，便问道：“大半夜的你干吗呢？”学生答道：“我加班呢。”交谈中，他得知学生从早到晚不是上班就是加班，就不满意地问了句：“那你用什么时间思考问题呢？”一个真正有头脑的老板，不是想方设法让手下加班，而是想方设法提高手下的效率和能力。

所以，他门下神人辈出，他的学生和助手，至少有 12 人获诺奖。物理学奖获得者及获奖时间：玻尔（1922 年）、查德威克（1935 年）、阿普顿（1947 年）、布莱克特（1948 年）、鲍威尔（1950 年）、科克拉夫特和瓦尔顿（1951 年）、卡皮查（1978 年）。化学奖获得者及获奖时间：索迪（1921 年）、哈恩（1944 年）、赫维西（1943 年）。

受卢瑟福影响获奖的还有：阿斯顿（1922 年）、狄拉克（1933 年）、贝特（1967 年）等等。

当然，还有些牛人没获诺奖，比方说刚才在小黑屋数数的盖革、马斯登等。没办法，诺贝尔物理学奖太少，卢老师门下神人太多，不够分啊！这不，还匀了几个化学奖给他们！

这个纪录超过他的老师汤姆逊，稳居世界第一。

导师当得够完美，那么，刚刚设计的这个原子模型怎么样呢？

这个模型既符合实验观测，又符合自然的美感，何止是完美？简直就是非常完美！

但是，经验告诉我们，每当我们迎接一段光明时，后面总会跟着一个大大的阴影。

这次也不例外。科学家们很快发现，如果原子是这样的，这个世界就毁了。为了拯救世界，必须反对这个模型！

这次反对者的后台特别硬：牛爷、麦爷。

牛爷证明：做圆周运动的物体都有加速度。

麦爷证明:带电粒子加速,会产生电磁辐射,不断损耗能量。

这位同学问:两位爷说得都没错,但是,损耗能量很平常啊,有什么大不了?

问题很严重,一个做圆周运动的物体,损耗能量,就必须缩小半径,能量损耗越多,半径越小。这下你懂了——电子会坠毁在原子核上。

这个坠毁过程需要多长时间呢?科学家们算了下:大概不会超过万亿分之一秒!

也就是说,如果原子系统是这样运行的,那么,它刚出生,就会毁在自己手里。

有的同学又问了:如果电子不是绕核"公转",而是离原子核一定距离,老老实实待着不动,不就没有能量损耗了吗?那就不能坠毁了吧?

答案是:坠毁得更快。带负电的电子,怎么能抗拒带正电的原子核的强大魅力?它会立即投向原子核的怀抱,比绕转坠毁还快!

事情闹大了。

第十六章

量子论前传（中）

乌云来袭

辐射家族

每一个科学新发现都表明,世界永远比我们想象中的要简单。但每一个新发现,永远出乎我们的意料。这是因为,我们第一眼看到的,永远只是表象。

卢瑟福搞清了原子的大概模样,却弄不清楚它的机制。如果原子按照卢瑟福的"行星系统"模型运转,电子就坠毁了。电子坠毁了,原子也就不存在了。原子不存在了,我们的世界也就不存在了。可是,大家睁开睡眼,太阳照常升起,老鼠照常偷米,世界好好的,还是老样子,于是我们长舒一口气。

虽然同志们放心,但卢瑟福是清醒的,他意识到,这是个大难题,要搞清楚"稳定的"原子结构,没那么容易,所以他选择暂时放弃:"对于这个模型的稳定性问题,现阶段不一定须要考虑。"并指出,这是由原子的极细微结构——带电荷的部件的运动所决定的。言外之意,这是细节问题,并不影响原子结构的大局。

好了,我们暂时放下不稳定的电子和原子核,回到波粒大战如火如荼的岁月,去观光一下。还愣着干吗?走啊,这次是真观"光"!

1800 年,英国,有间小黑屋。唯一的窗,被木板堵得密不透光。然而,板上有个矩形孔,孔内还放了一块三棱镜!场景好像很熟悉。

不错,一束光被棱镜偏折,在实验台投出一道七彩光带。

这是牛爷的色散实验?

人物和实验都猜错了。牛爷已经在70多年前仙逝了,而这个实验也不是色散实验。

这个实验,比牛爷的实验多了一样东西:温度计。每种颜色的光带上,都放了一支温度计,相当精确的温度计。

从紫到红,温度计的读数一个比一个高。这说明,红色的光更容易让物体发热。这个发现让实验者有点小激动,一时好奇,他在红光外侧放了一支温度计,发现光带外的这支温度计,读数竟然比其他温度计都高!

这说明什么?说明红光外侧有一种看不见的光!实验者管它叫"热线"。在光谱中,"热线"位于红光外侧,所以我们后来管它叫"红外线"。

这个实验者,就是鼎鼎大名的弗里德里希·威廉·赫歇尔,英国人,天文学家、音乐家,英国皇家天文学会第一任会长。

赫歇尔用自己亲手研制的大型反射望远镜发现了天王星及其两颗卫星、土星的两颗卫星,研究了太阳的空间运动,编制了第一个双星和聚星表,出版了星团和星云表,还研究了银河系结构,被誉为恒星天文学之父。

左图为威廉·赫歇尔,右图为赫歇尔天文博物馆内景。这里是威廉·赫歇尔与他的妹妹卡罗琳·赫歇尔的故居。

自然很神奇,科学研究也很神奇。赫歇尔发现红外线的第二年,紫外线就不甘寂寞地被发现了。

德国的约翰·里特听说赫歇尔发现了红外线,特感兴趣。他想,光谱是如此美丽,红端外侧有看不见的辐射,凭什么让紫端外侧空着?一定也有!这个信心满满的推测,来自一个简单而深刻的信念:科学规律的对称性。

但是怎么才能找到它呢?越向紫端,热效应就越不明显,所以,用温度计肯定是不灵了。里特开始琢磨另辟蹊径。

1801年,一瓶氯化银溶液来到里特手中。里特眼睛亮了。

氯化银在受热、受光时，会解析出银。

我们平时看到的银砖银条银首饰，都是晶体，呈金属白色。啥叫晶体呢？就是原子、分子呈平移周期性规律排列的固体，自然界里的固体物质，大部分是晶体。但氯化银受光析出的银，是极小的微粒，光反射跟晶体不一样。所以，氯化银受光时，颜色逐渐变深，先紫后黑。

那时，化学家们都知道这码事儿。

怎么会那么巧？里特恰好是化学家！他深情地看着这瓶氯化银溶液："Only you！"

他拿来一张纸片，蘸了点氯化银溶液，放在紫光的外侧。好期待哦。

果然，黑了，它黑了，纸片上的氯化银慢慢变黑了！真的存在那个射线！

里特管它叫"去氧射线"，以强调这是化学反应。随后，它被简称为"化学光"，颇为流行了一段时间。一年后，被改成我们熟悉的"紫外线"。

等一下，好像不太对劲儿，不是说频率越高的光，能量越大吗？上面说的三种光，按照频率高低排序，紫外线最高，可见光由紫到红越来越低，红外线最低，为什么比起热效应来，反而是红外线最强，而紫外线最弱？

虽然又问跑题了，但问题还是要回答的。因为，当时的人们也挺纳闷。还因为，辐射这事儿，跟量子论的内容有点关系，所以解释一下吧。

当时人们以为，物体发热是由于"热质"进入了物体。

本杰明·汤普逊，也就是伦福德伯爵（生于美国，后入英国籍，物理学家），表示了反对，还做了个摩擦生热的实验，但没人相信。因为人们认为，物质一摩擦，周围那些喜欢凑热闹的"热质"就来了。你看，还是"热质"惹的祸。

后来，法拉第的老师戴维也向同志们演示了一个实验：在与周围环境隔离的真空容器里，用机械让两块冰互相摩擦，直到融为水。这回"热质"进不来了，冰照样化，总该相信运动生热了吧？

事实是，相信的人仍然不多，只有托马斯·杨表示过对"热质说"的反对。

再后来，随着热力学的日益成熟，人们才慢慢相信，热是一种运动。物体中的分子或原子振动越快，其温度就越高。

共振原理我们都知道，物质化学键的振动能级都差不多，一般处于红外线的频率范围，所以，红外线的照射，最容易引起分子、原子共振，表现为温度升高。反过来，物体分子、原子振动，也会辐射出红外线。

紫外线频率太高，很难引起分子和原子共振。所以，它的热效应比不上红外线。不过，能量高自有能量高的用武之地，紫外线的化学效应比红外线明显。

由上可知，红外线频率与原子振动能级越接近，热效率就越高。而不同原子的振动能级又略有不同，所以，如果你办厂，需要使用电磁波加热，那就一定要弄清楚，你所加工的东西，用哪个频率的电磁波热效率最高。搞对路子了，既节能环保又省钱。

既然聊到红外线、紫外线，咱们就顺便聊聊关于辐射的那些事儿。

“辐射”，一见到这个词，我们通常会联想到一些比较恐怖的东西，比如核弹、变异等。其实，我们每时每刻都沐浴在辐射之中，逃不了是事实，离不开也是事实。

阳光是那样美好，无线电波是那样给力，它们都有一个共同的名字：辐射。

辐射家族成员很多，按照血统，可以分为两支：电磁辐射和粒子辐射。

电磁辐射就是电磁波，从麦爷一统光电磁王国时起，我们对电磁波就不那么陌生了。现在复习下，电磁波的波长和频率不同，能量也不同，所以咱就按频率和波长给电磁波分类，按频率由高到低排列为：γ 射线、X 射线、紫外线、可见光、红外线、微波、无线电波、长波无线电（第七章“电磁王国”一节）。

粒子辐射也叫高能粒子辐射。听起来很神秘，其实，比“电磁辐射”好理解，就是一些运动速度很快的粒子，比方说 α 粒子（高能粒子辐射的一种），它其实就是氦的原子核，由两个中子和两个质子组成，带正电。除了 α 射线，还有 β 射线、中子、质子等粒子流。

粒子辐射是在 1896 年发现的。它的发现，是由一种电磁辐射的发现引出的。

19 世纪末，研究阴极射线成了物理界的时尚，各实验室唯恐“out”了，纷纷投入研究。德国维尔茨堡大学物理所也不甘落后，所长威廉·康拉德·伦琴更是醉心于玩“勒纳德管”，研究阴极射线的荧光效应。勒纳德曾是赫兹的助手，他研制出一种阴极射线管，管上用铝做了个窗口，可以把阴极射线引导出来，更好地研究放电过程。

但是，人们发现，伦琴玩着玩着，就变得古怪起来，他天天把自己关在实验室，不告诉任何人自己在干什么，包括他夫人在内。伦琴夫人发现，老公不仅食不甘味，而且夜不归宿……

这一切，都是从那晚开始的。1895 年 11 月8 日，星期五，夜生活刚刚开始。

伦琴摸黑进入实验室，回眸间，突然发现，一块涂了氰亚铂酸钡的荧光屏在发光。他有些吃惊，因为当时是夜间，屋里一片漆黑，是谁让荧光屏"暗送秋波"？

伦琴

他想起了通着电的放电管。但在此前，为了防止阴极射线逸出，他已经用锡纸、厚纸板把放电管包得严严实实了。难道锡纸和厚纸板挡不住？

伦琴就随手在实验室拿些物件，挡在放电管和荧光屏之间，书本、木板、铝片……发现效果差别很大，有的根本挡不住，有的却可以起到遮挡作用，他越试越觉得神奇。

他判断，让荧光屏发光的，可能是一种穿透力极强的、未知的新射线，于是就用未知数的代号 X 给它命名。他怕自己判断失误影响了名声，所以守口如瓶。

伦琴拿各种东西在 X 射线下拍照，发现，这种射线可以拍到木盒里的砝码，可以拍到金属片内不均匀的纹理……每次都有新惊喜。科学家的幸福感和满足感，有谁能懂？这一试就是 40 多天，导致老婆疑窦丛生。

终于，伦琴确认自己发现了一种新射线。索性不改名了，就叫它 X 射线吧。

1895 年 12 月 22 日，他把狐疑不已的夫人请到实验室，用 X 光拍下了她的手——世界上第一张人体 X 光照片诞生了。

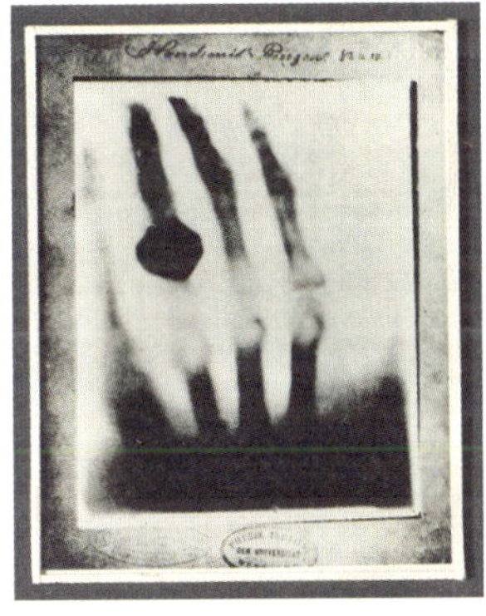

左图为伦琴夫人手的 X 光照片(手指上有戒指)，右图为伦琴通过 X 光屏幕看到了实验者的肋骨和手臂的骨头。

据调查，当时有多个国家的 n 个实验室进行了类似的研究，他们也发现了 X 射线，时间相当接近。甚至在伦琴发现 X 射线之前，宾夕法尼亚大学就已经发现了 X 射线，还拍了照片。但是，他们没意识到，这是一个重大发现，只是把资料归了档，就忙别的去了。伦琴没犯这个错误，他确认发现后，立即完成论文《论一种新的射线》，于 1895 年 12 月 28 日发表。

阴极射线实验的意外收获，让伦琴获得巨大的声誉，他因此在 1901 年获得世界上第一个诺贝尔物理学奖。X 射线也被人们称为伦琴射线。

X 射线的发现引发了一连串相关的重要发现，标志着现代物理学的产生。值得一提的是，伦琴射线被发现后，由于它的超强透视功能，全世界兴起了研究热潮，一年之中就有上千篇相关论文，但当时的人——包括伦琴本人在内，都不知道这种 X 射线到底是什么。直到 20 世纪初，人们才发现，它也是一种电磁波，只不过频率更高，能量更大，穿透力更强。

伦琴发表论文的同时，也给庞加莱寄了一份相关资料。

1896 年初，庞天才看了资料后推测，X 射线与勒纳德管中强烈的磷光有关，就提出假设：被日光照射而发磷光的物质，也应该会发出一种不可见的、有穿透能力的辐射。

法国物理学家安东尼 · 亨利 · 贝克勒尔，想起另外两件事：一是法拉第听说奥斯特把电变成了磁，于是就把磁变成了电；二是莫尔斯听杰克逊医生闲聊，说电能发出信号，于是就让电报改变了世界。

现在，贝克勒尔听庞天才说有一种未知的辐射，咋办？

赶紧找呗！

事情进展得很顺利。1896 年 2 月 24 日，贝克勒尔发现，把硫酸钾铀酰在阳光下曝晒几个钟头后，就能发出一种射线。这种射线很厉害，可以穿透黑纸，让照相机底片感光。

开始，贝克勒尔和庞加莱都认为，这种射线类似 X 射线，用阳光对铀盐晶体进行激发，就可以放出这种射线。

贝克勒尔刚要大干一场，多搞几次实验，却郁闷地发现，天阴了。

没有阳光，就只能鸣金收兵。他把底片用黑纸包好，放进暗室的抽屉，把铀盐也用黑纸包好，压在底片上，关上抽屉。Over，出去等天晴。

几天后，1896 年 3 月 1 日，贝克勒尔冲洗了一张底片，立即惊呆了——底片

上放铀盐的部位感光特别明显。铀盐即便是经过曝晒后,发出的射线也不能让底片感光这么明显!底片恰巧出毛病了?再试试看!

他在暗室又准备了一张底片,在上面放了一个纽扣状的铀盐片。5 个钟头后,冲洗底片,底片上出现铀盐片的形状!

贝克勒尔

贝克勒尔确定,这不是巧合,就开始研究各种铀化合物,发现它们都“不停地发出不可见的射线”,用纯铀粉也一样。他得出结论:铀是主要因素,它可以发出这种射线。

物质的放射性就这样被发现了。

1903 年,贝克勒尔因发现放射性喜获诺奖。可惜的是,贝克勒尔因为过多地接受有害辐射,于 1908 年逝世,年仅 56 岁。

贝克勒尔让我们知道,一些物质具有放射性,这种神秘的射线,被称为“贝克勒尔射线”。可是,“贝克勒尔射线”是什么?贝克勒尔没给出答案。

1898 年,卢瑟福发现,铀发出的射线有两种:一种极易被吸收,他称之为 α 射线;另一种穿透力强,他称之为 β 射线。

不久,贝克勒尔发现,β 射线带负电,在电场、磁场中会偏转。是不是有些眼熟啊?嗯,贝克勒尔也觉得很眼熟,后来他确定,所谓 β 射线,就是跑得飞快的电子流,本质上跟阴极射线是一回事!神奇吧?神奇的还在后面。

卢瑟福把注意力集中在 α 射线上后,他确认,α 射线是一种粒子流,能量和动量巨大,特别适合作为“炮弹”,来轰击其他粒子,研究其结构。我们知道,正是 α 射线,敲开了核物理学的大门。

但是,它究竟是什么呢?

卢瑟福也很想知道,所以通过各种实验、计算,终于揭开了它的面纱。卢瑟福通过主要实验——电磁偏转实验,证明了 α 射线带正电荷,与阴极射线相反,还顺便求出了它的速度和荷质比。所谓“荷质比”,就是电荷量和质量的比。结果一看,跟氦原子差不多,怎么看怎么像是氦原子。但是我们知道,原子是电中性的,也就是不带电啊!

拿到证据之前,不能乱讲,万一是钓饵呢?卢瑟福情急之下灵光一闪——

查暂住证，哦不，查条码身份证啊——进行光谱实验。

要得到高速粒子射线的光谱，可不是用手电筒一照就能搞定的。得让它老老实实停下来，并且凑够一定数量，才好实验。

卢瑟福的办法是，用 0.01 mm 厚的薄玻璃管，底部连通水银，上部留空充氧气，接通电管，密封。设备 OK。

现在该 α 射线上场了，它穿过管壁，由于穿透性不强，所以穿过一层薄玻璃后就没劲儿了，被氧气留下一起混。两天后，数量凑够了，让管中的水银提升，混合气体就被压缩到电管里，通电，发光，就查到了它的身份证——光谱线，果然是这厮——氦原子！

原来铀可以放射出氦！不过，氦怎么会带正电呢？

答案在汤老师的阴极射线里。电子带负电，那么，电子丢了，剩下的部分，可不就是要带正电?！原来神秘的 α 射线，就是丢了两个电子的氦原子！

那么，铀为什么可以放出氦？它放出的氦又为什么会丢电子呢？问号忒多，扑倒一个问号，便得到一块板砖，核物理学大厦就是这样盖起来的。

被贝克勒尔射线吸引的，不只是卢瑟福，法国的一对夫妇也迷上了这些神秘的射线。玛丽·居里和她的丈夫皮埃尔·居里。

居里夫人的注意力不在“射线是什么”和“为什么”的问题上，而在“还有什么能发出射线”的问题上。她先发现，铀化合物发出射线的强度与其含铀量成正比，不受环境影响，与冷暖、干湿、明暗等因素都没关系。她认为，能放出射线的应该不只是铀，这应该是一种比较普遍的自然现象。她建议，管这种现象叫作“放射性”。怎么验证呢？

邮票上的居里夫妇

普查。就是把所有元素都查一遍。这活儿相当艰苦，相当繁重。终于，他们发现钍也有放射性。

有了发现，她再接再厉，从普查各种盐、各种氧化物，扩展到一切矿物，逮什么查什么。苦心人，天不负，他们发现，有些矿物放射性的强度，甩铀和钍几条街。难道，这是一种新元素？

在一些同行们怀疑的目光中，丈夫居里放下手头工作，友情加盟，与居里夫人组成夫妻档，并肩作战。1898 年 7 月，他们找到一种新元素，放射性比铀强 400 倍。居里夫人给它起名“钋”，以纪念她的祖国——当时被俄、德、奥瓜分的波兰。8 月，他们又发现了一种放射性元素，放射强度又甩钋 n 条街！两口子很直白地给它取名叫“镭”，拉丁语意思是“放射”。

但，科学是严谨的，在测出相对原子质量之前就宣称找到新元素，有点太儿戏了。可是，镭的含量极低，提炼出足够多、足够纯的镭，以达到测量要求，谈何容易！

一无矿石二无设备三无资金的居里夫妇四处奔波，获赠一些铀矿残渣，借来一间冬冻夏闷的废旧棚屋，烟熏火燎地奋战了 4 年，终于在 1902 年，从 7 t 铀矿残渣中炼出 0.1 g 纯净的氯化镭，测得镭的相对原子质量为 225。镭元素正式归入族谱——元素周期表。不幸的是，皮埃尔 · 居里于 1906 年因车祸去世。

1903 年，居里夫妇与贝克勒尔共同获得诺贝尔物理学奖。居里夫人成为第一个获诺奖的女性。

1911 年，居里夫人获得诺贝尔化学奖。

居里夫人发现了两种元素，两次获得诺贝尔奖，并以顽强拼搏的意志、淡泊名利的情操、无私奉献的精神为人称颂，加上性别原因，她获得了更高的关注度和知名度，成为世界女性的骄傲和偶像。

卢瑟福从铀矿中发现了 α、β 两种射线，法国物理学家维拉德想看看，铀矿中还有没有其他射线可以发现。他还真发现了。这种射线比 β 射线穿透力更强，卢瑟福给它起了个名：γ 射线。

我们知道，用一张纸就可以挡住 α 射线。为啥 α 射线的动量那么大，却这么容易被拦截呢？等下就知道了。

用几毫米厚的铝板挡 β 射线，只能减弱它的强度，却不能完全拦住它。

而要挡住 γ 射线，几毫米厚的铝板就弱爆了，只能用厚重的铅块。

γ 射线在磁场里不偏转，说明它不带电。后来，维拉德搞清楚了，γ 射线是一种电磁波，频率比 X 射线还高。

1902 年，卢瑟福和他的助手——英国化学家、物理学家索迪研究钍的放射

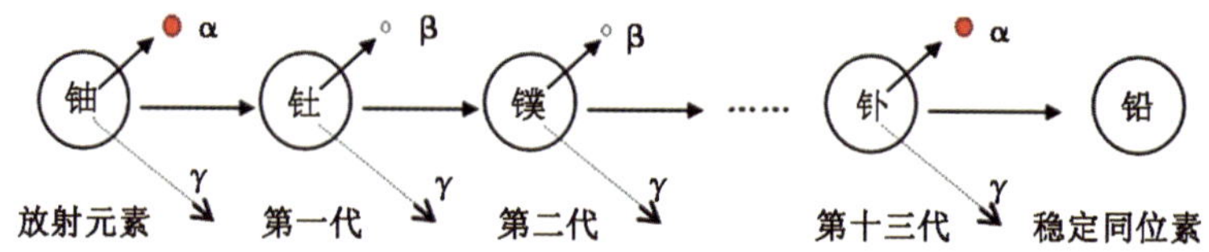

一种元素放射后成为另一种元素过程示意图(铀衰变成铅)

性,突然发现,放出α粒子或者β粒子后,钍就变身了,成为另一种元素!这是怎么回事?索迪惊呼:“这不就是“嬗变”嘛!”

“嬗变”是炼金术的术语。而在卢瑟福那个年代,炼金早就是巫术、骗术和笑话的代名词了。卢瑟福听索迪用了这个词,就说:“索迪,拜托你别管它叫‘嬗变’好吗?他们会把我们当成炼金术士砍头的。”

玩笑归玩笑,他俩很快就意识到,所谓放射性,就是原子本身分裂,或者衰变成另一种原子所引起的。它不是原子或者分子之间的变化,也就是说,这不是化学反应,而是原子本身的变化。在汤老师的支持下,他俩发表了论文,却得到物理界、化学界的一致反对——原子怎么能变呢?你拿石头变一坨金子给俺瞧瞧?

这句话放在当时问出来,绝对没人敢接茬儿。但是我们别忘了,所谓历史,就是一个不断把不可能变成可能的大杂烩。现在,我们的理论骄傲地宣布,原则上,咱俩可以利用加速器,撞击原子核,把铅、汞之类的重金属变成贵重金属——金。只不过,以现在的技术,要制造出1 g金,需要一台加速器工作10万年!用整个森林去换一片树叶,也比这买卖赔得少。

1903年3月,索迪离开了卢瑟福实验室,回到伦敦。他和稀有气体发现者拉姆塞合作,进一步证实了α射线就是带正电的氦离子流。

啥叫“离子”呢?我们知道,原子核带正电,电子带负电,二者电荷量平衡时,原子整体就是电中性的。电中性的原子捡到一个电子,就带负电;丢掉一个电子,就带正电。带电的,不只是原子,也有原子团或分子团,这种带电的微粒,就叫作“离子”。而它们丢掉或者捡到电子的过程,就叫作“电离”。

还记得刚才的问题吗:动量巨大的α粒子为啥那么容易被拦截?因为它很容易跟别的粒子发生电离反应,一反应就留下了。

有的同学问了,β射线也带电,为啥没那么容易发生电离反应呢?

所谓电离反应,其实就是粒子与电子之间的纠葛。带电量越大、体积越大、速度越慢,就越容易发生电离反应。而带电量、体积、速度这三个指标,前两者

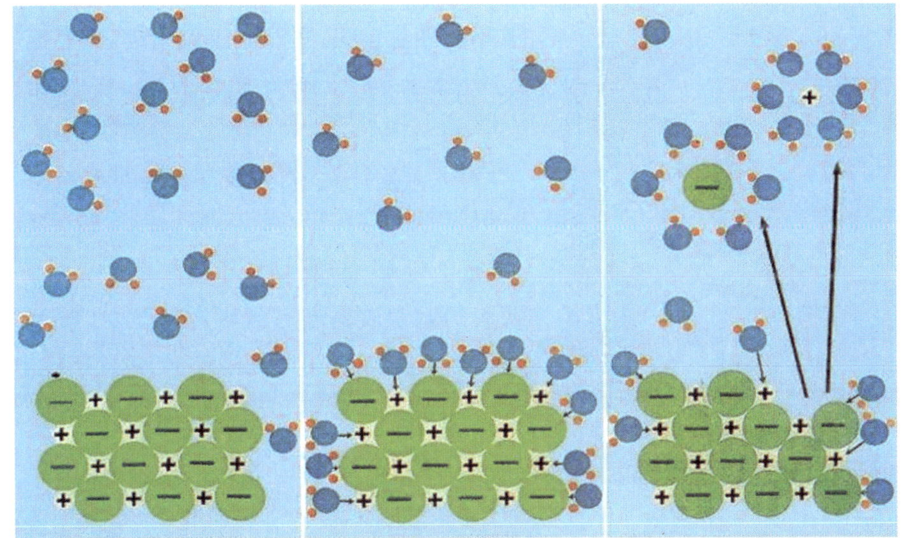

食盐在水里的电离示意图

注：图中浅蓝色的部分表示水，三个小圆粒画在一起的表示水分子。左图表示把食盐晶体放入水中后，食盐晶体和水的内部结构情况。中图表示水分子对食盐晶体的作用情况。右图表示食盐在水里溶解并电离后的情况。食盐晶体的溶解和电离是同时进行的。

增其一，或后者减慢，都会造成电离发生率倍增。α 粒子比 β 粒子带电量多 1 倍，体积多 1 800 多倍，速度慢 9/10。

我们可以把拦截物想象成诺曼底，它的电子，就是德军的负电子弹。β 是电子，也是负电子弹，与德军的负电子弹同性相斥。而 α 是抢滩登陆的大兵，背了两块磁铁，与负电子弹异性相吸。我们还可以加一条探雷犬，也就是中子。现在，让 β 负电子弹、探雷犬、背磁铁的 α 大兵一起以自己最快的速度冲向诺曼底……是的，你脑海里出现的画面，就是 β 射线、中子射线和 α 射线撞击障碍物的情景。

哈，为了个电离，我们居然模拟了二战，罪过。下面回到战争之前的和平时期。

那段时间的理化界，寻找放射性元素成为一种潮流和趋势，物理学家、化学家纷纷加入寻宝大军，各种查，各种炼，一时间，“新”放射性元素层出不穷。

开始还好，后来人们发现，有点不对劲。因为到 1907 年，寻宝大军居然找到了将近 30 种放射性元素！

元素周期表顿感压力山大，它收不下这些冗员，就算是谁谁谁的亲妹子干

索迪,1921 年诺贝尔化学奖获得者

闺女也不行。因为周期表是按原子序数排列的,不能随意扩编,不能因人设岗,坑只能挖那么多,萝卜嘛,宁缺毋滥。否则,整张表就废了。

有人开始怀疑,周期表是不是对放射性元素不适用了。

还有人研究放射性元素本身,一对比发现,有的元素放射性有区别,但化学性质完全一样。索迪研究了这类现象,于 1910 年提出:存在“相对原子质量和放射性不同,但其他物理、化学性质完全相同”的元素变种,这些变种应该处于周期表的同一位置。这就是“同位素”。

同位素的提出,进一步加深了人类对元素的认识,还顺便解决了元素周期表的编制问题。坑还是那些坑,但一个坑里可以放多个萝卜,前提是,它们必须互为对方的变种,并且物理、化学性质一模一样,就像体重有变化的自己。不明白?那就再打个比方。元素周期表就好比饲养场,我们饲养了三种动物——鸡、狗、驴,每种动物一间屋子。现在又找到一个动物,长得跟驴差不多大,但经鉴定,它是狗,不是其他新物种,只是个头比较大。那么,我们应该把它安排在哪个屋子呢?当然和狗放在一起。它和其他的狗就是同位素。

既然元素放出 α 射线或者 β 射线,就可以衰变成别的元素,那么,衰变前后的两种元素,它们在周期表上是啥关系呢?索迪提出了“位移规则”:α 衰变后,在周期表上向前(即向左)移两位,原子序数减 2,相对原子质量减 4;β 衰变后,向后移一位,即原子序数加 1,相对原子质量不变。

英国化学家罗素、德国化学家法扬斯也都独立发现了这个位移规则。

根据同位素假说,天然放射性元素被分为三个系:铀 - 镭系、钍系、锕系。按照位移规则推测,三个放射系衰变到最后,都是铅的同位素。1914 年,美国化学家里查兹验证了这个推论。

镧系	57 La 138.905	58 Ce 140.116	59 Pr 140.908	60 Nd 144.242	61 Pm (145)	62 Sm 150.360	63 Eu 151.964	64 Gd 157.250	65 Tb 158.925	66 Dy 162.500	67 Ho 164.930	68 Er 167.259	69 Tm 168.934	70 Yb 173.054	71 Lu 174.967
锕系	89 Ac (227)	90 Th 232.038	91 Pa 231.036	92 U 238.029	93 Np (237)	94 Pu (244)	95 Am (243)	96 Cm (247)	97 Bk (247)	98 Cf (251)	99 Es (252)	100 Fm (257)	101 Md (258)	102 No (259)	103 Lr (262)

元素周期表中的镧系和锕系

注:对比铀衰变成铅的过程,可以体会元素嬗变的位移规则,铀 α 衰变后,在周期表上向前(即向左)移两位,变成钍,原子序数减 2,相对原子质量减 4;钍 β 衰变后,向后移一位,变成镤,即原子序数加 1,相对原子质量不变……

插播一个小广告。1919 年,英国物理学家阿斯顿发明了一个小玩意儿,可以测量带电粒子的质量、比荷,可以精确测量各种原子的相对原子质量。这下方便了,研究同位素不费劲了!实在是化学、物理科学实验之必备良品!对了,请认准它的名字:质谱仪。

下面,我们就来解密质谱仪的原理,看图,有离子源 O、加速场(电势为 U)、速度选择器(其中电场强度为 E,磁感应强度为 B_1)、偏转场(磁感应强度为 B_2)、核乳胶片,over。构造简单,功能强大,用了都说好!

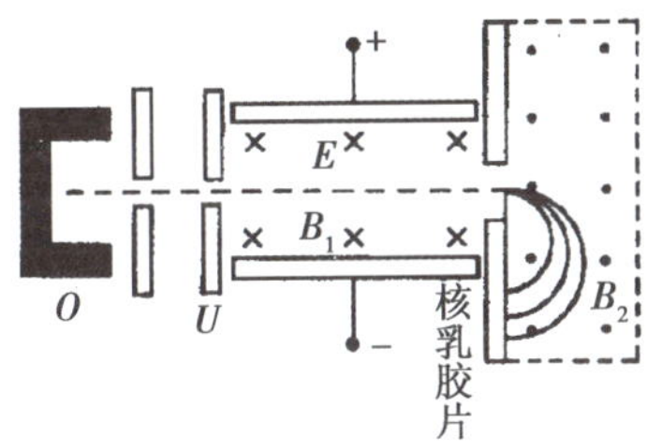

质谱仪原理图

原理:

加速场中:$2qU = mv^2$

速度选择器中:$v = E/B_1$

偏转场中:$d = 2r, qvB_2 = mv^2/r$

比荷:$\frac{q}{m} = \frac{2E}{B_1 B_2 d}$

质量:$m = \frac{B_1 B_2 dq}{2E}$

其中,m 为粒子的质量,q 为粒子的电荷量,v 为粒子在速度选择器中匀速运动的速度,d 为粒子在偏转场中做圆周运动的直径,r 为运动的半径。

同位素的提出，质谱仪的使用，侦破了元素周期表的一桩悬案。

1815 年，英国医生普劳特提出，所有元素的相对原子质量，应该都是氢相对原子质量的整数倍。

一开始，化学家们认为很有道理。但是一测，坏了，数据显示，普劳特说错了。于是大家只好放弃这个美丽的假说。

元素周期表诞生后，化学家们看看极有规律的元素队列，又想起普劳特的假说，很不甘心地测了又测，结果依然如故。

元素周期律很好用，大家认为可以信赖，但是在周期表中，钾和氩、钴和镍、碲和碘的位置，按照相对原子质量看，顺序是颠倒的！

一个大大的问号一直悬在物理学家、化学家们的头上，大家都很尴尬。直到阿斯顿手托质谱仪降临。

经过各种测、各种算，阿斯顿指出，几乎所有的元素都存在同位素。我们原来提取的某种元素，实际上是其同位素的混合体！

混合体比例不同，测得的相对原子质量数值就略有差别，怪不得老是搞不太准，只能得出平均值！比方说氯 Cl，有两个同位素：^{35}Cl 和 ^{37}Cl。它俩的相对原子质量当然分别是 35 和 37，但是，我们原来分不开它们，测的是混合后的相对原子质量，它俩在自然界的丰度比大致是 3∶1，所以，我们得到个平均值：35.5。

所有的化学家都长舒一口气：普劳特医生提出的那个美丽的假说是对的，成了又一个美丽的法则。

为什么会有如此美丽的法则呢？别急，一会儿就知道了。

α 粒子散射实验后，卢瑟福知道了原子的大致结构：原子核 + 电子。所以，丢了电子的氦原子，应该就是氦原子核（简称氦核）。

发现原子嬗变后，卢瑟福知道原子可以嬗变，嬗变时可以放出电子和氦核。

α 射线也就是飞驰的氦核，冲量大，还特愿意跟别的粒子起反应……

一个大胆的想法从卢瑟福脑中蹦了出来：用氦核当炮弹轰击其他粒子，能不能引起嬗变呢？不能引起嬗变也能讹来点援助吧？

卢瑟福可不是光说不练的主，他说干就干。1919 年，他不仅把氦核弹对准了氮，还发射了！不仅发射了，还击中了！果然，氮乖乖送出了氢原子核。卢瑟福一量，氢原子核的质量是电子的 1 836 倍。这是地球人第一次有意识完成的核反应，看来，不是所有的核反应都那么可怕哦。这次核弹轰炸，标志着核物理

时代的开始。

用氦核弹轰击氮原子,可以得到氢原子,这说明,原子核也是可以拆开的。那么,原子核又是啥玩意儿构成的呢?

卢瑟福想,既然氮原子里含有氢原子核,而氢的原子序数为1,没有比它更小的原子核了,那么,可以认为氢原子核是一个基本粒子。带一个正电荷的氢原子核,就叫质子。所以,一个原子的序数,实际上就是指原子核中的质子数。简直太美妙了!

OK,这样说,所谓原子核,其实就是质子,不同数量的质子,组成了不同的原子核?

恭喜你,卢瑟福发现质子后,当时物理界也都是这样认为的。

但是,人们的美好愿望总是和现实差那么一截。

如果原子只由质子组成,那么相对原子质量就是质子数,而每一个质子都带一个正电荷,那么,一个电中性的原子,就应该是这样的:有多少电子,就有多少质子。是吧?

又因为氢原子核就是一个质子,而氢原子的相对原子质量是1,所以,一个原子有多少电子,它的相对原子质量就应该是多少,对吧?

上面说得太绕,写成公式:

$$电子数 = 质子数 = 原子序数 = 相对原子质量$$

没错吧?

很美很强大。

电子数、原子序数、质子数这哥仨相等不假,可是,很多元素的相对原子质量跟它们仨谁都不相等,有些原子所携带的电子,只有相对原子质量的一半!就比如原子序数排行老7的氮14,它的相对原子质量是14,却只带7个电子,因为它的原子核只带7个正电荷。

1920年,卢瑟福提出,可能有一种电中性的粒子,与质子一起组成了原子核。也有一些物理学家认为,氮14的原子核就是由14个质子组成,只不过有7个电子在原子核内,抵消了7个质子的正电荷,所以,另外7个质子才对外显现出7个正电荷,于是,在核外可以带7个电子。

后来,量子力学就兴起了。量子力学指出,没有什么力量能把电子这样轻的粒子束缚在像原子核这么小的区域中。

1930 年,苏联的安巴楚勉和伊瓦年科发现,原子核里确实存在某种中性的粒子。

1931 年,德国物理学家博特和贝克尔发现,用 α 射线轰击铍、硼、锂之类的元素,会产生一种穿透力极强的辐射。他们认为,这是 γ 射线。

1932 年,英国物理学家查德威克经过各种实验,证明了楼上两位说的 γ 射线站不住脚。他认为,这种新辐射,可能就是卢瑟福说的那个中性粒子,它的质量和质子差不多。然后,他用实验证实了这个说法。这种中性粒子,叫作“中子”。中子这玩意儿不带电荷,所以不影响元素的电子数,也就是不影响元素的性质。

中子降临人间后,成了轰击各种元素的新武器。意大利皇家科学院院士恩利克·费米(又是牛人一个啊!后来被墨索里尼逼入美国籍)用得最来劲儿,他带领一群年轻人,按照元素周期表的顺序,用中子从头到尾挨个“挑逗”已知的各种元素,期待见证奇迹的时刻。

1934 年,奇迹终于出现了,他们轰击当时周期表上的最后一个元素——92 号元素铀时,发现铀被“激活”了,产生出多种元素。他们认为其中出现了一种新元素——93 号元素,该元素是中子打进铀核,使其相对原子质量增加而产生的。虽然有很多人怀疑,但由于当时的技术所限,没法对轰击后的产物进行精确的分离和分析。

1934 年 10 月,又一个奇迹出现了。他们发现,用减速的慢中子轰击放射性物质,更容易引起核反应。这一招很快传遍物理江湖。

德国化学家哈恩也学会了这一招。1938 年,他和斯特拉斯曼用慢中子轰击铀核时,发现产生了钡,他很困惑,为什么中子轰击铀核会生成比铀小的钡,还能发出些中子和 β 射线之类的。于是,哈恩给著名女物理学家梅特娜写信,倾诉困惑。梅特娜本来和哈恩合作,后来为了躲避希特勒的迫害,逃到瑞典去了。看到哈恩的信,梅特娜和她的侄子——核物理学家弗里施敏感地认识到,这是铀核被中子搞破,分成两半的结果。她给这个现象起了个名:裂变。她还利用爱因斯坦质能公式算出了裂变释放的能量。随后,弗里施用实验证实了裂变。

1938 年 11 月 10 日,费米接到斯德哥尔摩方面的电话,原来是瑞典科学院宣布他获得诺贝尔物理学奖,授奖理由是:发现 93 号新元素,发现慢中子更易引起核反应。

1938 年 11 月 22 日,哈恩把分裂原子的论文寄给《自然科学》杂志,在

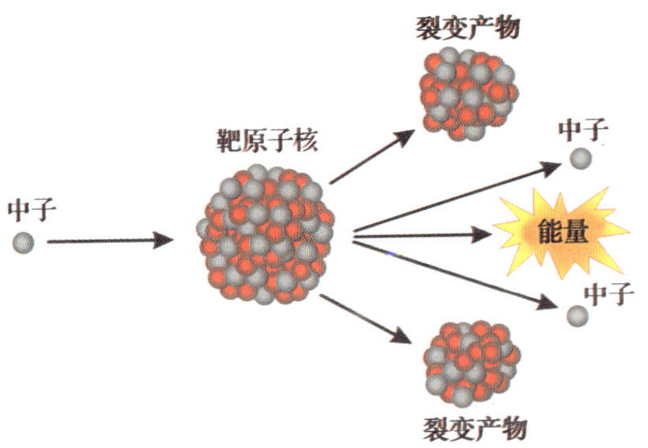

裂变示意图

1939 年 1 月刊出。大家一看哈恩的论文,天啊,诺贝尔奖发错了！费米轰击出来的不是“新朋友”93 号元素,而是一个“老熟人”——56 号元素钡！还有比这更乌龙的事吗?

费米听到消息,赶忙跑到设备比较过硬的哥伦比亚大学实验室,重复哈恩的实验,结果与哈恩一致。于是,费米坦率地检讨并总结了自己的错误。

诺奖发错了成果,却没发错人。很快,在核裂变理论的基础上,费米提出:中子使铀核裂变时,又会放射出中子,这些中子又会击中其他铀核,就会发生一连串的核反应。这就是大名鼎鼎的“链式反应”理论。

至此,核能的理论基础就差不多打好了。1942 年 12 月 2 日,费米领导他的团队,建成了地球上第一座核反应堆。1945 年 7 月 16 日,在奥本海默的领导下,世界上第一颗原子弹爆炸成功。1945 年 8 月 6 日,在杜鲁门的领导下,原子弹“小男孩”夷平了广岛。

原子弹“小男孩”

好了，不能跑题太远，钻到粒子物理、核物理学的迷宫里面绕不回来就糟了。咱们打住，接着说辐射。

咱俩之前说了很长时间的“光”，现在又说了半天和“辐射”有关的事儿，我们知道，包括“光”在内的“辐射”，的确帮助我们敲开了通往自然秘密的大门。这都是好事儿。接下来，我们顺便了解下辐射的危害。

我们前面说过，根据辐射的性质，辐射可分为粒子辐射和电磁辐射。而按照辐射的效果，又可以分为电离辐射和非电离辐射。

我们已经知道“电离”是什么意思了，所以，不难理解，可以电离出至少一个电子的辐射，就叫电离辐射。

波长短、频率高的辐射，比如 γ 射线，以及能量高的射线，比如 α 射线，虽然它俩一个是电磁辐射，一个是粒子辐射，但都属于电离辐射。一般来讲，电离辐射对人体伤害比较大。具体怎么个危害法，咱们等会儿再说。

粒子辐射的来历，刚才已经说了不少。电磁辐射又是从何而来的呢？它们都是带电粒子运动的产物。这里的“运动”，包括振动，也包括电子在原子轨道中的迁移运动，叫作“电子跃迁”，这个名词在后文会经常出现。

带电粒子运动，产生电磁波，这个在电磁学（第七章“电磁王”一节）里涉及过，根据麦爷的方程组，运动的电场会产生变化的磁场，而变化的磁场又会产生变化的电场，电生磁、磁生电，以光速向外扩散，这就是电磁波。

频率较低的无线电波和微波，是自由电子振荡产生的。它们能量比较低，只要强度不太大，就没什么危害。

频率高一些的红外线，是物体的分子和原子振荡、旋转，引起原子核和电子也跟着振荡、旋转，从而产生的电磁波。物体温度越高，这种电磁波就越强。它的能量比楼上两种稍高些，至于危害性，也要看强度是多少。

以上三种波对人体主要是产生热效应，使细胞温度升高，如果温度没有高到伤害细胞的程度，就没什么问题。

频率再高些的可见光、紫外线、X 射线，主要是由电子跃迁产生的，以后我们会知道，电子跃迁的能量差越大，放出的电磁波能量就越强。紫外线、X 射线、γ 射线对人体都有不同程度的危害。当然，这也要看强度。相同强度的情况下，紫外线危害性最小，γ 射线危害性最大，并且由于它穿透力极强，所以危害距离更远。

粒子辐射的危害性，取决于它们的能量和速度。

α 射线的速度大约是光速的 1/10，其电离效应会对人体细胞产生伤害。由于它非常容易被拦截，所以一般不会穿透衣服或皮肤，一旦被拦截，它就是一个氦核，起不了什么大风浪。

可怕的是，放射性物质通过口鼻或其他渠道进入体内，在体内放射 α 射线，搞电离，就会对人体造成直接伤害。

β 射线速度接近光速，是电子流，可烧伤皮肤，也可穿透皮肤伤及内脏。放射源被吸入体内就会造成直接伤害。中子射线也是这样。

皮埃尔·居里为了搞清楚辐射的危害，曾用自己的手臂做辐射伤害实验，并记录了症状、感觉及愈合过程。

电离辐射伤害人体，实际上就是用它们的高能量来砸坏细胞，本质上是破坏组成细胞的生物分子的化学键，造成细胞受损死亡。

更可怕的是，有时碰巧，某种辐射砸坏了 DNA，如果破坏了某些基因，细胞就会不受控制地生长，获得“永生”，这种细胞叫作癌细胞。一个高能粒子刚好砸中某个基因，概率很低。但是，如果有足够的放射源，这个概率就会大幅提升。咱在前面中微子那段说过（第十一章“光障 VS 中微子”一节）。

所以，防止被粒子辐射伤害，最好的办法，一是躲放射性物质远点，二是直接屏蔽，而不是一些稀奇古怪的办法。

这里顺便扒一个伪窍门。有人说，在电脑显示器旁放一些仙人球之类的植物，可以防辐射。这个办法搞笑到可爱。

首先，显示器的辐射不大。咱国在 20 世纪 90 年代对 CRT 显示器做过一次检测，这种老式显示器，的确会发出少量的 X 射线，不过能量低、强度小，伤害性极小，如果不是长时间盯着它，就没问题。现在一般都是液晶（液态晶体）显示器，辐射比老式显示器更小，对人体不会造成什么伤害。

液晶的性质

① 是介于各向同性的液体和晶体之间的一种物质状态。

② 既有液体的流动性和连接性，又有晶体的光学、电磁学等方面的各向异性。

③ 从某个方向看是排列整齐的，但从另一个方向看又是杂乱无章的。

④ 随温度改变而改变颜色。

其次，大家都知道，电磁波是走直线的。咱俩使用显示器，通常是和它面对面，对吧？那么，在显示器旁边，你即使是吊装一块铅锭，也改变不了电磁波直射我们的事实，何况是仙人球。想让某物防辐射，只有把它挡在你和放射源之间才行。而用仙人球来挡，它所起的作用，跟一团毛线、一本书没啥区别。非要找出差别，那就是搬走它时，要留神扎手。

2 黑体传说

窑火腾游，五彩瓷胎被暗红色火焰吞没。瓷胎身上的矿物颜料、金属丝、釉、陶泥等缤纷的色彩都缓缓褪去，代以鲜亮的樱桃红，与窑火融为一色。温度渐高，颜色渐变：橘红、橙黄、黄白……

这是瓷窑司空见惯的场景。早在 1 800 多年前，陶瓷师傅们就已经发现，所有物体，不管它是什么材料，也不管它原本是什么颜色，加热到一定程度时，在同样的温度下，它们都发出同样颜色的光。

1859 年，一个喜欢玩火的物理学家——古斯塔夫·罗伯特·基尔霍夫对这种现象产生了兴趣。那时，他和好友罗伯特·威廉·本生正在兴致勃勃地玩“烧烤”，把各种元素放在本生灯火焰中烧，如痴如醉地用光谱分析仪观测神奇的光谱线。

观测光谱线之余，基尔霍夫对温度与颜色的关系产生了浓厚的兴趣。很明显，这里肯定存在一个美妙的规律。

基尔霍夫(左)与本生

基尔霍夫很快就总结出这个规律的关键：吸收和释放辐射。这就是给物体加热，使之发光的过程。

为了简化分析，基尔霍夫提出了一个完美吸收和发出辐射的概念，叫作“黑体”。

什么是黑体？要了解这个家伙，咱得先了解什么是“黑”。我们知道，咱的眼睛之所以能看到这个色彩缤纷的世界，是由于物体把光反射到了我们眼睛里。如果说，所有物体(包括空气等)，

反射的光都完全一样的话，那么，我们就只能分辨有光或者没光，这跟什么都看不见没啥区别，只好靠触角行走江湖了。

好在物体各有各的脾气，反射光的频率、强弱、距离不同，我们感受到的色彩、明暗、清晰度就不同。有些家伙特别贪婪，属貔貅的，光射到它们身上只进不出，或出的很少，于是，我们就“看”到它是“黑”的（实际上是看不到）。这就是“黑”。

光是电磁辐射的一种。黑色的物体吸收辐射的本领特别强，比如煤炭，对电磁波的吸收率可达80%左右。物体只要吸收了辐射就会升温，而温度越高，物体对外的辐射就越强——能吸善射，十分有利于简化研究，相信科学家们都喜欢。

那么，黑色的物体就是“黑体”咯？恭喜你答对了……一小半。现实中的黑色物体，都黑得不够彻底，或多或少会反射出一点点光，所以我们仍能分辨出它的深浅明暗。

为了从理论上完整地研究吸收、发出辐射的现象，基尔霍夫定义了一个理想的黑色物体：在任何条件下，它都完全吸收任何外来辐射，毫无反射和透射。这种理想中的黑色物体，才是“黑体”。

我们知道，所谓黑体，在现实生活中是找不到的。但这难不倒基尔霍夫。他想象一个空心球，壁上开个小孔。辐射进入小孔，就有去无回——在空腔内壁来回反射，直到被吸收殆尽。基尔霍夫还让这个球体内壁与外界绝热，这样，内壁吸收辐射加热后，只有内壁才会释放辐射。我们任何时候看这个小孔，它都是“全黑”的。这个小孔，就是传说中的“黑体”。

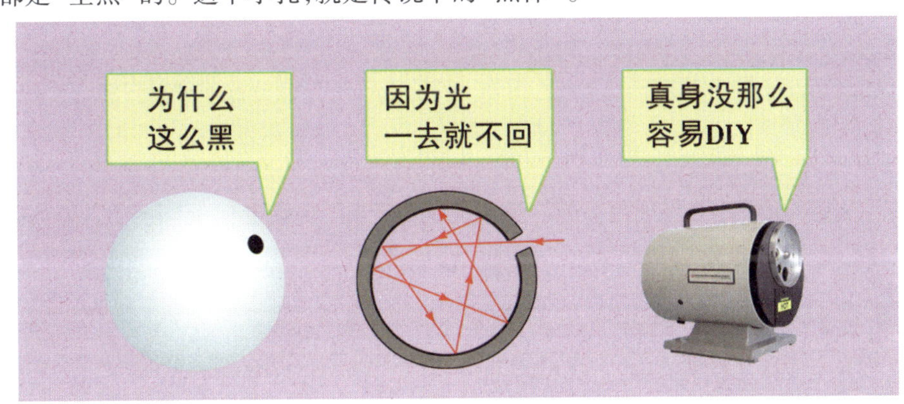

黑体原理及实体示意图

定义了这个完美的“黑体”，基尔霍夫就开始用它与实物进行对比研究。

为了围观得更透彻，我们来熟悉几个新词：

刚才说过，实物不能完美吸收辐射。不同的物体，吸收辐射的能力也不同。所以，物体吸收辐射的能力，就是“实物吸收量/射达总量”，精确表述麻烦点，就是“实物吸收辐射的能量/射达它身上的总辐射能量”。这个值叫作“吸收率”。

吸收能力搞定了，那么，想表示某物发出辐射的能力，又该怎么办呢？这个比较难办，因为它没有总量来对比。不同温度，发射量不一样，怎么能确定比值？这时，黑体就派上用场了。因为黑体具有完美吸收与发射的神功，所以，我们可以把它当成一个标尺，想知道自己的发射能力怎么样？那就来和黑体比比看！在相同温度下，“实物发射量/黑体发射量”的值叫作“发射率”。

还有一个很好理解的概念：单色，就是指单一波长的辐射。

经过研究，基尔霍夫发现了一些规律：

任何一个物体，它发出辐射的同时，也吸收其他物体发来的辐射(所以冷艳高贵其实是一件很可笑的事，因为只要你能看见某物，就一定和 TA 发生了辐射交换)。

在热平衡的状态下，其发出、吸收的辐射总能量相等，也就是收支平衡。

在相同温度下，对单色辐射，所有物体的发射率与吸收率的比值都相等，并等于黑体对单色辐射的发射率。

这些规律，与物体的材质、形状、大小一律无关，只与温度相关。

根据上述的规律，我们假装列个算式看看：

$$\text{发射率} \div \text{吸收率} = \text{黑体发射率}$$

$$\frac{\text{实物发射量}}{\text{黑体发射量}} \div \frac{\text{实物吸收量}}{\text{射达总量}} = \text{黑体发射率}$$

得：

$$\frac{\text{实物发射量}}{\text{黑体发射量}} \times \frac{\text{射达总量}}{\text{实物吸收量}} = \text{黑体发射率}$$

从算式中可见，当热平衡时，“实物吸收量”和“实物发射量”相等，“黑体发射量”和“射达总量”相等，它们可以抵消，变成：

$$\text{黑体发射率} = 1$$

符合黑体完美吸收与发射的定义。

计算结果里，明摆着一个结论：关于温度与辐射的问题，搞清楚黑体

就OK了。

利用黑体，基尔霍夫天才地简化了物体温度和光色的关系问题，简化后，这个问题变成：某温度下，黑体发出了多少辐射量。

找出这些基本规律后，基尔霍夫向自己及同行们出了一道题：

尽快找到那个公式——可以描述任何一个温度下，黑体发射出的单色辐射的分布情况。比方说，在 30 ℃的温度下，黑体发出的波长为 0.5 nm、1 nm 的辐射量各是多少。

看样子，一切都进展得很顺利。

基尔霍夫做梦也没想到，带着这道题，黑体越走越远，引发一个又一个意外，撩拨着整个物理界脆弱的神经。

黑体像一个路标，给物理学家们指明了方向。基尔霍夫总结的规律告诉大家，我们要找的那个公式，只有两个变数：温度和波长。

目标很简洁，但道路很艰险。以当时的技术条件，要 DIY 出黑体，以及配套的精密检测仪器，是不可能的。DIY 不出黑体，就没法取得精确数据；没有精确数据，就 DIY 不出正确的公式。即使你撞大运了，你也不知道它对不对，没有精确数据验证，是吧？

但是，眼巴巴地等待黑体降临，也不是个好办法，研究还要继续。况且，这事儿已经牵扯到国家荣誉和利益。

一个伟大的科学发现，往往会引发一连串的新发现、新发明，伴生一批新创业家和新产业，新创业家和新产业先诞生在哪个国家，哪个国家就抢占了发展先机。可以说，正是在“发现—发明—创业”的交替推进中，我们的现代文明才得以建立和发展。谁抢占了先机，谁就最牛。

那么，“抢占先机”最便利、最有效的途径是什么？

当然是国家有着孕育发现者、发明者和创业者的优质土壤。三者排名，当以发现者为首，没有他，发明和创业的空间很窄。这里的“土壤”，当然指的是意识形态、社会文化、思维方式、价值观（这些词义有交叉）等方面的软环境，而不是广袤、丰饶、富有之类的东西。

17、18 世纪的英国为什么那么牛？因为它孕育了人类的骄傲——牛顿，还有胡克、波义耳、卡文迪许、托马斯·杨、戴维、法拉第、赫歇尔等一线科学大牛。哈雷、布拉得雷、吉尔伯特都算不起眼的了。

18、19 世纪的法国为什么那么牛？因为此前，它有笛卡尔、费马等大牛打底，科学跟不上，它知道着急，也拿出了行动，例子在前面（第六章“波粒大战”一节）说过：1666 年，法国皇家科学院刚刚成立，便迫不及待地邀请荷兰人惠更斯出任院士（后来又挖来了伯努利等牛人）。然后库仑、傅科、拉普拉斯、菲涅耳、拉格朗日、泊松、安培、庞加莱、卡诺、巴斯德等牛人都纷纷出现。有了他们，马吕斯、阿拉果、菲佐都算小角色了。所以，那时，即使英国坐拥伟大的麦克斯韦、达尔文，也无法阻挡法国的崛起。

19 世纪的德国为什么越来越牛？因为它孕育了人类的又一个骄傲：高斯。还有夫琅和费、赫兹、希尔伯特、欧姆、基尔霍夫、赫尔姆霍茨，以及克劳修斯、洪堡等大牛。他们带来的辉煌，令即位不久的威廉二世信心大增，坚定树立了统治地球的“远大”理想，挑起了第一次世界大战，然后被群殴，惨败后签订不平等条约，经济崩溃很多年，使新政权魏玛共和国始终处于水深火热之中，短命夭折。即使如此，德国在科学界的地位也屹立不倒，一直延续到 20 世纪初。普朗克、能斯特、维恩、伦琴、闵可夫斯基、索末菲，以及他们大张旗鼓请回来的人类的又一个骄傲——爱因斯坦，他们赶超开普勒、莱布尼茨等前辈的荣光，在恶劣的经济环境下，把德国缔造成世界科学中心。

世界科学中心一般最终会成为经济、文化中心，如果这一切能够保持，那么，德国摆脱困境的日子不会太久。但是，20 世纪的德国科学却开始衰落，而没什么文化底蕴的新国家美国却越来越牛！为什么？这都是拜希特勒所赐，他上台后，先是清洗异见、异族，导致大批科学家出逃，然后把欧洲打了个稀巴烂，科学家们只好逃到当时最适宜人类居住、最有利于科学家发挥才干的美国，于是，很快，美国崛起了！

物理史，实际上就是人类现代文明史的缩减版。

有人说，这太片面，科学家固然很重要，但是政治家不才是推动人类发展的领头羊吗？是的，政治家当然很重要。这里，我们要搞清楚政治家与政客的区别。历史上，真正的政治家不多，常见的是政客。当上高官的，不一定就是政治家。那些不择手段攀爬高位、弄权谋私，而罔顾社会发展的，不是政治家，只是政客。

真正的政治家也是社会科学家，他们创造和实践利于社会发展的规则，并用科学的方法验证，如果被实践证伪了，他们能够主动改进，积极、持续地创造利于科学、文化蓬勃发展的优质“土壤”，以实现社会的健康、协调、可持续发展。

人类的发展，得益于这些伟大政治家的创造。是的，人类的发展，就是创造；没有创造，就是原地踏步；毁灭创造，就是倒退。所以说，一个政治家成功与否的检验标准，是看在他的治理下，社会创造力如何；而一个政客成功与否的检验标准，却只关乎权力。

世界上最无耻的事，是占着无穷的资源、握着无敌的权力，却对责任置若罔闻。

世界上最无良的事，是扣着博士的帽子、揣着院士的待遇，却拿不出实际的成果。

世界上最无能的事，是挺着骄傲的脖子、扬着傲慢的眉毛，却只能炫耀千年前的祖宗。

我们骄傲了几千年，有一天，却发现自己可怜的目光只能落在人家后背上，一时间百感交集，五味杂陈。放眼世界发展史，邓小平同志提出了有力的论断：科学技术是第一生产力！

好吧，我们接着聊生产力的事儿。

我们可以看到，紧跟着发现之后的发明和创业，都充满着创造的激情，也充满着竞争的残酷。没办法，生产力就是这样发展起来的。

1831 年，第一台发电机在法拉第手里诞生后，虽然那个贵妇人对这只“丑小鸭”很不感冒，但识货的人有的是，他们很快就嗅出，这只“丑小鸭”蕴藏着不可估量的巨大价值。

1832 年，法国人毕克西发明了手摇式直流发电机。轻轻摇一摇，电流飘呀飘。

1866 年，德国电工学家、实业家韦尔纳·冯·西门子发明了自激励式发电机，不用永磁铁就能发电了。

1870 年，比利时人格拉姆研制发明了环形电枢发电机，开始利用水力发电。经过不断改进，电机技术走向成熟。

1877 年，具有实用价值的发电机开始投入商业化生产。

1882 年，特斯拉发明了交流发电机。那时，他在爱迪生的公司打工。而爱迪生正在为电的技术问题苦恼——他大力推广的直流电传输距离越远，成本就越高。特斯拉的交流电发电、配电成本低，配套的变压器解决了长途送电中的低电压、高消耗、高成本等一系列问题，特别适合商业推广。但爱迪生却对此不屑一顾，他太爱直流电了。随后，爱迪生把交流发电机及电动机的专利权卖给了西屋公司。特斯拉很郁闷。后来,由于爱迪生在支付报酬等方面不守承诺,特斯拉辞职。

1882 年,美国人戈登制造出了输出功率 447 kW、高 3 m、重 22 t 的两相式巨型发电机。

1886 年,特斯拉取得西屋公司的支持,研发交流电系统。这让对直流电忠贞不渝的爱迪生愤恨不已,他开始不择手段打压交流电。他出了一本小册子,细数交流电的危险,还抓些小猫小狗,用交流电将其电死(虐杀啊!),以验证小册子上的理论。他还用交流电发明了电椅。一时间,在人们心中,交流电跟死神画上了等号。但是,交流电那实实在在的优越性,代表了先进生产力,生产力的发展谁也无法阻挡。

世界上最慷慨的科学家——特斯拉。特斯拉发明了交流电,并将交流电的专利免费向社会公开。如果特斯拉当年收取了专利费,将会变成当时世界上最富有的人,没有之一。

1889 年,西屋公司在俄勒冈州建设了发电厂。

1897 年,著名的尼亚加拉水电站中,第一座 10 万匹马力的交流发电站投入运营,随后,十几座发电站相继建成,一直运营至今。

有了电,各种电器自然应运而生。其中的不二首选,当然是电灯泡。照明,是人类对电最基本、最普遍的应用需求,可以说,哪里用电,首先就会用电灯照明。

所以,电灯的巨大价值,也是无可比拟的。我们的发明家、创业家当然不会放过这片广袤的沃土。

因此，早在发电机诞生之前，人们就已经迫不及待地探索用电照明了。

第一个吃螃蟹的，仍然是法拉第的老师戴维。1801 年，他给铂丝通电，发光。我们知道，金属丝热到能发光的程度，很快就会烧毁。不能持久，成为当时最难解决的问题。

于是持久就成了最大追求。

1810 年，戴维老师让两根碳棒之间形成电压，发出电弧光，名曰“电烛”。这个可以持久，但你知道，电弧光照明的诡异效果，是不堪实用的。

1854 年，美国人亨利·戈培尔（德裔）想到，用真空保护灯丝，他把炭化的竹丝放在真空玻璃瓶里通电发光，可维持 400 小时。第一个碳丝白炽灯泡诞生。那时，电还没走进千家万户，戈培尔没有申请专利。

1878 年，英国人约瑟夫·威尔森·斯旺在英国申请了电灯——碳丝真空灯泡的专利，他是从 1850 年开始研究电灯的。

1874 年，加拿大的两名电气技师发明了另一种灯泡——把氮气充满灯泡，让碳杆做灯丝。他们取得了专利，但没钱投入发展，就把专利卖给了爱迪生。

爱迪生得到专利权后，就开始了我们很熟悉的那个奋斗故事——不断用各种材料搞试验，目标是使灯丝可以持久到有实用价值。1879 年，他让碳丝维持了 13 小时。1880 年，他研制的竹炭丝灯泡维持了 1 200 小时，可以实用了，并且那时，爱迪生的直流电已经商业化了。

爱迪生，一面是带来光明的“天使”，另一面是“专利霸王”和“资产暴君”。

爱迪生搞电灯,也是官司不断。先是斯旺告他侵权,然后斯旺成了爱迪生在英国的电灯公司的合伙人。后来,斯旺把自己的合伙人权益及专利都卖给了爱迪生。爱迪生在美国也不太顺,专利局曾判决他的发明已有前例——戈培尔的碳丝灯,打了 n 年官司,在戈培尔临去世时,爱迪生输了官司,后来只好从戈培尔遗孀手中买下了碳丝白炽灯的专利。1906 年,爱迪生终于搞定了廉价制造电灯钨丝的方法。这是他对电灯最大的贡献,钨丝电灯泡沿用至今。

今天看起来再普通不过的一个小小的灯泡,何以让这么多人魂牵梦萦,连大发明家、大企业家爱迪生对它也情有独钟,不惜耗费大量精力去研究开发,拼争谋夺?

因为无论贫穷还是富有,无论疾病还是健康,人类都需要照明,而电灯,集廉价、便利、清洁、高效于一身,社会价值、商业前景无限光明,谁要是把握了它,谁就引领了时代! 所以,我们抛除商业竞争手段不谈,单说爱迪生的眼光,那真是高瞻远瞩!

有眼光的当然不只是爱迪生,很多国家、很多强人都在抢占这一领域的制高点,德国的各家公司当然也不甘落后。开发出更高效的照明工具,击败竞争对手美国和英国的公司,是骄傲的德国公司共同的梦想。

他们知道,黑体,作为辐射的完美吸收和发射体,能够释放出最大的热辐射。在能量一定的情况下,物体辐射总量也是一定的,如果热辐射多,那么,光辐射就少。利用黑体的完美辐射特质,精确测量它的光谱,作为标准,可以用来校准电灯技术指标,让它尽量多发光,少发热,实现高效照明。所以,研究好黑体问题,成了开发高效照明工具最科学、最高效的手段。

于是,精确测量黑体光谱、DIY 出基尔霍夫梦想的那个公式,成为这些德国公司的追求目标。一个完整的、有效的、成熟的理论,必须有一个精确描述它的公式。

电力的应用普及后,相关发明、产业如雨后春笋般蓬勃而生,于是,建立一套全球统一的度量单位和标准,就越来越重要、越来越迫切。

1881 年,确定电力度量单位的第一次国际会议在巴黎召开,22 个国家的 250 余名代表参加了会议。会议在亲切友好的气氛中进行,会上,定义了安培、伏特等度量单位,大家以为这又将是一个胜利的大会,没想到,却在制定光照度的标准上卡了壳。与会人员纷纷发表声明,对此表示遗憾,并将继续关注事态发展。

这时，基尔霍夫已经快60岁了。黑体问题成为焦点——作为辐射的标杆，你没有公式，拿什么确定标准？

有的同学问了，制定国际标准有那么重要吗？

是的，相当重要。国际标准不仅是产品质量的标尺，也是产品市场的保证，有了统一的国际标准，大家都遵照标准去做，产品在世界各地才具有通用性、互换性，这是产品的生命。不信？如果你生产的电视机，只有在400伏电压下才能打开，并且插销是6相的，电视台必须调整制式，才能把信号传送到你的电视机，你觉得你能卖出去几台？

好吧，我知道制定国际标准很重要了，那么，让别人制定，咱照做，问题总不大吧？

其实，标准制定权同样重要。

掌握了某个产品的标准制定权，你就牢牢把握了这个产品的发展方向。你的产品，就是国际标准，大家都要照你的标准来做。这样的话谁能做得过你？但掌握标准制定权，不是靠口才，也不是靠武力，而是靠产品质量、技术水平。2006年，海尔派出专家，作为亚洲企业唯一的代表，参加了在罗马召开的国际电工委员会家用洗衣机分技术委员会大会，与欧美的专家共同参与全球洗衣机行业的通用国际标准的制定，成为中国电工业的一个里程碑。

德国政府清晰地认识到掌控国际标准的重要价值，大企业家西门子当然也认识深刻。1887年，西门子捐赠了一块土地，德国政府狠狠地投入了一把，在这块土地上建立了帝国理工学院（PTR），历经10多年的建设，它配备强悍的科研队伍，拥有世界上最精良的设备、最昂贵的科研设施，软硬件双优。这个顶级豪华阵容的使命是什么？就是制定标准、测试产品，推动科学成果转化为生产力，引领世界新潮流。

制定国际光照度标准，是它任务清单中的首选项之一。你想到了什么？是的，黑体。

PTR光学实验室由卢默尔负责，他有一个强悍的同事：维恩。他俩都曾做过赫尔姆霍茨教授的助手。

他们研制黑体，以及配套的、先进的测光仪。1893年，也就是维恩在29岁时，发现了一个简单公式，可以描述黑体辐射情况。温度越高，黑体辐射中最大的波长会越短。黑体辐射的电磁波的强度按波长的分布，只与黑体的温度有关。

什么叫“最大的波长”？它本身很简单，只是解释起来比较绕口：一个物体发出的辐射，一般不会是单一的波长，而是很多种波长的大杂烩，这些波长的量，肯定不是平均的，而是有多有少的，其中，量最大，即强度最大的那个波长，就是“最大的波长”。这个名字很不专业，所以，我们以后管它叫“峰值波长”。

在此之前，我们只知道，温度升高，辐射总量增加。现在维恩告诉我们：峰值波长乘以黑体温度，得出的结果永远是个常数。你把温度提高一倍，峰值波长就会降一半。也就是说，温度乘以 2，则峰值波长就除以 2。注意：降的是波的长度，而不是量。

太给力了！你拿一个黑体，只要测出它此刻的温度和峰值波长，就能算出那个常数。拿到这个常数后，不管它在什么温度下，你都能算出它当时的峰值波长。峰值波长代表什么？波长即意味着颜色，峰值波长即意味着主要颜色。也就是说，我们只要知道物体的温度，就能知道它发出的光是什么颜色。

随着温度升高，峰值波长向光谱中的短波方向“位移”：红—橙—黄—白—蓝白……

这就是维恩位移定律。

现在我们知道了，为什么瓷胎在窑火里，会随温度升高而变色，并且能够预测，如果温度可以继续升高，而瓷胎又不会被气化的话，它将变成蓝白色。

反过来，我们“看”到物体发出的“光”，就能知道它的温度是多少。这个相当牛。比方说，让咱俩去测算织女星的温度，这在以前是不可想象的，单说距离，咱用美国探测冥王星的那个飞行器，以大约 16 km/s 的速度飞到距我们26.5光年远的织女星，就需要 50 多万年！而现在，有了维恩位移定律，我们只要在地球上测出织女星光的波长，就能算出它的温度！

维恩是个理论和实验都很棒的物理学家，他在业余时间发现了位移定律。在还没有得到 PTR 官方确认时，就作为“个人沟通”发表了。

现在卢默尔和维恩要做的是，DIY 出黑体，测出精确数据。

他们边研制、改进黑体，边收集数据，寻找公式。

1896 年，维恩发现了一个公式。

汉诺威大学的帕邢兴致勃勃地验证这个公式，他收集了大量黑体辐射数据，经比对，确认这个公式与“黑体辐射短波中能量分布”的数据相符。

这个公式让维恩获得了 1911 年的诺贝尔物理学奖。我们来欣赏下：

$$\rho = b(\lambda^{-5})e^{[-a/(\lambda T)]}$$

公式中，ρ 是能量分布函数，λ 是波长，a、b 是常数，T 是绝对温度。

这个公式，是从热力学理论出发，在实验数据的基础上，对黑体辐射做了一些特殊假定之后推导出来的。我们可以管它描述的定律叫"分布定律"。

那个特殊的假定是：辐射都是由分子发射出来的。这些分子与麦爷的速率分布定律相符。

1896 年 6 月，维恩在 PTR 取得这个辉煌的战绩后，一个华丽的转身，潇洒走开，到德国最牛的理工科大学之一、位于威斯特法伦州的亚琛工业大学当特别教授去了。

卢默尔还在兢兢业业地背负 PTR 赋予的光荣使命。他得对维恩公式进行严格的测试。

怎么个"严格"法呢？一是要更精确地测，二是要更广泛地测。

"精确"就不必说了，指的是波长、温度数据，是否足够精准地与公式相符。

"广泛"指的是波长范围。刚才说过，经帕邢比对，确认"短波"中的能量分布数据与公式相符，那么，长波数据呢？更短的波长呢？还没比对，是吧？

没比对的原因，倒不是帕邢懒，或者帕邢不认真，而是那时，没有标准的黑体，就没法获得准确、全面的波长数据。没有数据，他们又不能编造数据，所以，只好坐等黑体出现。

但卢默尔不能等，他有 PTR 的使命在身。维恩走了，他先后找到库尔玻姆、普林舍姆合作，为了那个梦寐以求的黑体，各种不眠、各种钻研。终于，1898 年，一个真正的、顶级水平的黑体诞生了！传说变成了现实。这个电加热的黑体，可以达到 1 500 ℃的高温。

真是十年磨一剑！

卢默尔和普林舍姆迫不及待地搞起了黑体辐射的"测绘"——测量波长能量分布，绘制坐标图。坐标图很简洁：横轴代表波长；纵轴代表强度。

坐标图显示，随着波长的增加，强度提高，到达顶峰后，强度开始下降，然后缓缓趋平。

这种曲线的形状，我们可以这样想象：在桌面上平放一根线，用牙签拦腰挑起来一点，稍稍向左倾斜，线两端自然下垂至桌面。温度升高，线就挑高。那个最高点对应的波长，就是峰值波长。这说明温度越高，峰值波长的强度越大，也就越“亮”。

如果给黑体不断加温，在不同温度下，分别画出辐射波长能量的分布曲线，然后把峰值——也就是这些曲线的最高点连起来，我们会发现，这条曲线随着温度的升高，缓缓朝短波方向——也就是蓝色方向移动。

这些情况，符合维恩的位移定律。

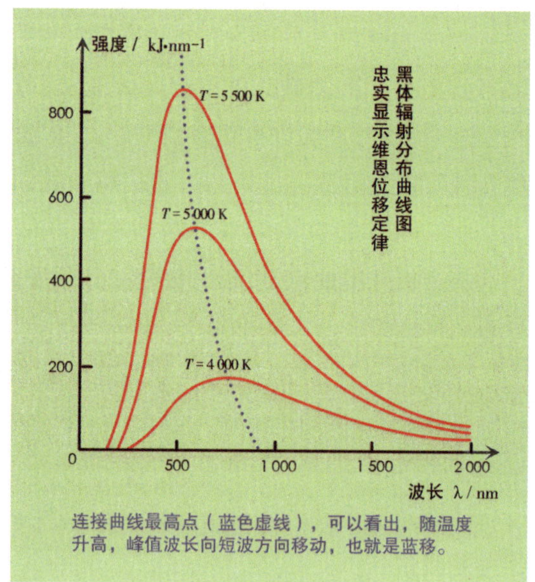

黑体辐射的实验规律

1899 年 2 月 3 日，在德国物理学会的会议上，卢默尔和普林舍姆报告了这个研究成果。

卢默尔告诉大家，俺们验证了维恩位移定律。但是，“分布定律”的情况还不是很清晰。虽然，理论预测与实验数据大致相符，但是，在红外区域，还有点不太对劲儿。实验数据有误差？现在还不太确定。我们量得已经很认真了！如果让我们给出确定的答案，那就等等吧，“待到山花烂漫时”，技术条件成熟，可以在更大范围(包括波长和温度范围)上进行实验时再说。

大家听完卢默尔和普林舍姆的报告，虽然隐隐有点悬心，但感觉不至于出什么大乱子。剩下的事，无非是搞好黑体实验技术升级，取得更全面、更精确的数据，进一步验证维恩定律。万一有什么偏差，也不要紧，大不了就是修补一下维恩公式，让它与观测相符就行了。大家数学都不错，是吧？于是，与会人员度过了充实而有意义的一天，高高兴兴地回家了。

谁也不会想到，那点不对劲儿，是一个顽固的路标，虽然苔痕斑驳，毫不起眼，却明确而坚定地指向迷雾深处，不容置疑地把我们带进荆棘丛、乱石岗、崎岖路，无论你愿意，还是不愿意，你都回不去，只能踯躅苦行，带着难舍的记忆，告别温馨的过去，去面向未知的恐惧。当然，还有惊奇。

3 紫外灾变

见到卢默尔、普林舍姆二人的报告结果后，帕邢也开始测试，温度范围比卢默尔、普林舍姆实验的温度要低一些，不到三个月，帕邢宣布，他得出的结果与维恩公式的预测完全一致。

世界太美好了！听到帕邢的实验结果，有个人长舒了一口气。

不是维恩，也不是卢默尔，而是普朗克。

马克斯·普朗克，1858 年 4 月 23 日出生于德国基尔。普朗克的祖辈多为教会或政府工作，曾祖父、祖父都是哥廷根大学著名的神学教授，父亲是慕尼黑大学著名的法学教授，一个名副其实的书香门第。普朗克排行老六，他有三个哥哥、两个姐姐和一个弟弟。

虽然普朗克始终不肯承认自己是天才，但他的确天资聪颖。难得的是，他从小就懂得刻苦用功，一点也没浪费天分。这让他上学时没遇到过什么困难，始终名列前茅。

他多才多艺，5 岁时就弹得一手好钢琴；上中学时就写得一手好文章；对古典文学情有独钟，还试着写诗剧；诗剧还没写完，数学老师赫尔曼·米勒尔又发现普朗克的数学才能出类拔萃，于是主动利用业余时间教他天文学、力学。普朗克兴致勃勃，照单全收……又聪明又懂事又勤奋的完美孩子。

大家都认为，小普朗克丰满的理想一定会顺利变成丰腴的现实。

青年普朗克

普朗克也这样认为。于是，他选择了一个理想：当音乐家，做舒伯特！

然后，他信心满满地去见父亲的朋友——慕尼黑著名钢琴演奏家科林先生。科林先生听了他的演奏，很负责任地告诉他，你还是干点别的吧，你不适合专门从事音乐工作。

挚爱钢琴的普朗克有点失落。不过这不算太糟，自己还可以写作嘛。于是，他把自己的作品拿给同学们看，想听听他们的意见。同学们给意见比还钱快多了：你还是干点别的吧，你写的

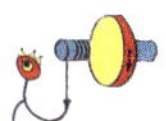

东西很刻板，缺乏技巧和热情。

人如其文。普朗克没心思去分析，这个评论，到底指的是他本人还是他的作品。他在想，他数学不错，并且对自然科学的挚爱不亚于音乐和文学，那么，数学、物理也是蛮不错的选择！

于是，咱俩和普朗克一起回到了那个熟悉的场景。1874 年，德国慕尼黑大学，约利教授告诉 16 岁的普朗克，你还是干点别的吧，物理学已经完成了，没啥好干的了。

悲哀啊！

如果我一无所长，就不会为选择而迷茫；如果我只有一条路，就不会为错过而疯狂；现在我有很多选择，却条条大路都堵死了。这到底要闹哪样?!

虽然如此，普朗克还是选择了物理，大自然太奇妙了！约利教授口中那个完美的物理学，让他着了迷！

在大自然这位神奇的美人面前，抑制不住好奇心，hold 不住诱惑，是一个科学家必备的品质。

普朗克虽然自认循规蹈矩，但他恰好具备上述这种品质。数学、物理学得有板有眼，乐队也搞得有声有色，慕尼黑的校园生活让普朗克过得有滋有味。都是自己爱干的事儿，人生若此，夫复何求?

经验告诉我们，当你脚下的路越来越直、越来越平的时候，那意味着，前方不远处一定是曲折和坎坷。不过话又说回来，哪条溜光大道不是人走出来的?

1875 年冬，一场肺病从天而降。普朗克不得不回家养病。

养病是一件痛苦的事，不仅是因为病痛，更因为没事可做。但普朗克给自己找了不少事——专心学习。有了充足的时间博览群书，病榻上的普朗克视野居然一下子开阔起来。赫尔姆霍茨、克劳修斯、基尔霍夫、玻尔兹曼……这些闪光的名字，以及他们闪光的思想，让病中的普朗克激动不已，难以自持。如果不是病痛压身，他不知跳起多少回了！

柏林！柏林！

1877 年，普朗克得偿所愿，转入了心中的圣地——柏林大学。这里，可以见到赫尔姆霍茨，可以直面基尔霍夫，热血沸腾的青春少年，遇上生机勃勃的名校，想不燃起理想的烈焰都难！

然而，普朗克的激情之火似乎总是惨遭泼水。这回泼水的，正是让他慕名

而来的偶像。泼水的手法，不是劝他干点别的，而是给他上课。

赫尔曼·赫尔姆霍茨，德国物理学家、生理学家兼心理学家，很拽的一个科学家，却是很衰的一个教授。他记性不太好，却从来不备课，讲起课来吞吞吐吐，常常出错。他的课堂有一点十分协调：讲的人、听的人都同样厌恶这堂课。

还好，基尔霍夫备课特别认真。甚至每字每句都经过反复斟酌，一旦备好课，他就严格照讲，不会少说一句，也不会多说一句，比背课文还枯燥。

好吧，这样我也忍了，可是，你就不会讲点最前沿、最尖端的东西，让我们受受启发吗？事实证明，不能。

这些大神都不会讲课？

当然不，克劳修斯就是一位难得的好老师。

鲁道夫·朱利叶斯·埃曼努埃尔·克劳修斯，德国物理学家和数学家，热力学第二定律的提出者，热力学的主要奠基人之一。

虽然克劳修斯不在柏林大学教书，但仅仅是阅读克劳修斯的论文，就已经让普朗克激情澎湃了。可见，作为一个物理学教授，传道授业，口才固然重要，笔杆子也是相当重要的。

普朗克依然坚持去听赫尔姆霍茨老师、基尔霍夫老师的课，即使课堂上只剩下三个人，也有一个是普朗克。

与此同时，他被克劳修斯笔下神秘而美妙的热力学征服了。

能量既不能被创造，也不能消失，只能从一种形式转化为另一种形式。这简直就是“神的启示”！

热不会自发地从较冷的物体传给较热的物体。这个生活中随处可见的寻常现象，竟然是大自然的一条铁律！它是如此简单，如此显而易见，看似平凡无奇，却没有任何力量可以违背！

为什么？

这些，我们到热力学的时候再说。

反正普朗克是被彻底迷住了，并且很快就有了研究成果。

1879 年，21 岁的普朗克以论文《论机械热力学第二定律》拿到了博士学位。论文把克劳修斯的思想概括为“任何方法也不能使导热过程变为可逆的”，拓展了理论宽度。

普朗克满怀期待地把论文分别寄给了赫尔姆霍茨、克劳修斯和基尔霍夫，前两位也不知看了还是没看，反正论文如石沉大海。基尔霍夫倒是仔细阅读了论文,还给出了意见:你的思维过程是错误的。

郁闷啊!

遭到打击不要紧,要紧的是,在自己热爱的每个专业都遭到打击。

就算在各专业都被打击也不要紧,可如果出手的,都是这些专业的权威,你会怎样?

你不在乎权威?可这些权威是你的偶像。你的偶像们都在打击你,你当如何处之?

一般人,早就趴下了。

但他是普朗克。

1880 年 6 月 14 日,普朗克又提交了一篇论文,题目很枯燥:《各向同性体在各种温度下的平衡状态》。这篇论文让他获得了在大学教授理论物理的机会。

大雪压青松,青松挺且直。普朗克虽然连遭打击,但情况还不错,他的两篇论文,分别为他争得了学位和授课资格。他回到慕尼黑大学,当上了讲师。并开始尝试,把热力学和电动力学统一起来。

虽然我们总是注意到普朗克所遭受的打击,但不得不承认,他的路,还是比较平坦的,至少,比在这个年龄时的爱因斯坦强多了。并且,热力学上的公平原则,开始在他身上充分体现了。好运气不会总是集中在同一个人身上,坏运气也是。普朗克转运了。

1885 年 5 月 12 日,27 岁的普朗克收到一份邀请函:去基尔大学担任特别教授,主讲理论物理学。这份工作有 2 000 马克年薪,足以支撑一个家了。

于是,他娶了青梅竹马的玛丽 · 默尔克。她是慕尼黑一位银行家的女儿。

在学术上,他也取得了一些成果,著成《普通热化学原理》《热力学讲义》,影响不小,他已经成了热力学领域的新锐。

1888 年 11 月,一份意外荣誉降临到普朗克头上,柏林大学邀请他接替基尔霍夫的教职。基尔霍夫在 1887 年 10 月去世了。本来,在柏林大学拟的候选人名单上,头一名是赫兹,另外还有其他几位,但这些大神都以各种理由拒绝了,于是赫尔姆霍茨推荐了普朗克。

普朗克欣然接受了这个邀请。1889 年,他来到柏林大学,接替了基尔霍夫的教职,还兼任了新设的物理研究所所长。那时,赫尔姆霍茨已经去管理 PTR 了。1892 年,普朗克提升为正教授,此时的他,已经是德国顶尖大学的高级物理学家了。

1894 年,赫兹去世了,赫尔姆霍茨也去世了。克劳修斯早在 1888 年就已经驾鹤而去,玻尔兹曼那时正陷入痛苦不能自拔。

36 岁的普朗克左看看,右看看,吓了一跳:自己成了屈指可数的顶梁柱之一!

作为顶梁柱,是没有选择的,你只能承担重任。

在这些个重任里,有一项是担任德国顶尖物理学杂志《物理年鉴》的理论物理学顾问。人家这个顾问是真顾问,影响力非常大,有权决定所有理论物理学来稿的生杀去留。所以,爱因斯坦那篇不朽的《论动体的电动力学》才得以发表。

马克斯·普朗克一生的最大贡献之一——发现了爱因斯坦。

PTR 的工作,顶梁柱当然也是了如指掌。基尔霍夫的黑体谜题,普朗克一直很在意。现在,不能只是在意了,他必须直面。

但这项工作远远不是看起来那样简单。你越深入其中,就越感压力山大。还好,关键时刻,维恩挺身而出。

维恩的工作先后得到卢默尔、普林舍姆和帕邢的证明,普朗克顿时长舒一口气。但他没有忘记自己的责任。

他要给维恩位移定律找一个坚实的理论基础。

1899 年 5 月,普朗克成功地把维恩位移定律纳入热力学第二定律麾下。有人开始称这个加强版的维恩位移定律为“维恩－普朗克法则”。当然也有人不同意这个冠名。

普朗克建议:进一步测试分布定律,要从重从快。不仅要检验维恩位移定律,也要检验热力学第二定律!

卢默尔和普林舍姆其实已经在干这事儿了。他俩花了9个月的时间,扩大了测试范围,减少了实验误差。1899年11月,他们的报告显示:在长波范围,维恩位移定律预测的强度总是偏高。

但是,帕邢的新测试报告却显示了相反的结论:维恩位移定律与实验相当吻合。不只是帕邢,除了卢默尔、普林舍姆二人的实验,其余所有测试都支持维恩位移定律。

普朗克虽然十分愿意相信帕邢等支持派的实验结果,但理智告诉他,你必须认真审视,谨慎处之。

冲动可以创造世界,但理智可以拯救世界。1900年9月,普朗克的朋友海因里希·鲁本斯带来最新的实验结果:在远红外线一端,维恩位移定律被证实无效。

35岁的鲁本斯是亚琛工业大学的普通教授,他也是PTR的客座工作人员。他和PTR的同事库尔玻姆合作,DIY出了一个黑体,可以精确测试远红外线区域。他们发现,辐射波长越长,与维恩位移定律的预测差距越大。

根据维恩位移公式,当波长趋向无穷大时,能量密度——也就是一定空间或质量中所储藏的能量,与温度无关。但是实验表明,这时,能量密度与绝对温度成正比!

这是一个噩耗。

瑞利勋爵(对,就是汤姆逊的老师)见维恩位移公式在长波上出了糗,便出手相助,他拿着维恩位移公式左看右看,最不顺眼的就是那个分子假设!还是用麦爷的电磁学理论靠谱。

于是,瑞利也得出了一个公式,后来经英国数学、天文学、物理学家金斯修订成型,史称“瑞利－金斯公式”:

$$\rho = kT[(8\pi\nu^2)/c^3]$$

其中,k是玻尔兹曼常数,c我们都认识,ν是频率。

公式的具体意义咱们先不研究，这里出现了不止一个熟悉的东西。

看到没？频率！

这个公式成功地描述了长波上的黑体辐射规律。

但没人能高兴起来。因为，这个公式告诉我们，当 ν 趋向无穷大时，也就是波长 λ 趋于 0 时，能量将疯狂暴涨，在短波段，黑体将释放出无穷大的能量！

如果这个公式的预言属实，我们还抢夺什么能源？造一个黑体扔在那，够全宇宙用的了！

这是一个更大的噩耗。

物理学家们面对这两个噩耗，哭笑不得。他们重新审视这两个公式：维恩从分子假设——也就是粒子的角度出发，得到的公式搞定了短波，却在长波上丢盔卸甲；瑞利、金斯从波的角度出发，摆平了长波，却在短波上铩羽而归。

就好像你订制一双鞋，由两个顶级设计师亲手制作，左脚的那只舒适无比，右脚的那只无比舒适，可悲催的是，它俩不是一双，而是两个单只！

这么好的两只鞋，扔掉怪可惜的，改成一双不就得了？对不起，左脚那只是尊贵俏丽的高跟鞋，右脚那只是休闲厚实的登山靴！

这不是物理，是恶作剧！

之前，波和粒这两个家伙已经折腾得天昏地暗，令人头晕目眩（第六章）。现在，正当大家余悸未消、注意力刚要成功转移之际，它俩又不合时宜地冒了出来。

保罗·埃伦费斯特对这事儿也很无语。与麦克斯韦、基尔霍夫、赫尔姆霍茨那些物理很牛但授课很糗的大神不同，这个荷兰籍的奥地利人是真正一流的教授，那些复杂的、高深的物理理论，他总是能够清晰地、浅显地表达出来，他很善于概括本质。爱因斯坦这样评论好友埃伦费斯特：“我所知道的最好的教授。”

开尔文

老爱心中最好的教授看着瑞利－金斯公式，无比纠结，它的推论，实在是耸人听闻！于是，埃伦费斯特给它起了个耸人听闻的名字：紫外灾变。

然后，我们的老熟人，白胡子老头开尔文勋爵驾着两片乌云（第八章“两片乌云”一节）出场了，其中一片是迈克尔逊－莫雷实验带来的光速不变和以太之死，另一片是黑体辐射危机，也就是眼前的“紫外灾变”。

虽然这个名字听起来好像有点瘆得慌，但是没关系，它既不会引起生化危机，导致医药费上调，也不会引起经济危机，导致 CPI 上调。

不过，物理学家们看着它，血压会上调。搞不定黑体，还搞什么物理！

俗话说，天塌下来，有大个儿顶着。普朗克个子虽然不大，但他是顶梁柱。

什么是顶梁柱？就是你顶得住也得顶，顶不住也得顶！

所以，关键时刻，普朗克朝那朵乌云挥出了谨慎的一剑。却没想到，这一剑，割裂了经典物理的天空。不仅让整个物理界惊悸狂躁，更令挥剑人自己战栗不安！

第十七章

量子论前传（下）

不诉离殇

1 量子幽灵

维恩公式、瑞利－金斯公式出生没多久，就直接被实验证伪，那么，它们到底算不算科学理论？

当然算！这都是正正经经、如假包换的科学理论，即使被证伪以后，它们也是科学理论！想辨别科学和伪科学吗？请认准科学标签：可证伪性！

什么是“可证伪性”？是指从一个理论推导出来的结论、解释、预言等，必须有被证明是错误的可能。

这是卡尔·波普尔在《猜想与反驳》中提出的概念。波普尔是著名的科学哲学家，犹太人，原籍奥地利，二战期间被迫移民英国。他的研究，涉及科学方法论、科学哲学、社会哲学、逻辑学等，他是当代西方最具影响力的哲学家之一。

波普尔认为，判断一个理论、一个命题是否科学，其标准就是，它是否具有“可证伪性”。他有一句名言：“科学经常是错的，而伪科学倒有时是对的。”这话乍听起来，很难让人接受，但稍加分析，我们就会发现，这才是分辨科学与伪科学的必杀技！

我们在“所谓科学理论”一章提到过：任何物理理论都只是假设，在这个意义上，它只能是暂时的，你永远不能证明它。

为什么？因为科学理论的表述，永远是最清晰、最确定、最具体的。这样的

表述，验证起来，也永远是最明确、最直接、最实在的。而这种验证方法，谁也不能保证永远不会出例外。

比如，咱俩发现一个科学理论：人，都是胎生动物。

这个表述，任何人拿来就能用——这正是科学理论的显著特征。我随便指一个人，你用这个理论，都能推断出 TA 是胎生的。而且你也能预测，今后出生的人，也是胎生的。

为啥使用效果这么好？因为它的表述足够清晰、确定、具体，这种表述，是最诚恳、最可靠的，因而是最有用的。

那么，我们怎么去验证这个理论呢？非常简单：观测。

不停地观测。

只要观测范围内的每个人都是胎生的，我们就相信这个理论。如果有一天，发现有人是卵生的，只要一例，这个理论就立即被证伪，我们就必须修正它，或者放弃它。

规则极其公平、简单、清晰、有效。

那么，我们能不能一劳永逸，证明这个理论"永远"正确，或者"绝对"正确呢？

不能。因为谁也不能保证以下几点：在我们的观测范围之外，绝对不存在非胎生的人；以后永远也不可能出现非胎生的人；从前绝对没有过非胎生的人。

那么，最清晰、最确定、最具体的表述，并且有被证伪的可能，就是科学吗？当然不。科学理论，要符合已有的观测。

比方说，我提出一个理论：所有人都不是胎生的。这个够清晰，够确定，也够具体，但是，很显然，这不是科学学说，而是信口胡说。因为它在提出时，就已经明显不符合观测了。

好吧，"科学经常是错的"，这句话我弄明白了。可是，不可能被证伪的理论，怎么就不是科学理论了？

因为不可能被证伪的理论是抖机灵，它的结论就是没有结论，也就是废话。

比方说：有的人是胎生的。

这句话你怎么挑，都没毛病！

可是，当你使用这个理论时，就悲哀了。我随便拽来一个人，你用这个理论来推论一下，TA 到底是不是胎生的？"有的人"里面包括 TA 不？凭什么包括？又凭什么不包括？具体问题具体分析？恐怕越分析越乱，最后只好领导说了算。

悲哀的是，我们却总是沉溺于这种“永远正确”的伪真理中，陶醉于滴水不漏、两头堵、弯弯绕的废话技巧之中，不能自拔。

我们长于纠结“对错”，却不善分辨“真伪”。

尤其是，对一些模棱两可、一言多解、晦涩艰深的所谓谶言，我们有一种似乎是与生俱来的尊崇。其实，揭开它故作神秘的面纱，这些所谓高深理论，就是浅薄的抖机灵，没什么实际意义。

比方说，你有事去请教高人，高人给你吟一首：

> 子有三般不自由，门庭萧索冷如秋。
> 若逢牛鼠交承日，万事回春不用忧。

你问这是啥意思，高人捋须微笑：此乃天机，时机一到，你自然会顿悟！

于是——

你失恋了，你顿悟：萧索、冷如秋，可不是咋滴！看后两句，还有希望？你膜拜：高人啊！

你恋爱了，你顿悟：万事回春不用忧。你慨叹：高人啊！

你罢官了，你顿悟：门庭萧索冷如秋。你拜服：高人啊！

你升官了，你顿悟：万事回春不用忧。你崇拜：高人啊！

……

看看，伪科学有时是对的。

如果有人还是不服气，那么，这里可以提供一个预测战争的全能谶言——咱俩倒背如流的《登鹳雀楼》：

> 白日依山尽，黄河入海流。
> 欲穷千里目，更上一层楼。

好诗啊！但你没看出它的“深刻内涵”来——无论哪场战争，无论发生在何时何地，无论是赢是输，这首诗都早已预测到了：

在白天，有“白日”嘛；在夜晚，“白日”已经“依山尽”了嘛。在山上，有山啊；在水里或水边，有河有海；在城里，有楼哦。赢了，更上一层楼嘛；输了，白日

依山尽,日落西山象征啥就不用解释了。逃了,入海流嘛,蛟龙入海得自由;没逃掉,入海流嘛,再逃也逃不出大海。一仗打发财了,水生财嘛,又是河又是海的;一仗打穷了,里面那么大个“穷”字明摆着嘛……你就“悟”吧,越“悟”越多,越“悟”越深,就会把这首诗当作天下第一博大精深的神作。

如果你尊崇某人或某理论,那么,千万不要神化之。因为对于粉丝团以外的人来讲,神化和妖魔化没什么本质的分别,所谓“粉”到极处自然“黑”,就是这个道理。

当一个人对某个高人迷信不疑,就会天然地以为,他的每句话里都暗藏玄机。所以,不论这个高人说句什么话,也不管其本来是什么意思,人们都能从中“悟”出许多道理来。同样一句话,能得出多种解释,并且,有的解释完全相反,你却都能“悟”出它的合理性来。

这种荒谬的自欺怪圈,让许多人沉迷其中而不自知,陶醉在一次又一次的“顿悟”之中,以为自己越悟越深,其实是越陷越深,一旦有人试图叫醒他们,他们往往勃然大怒:浅薄!无知!高人的理论岂是你们这些寻常之辈能够参透的?!

比方说孔子的一句话:民可使由之不可使知之。

你可以这样解释:民可使由之,不可使知之。意思是:对老百姓,只需使其照我们的意志去做,不能使他们懂得为啥要这样做。

你按照这个理论,实施了政策后,发现这是巩固你的独裁统治的有效手段,不由得由衷赞叹:孔圣人就是高啊!

但是你也可以这样解释:民可,使由之;不可,使知之。意思是:老百姓认可,就让他们照着去做;不认可,就要使他们明白(这样做的)道理。

你按照这个理论,与百姓加强沟通,发现这样可以有效调动他们的积极性,于是不由得五体投地:孔夫子实在是高啊!

看,同一句话,两种完全相反的认识,却都评价它“高”。

如果这句话是一个无名小卒说的,就会遭人鄙视,至少也会被无视:这都什么乱七八糟的!

不服气?孔圣人的这句话,俺还能给出第三种解释:民可使,由之;不可使,知之。意思是:老百姓可以驾驭(驱使)时,就顺其自然;不可以驾驭时,就得去了解他们。是不是也很有“道理”?

我们玩文字游戏，或者写诗填词，可以用模糊、委婉的表述来增添趣味和美感。但是，当进行哲学交流，或者思想沟通时，必须表述精确，语义明晰。

语言作为一种交流、沟通工具，如果它表达的意思不够清晰，不够准确，让不同的人听出不同的意思，让同一个人在不同时期"悟"出不同的意思，就会造成交流、沟通的失败。也许在当时，古人的表述是明确的，但是后来，随着文字、语境、文化等方面的变迁，我们在理解上不是那么准确，不是那么肯定，这都很正常，不正常的是，把这种多歧义的理解，作为"博大精深"的一种证据来看待，就太搞笑了。

有人说，难道老子的学说不够优美吗？当然不是这样。老子的学说的确够优美，但是，它是哲学，很美很朴素的古代哲学，影响颇大，却不是科学。作为哲学，它的逻辑体系还不够完整、不够严谨，大多是定性的表述，缺乏定量的证明。非要比"博大精深"，老子的学说还不如墨子的。我们可以用这样的学说来修身养性，体悟人生，也可以用它树立三观，甚至可以用它指导处世为人，都没问题。但是，用它来附会科学理论，去弘扬中华文化，就不只是坑爹了，还坑祖宗、坑老子、坑子孙、坑文化。

真正的科学理论，无论谁来说，无论谁来用，它都一样，不会因提出者的地位不同而改变，也不会因使用者的身份不同而偏离。

那么，我们怎么识别伪科学呢？

首先是检验。

科学，可以通过严格的科学方式进行检验，在其有效范围内，具有普遍性，没有发现反例，并且具有可重复性。

伪科学，其例证都不能通过科学实验的验证，甚至无法进行严格的检验。就算举例，也只能举那些"特例"，不具有可重复性和普遍性。

其次是预言。

科学可以做出明确的、能够检验的预言。比方说，我根据牛顿定律，预言某年某月的某一天，在某地会发生月食。你只要在那天，去那个地方看一眼，就很容易检验这个预言是否正确。

伪科学的预言躲躲闪闪，语焉不详，大玩文字游戏，在语言上永远立于不败之地，但它无法做出明确的预言。你以为它不想？不屑？它是不敢！因为它的预言一旦明确，立即会被发现不准确。但是无论发生什么，事后，它都能解释一切！典型的"事前糊涂账，事后诸葛亮"。

再次是实用。

科学理论就算被证伪了，也可以在它的有效范围内应用。比方说牛顿定律，在低速运动范围十分好用，直到现在，包括航天在内的很多领域都在应用。

伪科学就算没被证伪，也没什么用处。比方说灵符治病，你信则灵，不信则不灵。你用它治病，不灵了，就是你不信的结果；灵了，就是灵符治疗的“正常功效”。

有些伪科学很难分辨，所以，辨伪成为一个专门的学术研究，国际上叫作“辨伪学”。伪科学有诸多“必杀技”，十分了得，归纳起来，就是各种“看”。我们来大致了解下：

两面看：凡事必须找出正反两面，一分为二，拉平差距，模糊优劣，能证明“脸上有只痦子”和“脸上只有痦子”是一样的，因为你有我有全都有，五十步不能笑一百步。你科学也有治不好的病，我贴了灵符也有病愈的先例。

全面看：你不能只盯着灵符治病不科学这一点，它至少有心理安慰、心理暗示的作用，对一定人群能发挥一定的作用，这不也是科学的吗？我们既然选择了灵符治病，就说明灵符治病适合我们。别有用心地推销你们那一套，你以为我们会上当？我们就是要贴自己的符，治自己的病！

历史看：现在不可以但原先可以。现在这些没治好，是因为积重难返，但原先，在那遥远的地方有个好姑娘就被我治好了。

发展看：现在不行但以后行。凡事要经得起时间的检验，虽然现在不行，但是只要我们豁出去几代人，坚持贴灵符去治，将来就不会有病了！到那时，我们的精神也会好很多！

具体看：同一事件，多重标准，具体使用哪个标准，那得看立论者的需要，再具体问题具体分析。

它极其聪明地躲在一个巨大的愚蠢中，跟你兜圈子，任你怎么叫，它也不出来。

几个圈子兜下来，你再看那驴粪蛋，圆润的表皮上都泛着神圣的真理之光。

所以，你不能跟着它去各种“看”，你只看两点：

①分析它的理论有没有可能证伪，没有证伪的可能，那就不要信它。

②如果有可能证伪，就朝它要明确预言，观测现有结果。观测与理论不符，那就不要信它。

一个科学家拿着他的论文，请泡利给个意见。以毒舌著称的泡利说：“你的

论文连可证伪性都不具有。”这是对一个理论最彻底的否定，意思是，这篇论文还不如一个错误。这个评论成为科学史上的经典，没有哪位科学家希望得到这样的评论。

所以，如果一个人对你讲的话无论如何也无法证伪，那他八成是在忽悠你。

这个广告有点长。我们回到黑体迷局上。

1900 年 10 月 7 日，星期天。柏林西部的富人区，格吕纳瓦尔德郊区，一座花园别墅——普朗克的家。

鲁本斯来这里与普朗克共进午餐。他带着妻子，还有他的实验结果——证实维恩位移定律失效。在红外区域，能量密度（这里指辐射强度）与温度成正比。

这个结果让普朗克忧心忡忡。

问题出在哪？信息杂乱，毫无头绪。找不到问题的根源，就无从下手。但是也找不到下家，把问题抛给他。地位是责任，能力亦然。

是夜，无眠。

普朗克理了理思路：

①维恩位移定律没问题。

②问题出在红外区域。

③实验表明，正是在这个区域，辐射强度与温度成正比。

虽然找不到问题的根源，但手上有这些资料，可以试试 DIY 公式，先把数学问题解决了再说！

此刻，多年积累的广博知识，以及深厚的数学、物理功底显露出强悍的力量。灵感共直觉怒放，推理与猜想激荡。

拼拼凑凑，拆拆补补。以算为主，以蒙为辅，蒙算结合，一定及格。几经周折，终于，在算符嘈杂的稿纸堆里，一个看上去很美的公式，悍然出现在普朗克笔下。

难道是她？基尔霍夫的梦中情人？那个传说中可以描述任何一个温度下黑体发射出的单色辐射的分布情况的公式？

谨慎的普朗克按捺住小小的激动，利用手中的数据算了算。红外区符合，可见区符合，紫外区也符合！灾变消失了！

普朗克的心简直要跳出来了，他赶紧把这个公式写在一张字条上：

$$\rho = (c_1\lambda^{-5}) / [e^{(c_2/\lambda T)} - 1]$$

写完，以沉稳著称的普朗克迫不及待地把字条装进信封，趁月黑风高，把信寄给了鲁本斯。然后，惴惴不安地等待测试结果。似乎邮差也像他一样，不休不眠。他太急于验证这个公式了！

几天之后，鲁本斯带着答案，出现在饱受相思之苦的普朗克面前。是个好消息：公式预言与实验数据完美相符，没有死角！

普朗克长舒一口气。但随即，他刚刚落下的心又悬了起来，公式是对的，但它到底啥意思，还没搞清楚。

10 月 19 日，星期五。两周一次的德国物理学会的例会上，在库尔玻姆正式宣布维恩位移定律在红外区域失效后，普朗克发布了这款公式。

该公式为黑体辐射度身订制，手工精湛，功效卓著，红外区、可见区、紫外区，全方位涵盖无死角，c_1、c_2 两个常数高低呼应，又兼一对波长 λ 上下其间，更具平衡美感，指数函数 e 暗含其中，隐隐透露皇家气韵，绝对温度的 T 线混搭，彰显不羁风情，频率 ν 的悄然退却，深藏身与名，将淡淡的忧伤，留给无尽的遐想。

与会人员彬彬有礼地点头表示期许。太有绅士范儿了！

大家心里都很清楚：公式的意义太不清楚！况且，自从维恩位移公式失效的小道消息传出以来，同志们纷纷 DIY 出了不少公式，准备取代维恩公式，填补空白。

普朗克回到家，久久地盯着这个大获成功的公式，目光里充满忧郁。

第二天，鲁本斯到访。昨晚，他又对公式进行了严格的测试，它又过关了！显然，鲁本斯是来给普朗克打气的。

一个星期内，鲁本斯和库尔玻姆拿到 5 个看起来比较有前途的公式，进行了疯狂的测试 PK，结果，普朗克公式胜出。

普朗克压力更大了。这个公式经过严格测试，证明好用。那么，再在 PK 中胜出，其意义已经不是那么重要了。就好比一个武状元，再打败几个高手，他还是武状元。目前更重要的是，找到它的物理意义。如果找不到，那它只是一条靠经验和直觉，加上运气而发现的一个数学公式，连真正的定律都算不上。

他把探寻的目光，落在热力学和电磁学上。两个优雅而美妙的理论，若能挂靠其一，这个公式就传承了尊贵的血统，有了令人信服的来历。

但是，无论怎么撮合，它就是与这两个王者格格不入，仿佛天生就是来造反的，要么就是来踢馆的！

热力学定律、麦克斯韦方程组，是那样优雅、坚实和温暖，在各自的领地，君临天下。变幻莫测的能量生息，神秘奇异的力场演化，莫不使宾服臣顺。

直到基尔霍夫的黑体降临人间。

黑体辐射，很明显，这既是热力学的问题，也是电磁学的问题。正常来讲，普朗克手里的黑体公式，应该自然地皈依到二者门下才对。

热力学、电磁学，二者的力量、美感，已经深深融入普朗克的血液，成为生命的信念，为了让二者更完善、更坚实，他愿意添砖加瓦、扫地拂尘，就算为之守候一生，操劳一世，也在所不辞。

而眼前，传承热力学血脉的公式，搞不定长波；延续电磁学血统的公式，搞不定短波。自己发明的这个公式，终于征服了所有波，可是它，却也斜着庄严的热力学、神圣的电磁学，梗着个脖子，死也不肯臣服，甚至连拉个手搞共同开发的意思都没有！

这意味着什么？

一股寒意倏然袭来。

不！不不！普朗克被刚才一闪而过的念头吓了一跳。

我是一个保守派，我愿意做个保守派。我的老师早就告诉过我，物理学已经完成了。我是来学习物理的，是要汲取和传播这些知识的，而不是改变这些美妙的知识。这不是我要做的！要知道，我是一个谨慎的人。是的，我做事一向相当严谨。以前是，现在是，将来也是！

一个严谨的人遇到这种矛盾，应当怎么做？对，尊重事实！用事实拷问知识！

现在，事实是：这个公式很成功，它搞定了热力学和电磁学都搞不定的黑体！那么，热力学、电磁学……天哪！难道，这两座巍峨的大厦，只是这个公式站起来的代价?！情感和理智的交锋，真理和忠诚的纷争，把普朗克逼向绝路。

绝处逢生，需要的不仅仅是智慧，更需要勇气。可怜的普朗克，你是要克服多大的障碍，才能拾起这偌大的勇气啊！

好吧，好吧！除了热力学第一、第二定律，其余的，我都可以放弃！这就相当于岳飞说：除了汴梁，其余的，我都可以弃守！

“可以牺牲我过去对物理法则所持的每一个信念。”

德国邮票上的普朗克

"要不惜任何代价,为这个公式找到一个理论解释,不管代价有多高。"

普朗克为自己打气。

当人们喊出"不惜一切代价"的时候,通常,他并不是真打算付出一切,而是要放手一搏,避免失去一切。否则,"一切代价"就没有任何意义。

正因为谨慎,他才更注重事实。正因为坚守,他才更敏锐地察觉到旧的缺憾、新的曙光。

他用了老套的一招,也是沉稳的一招:建立一个模型,来再现公式所描述的黑体辐射。

黑体辐射,是各种频率辐射的大杂烩,随温度的变化,各种频率的强度此消彼长。

根据这个特点,可以想象无数个"振荡器"排列于黑体内壁。所谓振荡,说白了就是往复运动。每个振荡器负责发射一种单频辐射。所有振荡器一起,就能发射出所有频率的辐射。

给黑体加热,就是给振荡器提供了能量。有了能量,它们就开始振荡,向空腔中发出辐射,同时也吸收能量。如果温度保持恒定,慢慢地,这一收一发,就达到平衡。

现在,各种频率的辐射都有了。我们知道,它们的强度是不同的,也就是量不一样,有多也有少。而根据这个模型,某个频率强度高,是因为该频率的振荡器数量多。

现在问题来了,各种频率的强度,怎么分摊给振荡器呢?

普朗克不放过任何一种可能,苦苦探寻联系经典王国的蛛丝马迹。

可是,热力学、电磁学的金科玉律,在黑体这里行不通。必须另走他路!

这是普朗克学术生涯中最黑暗的时光。不是因为失败,而是在成功的路上,他付出了惨痛的代价——他最珍视的、已融入生命的信念。

现在,这些信念,由他亲手从生命中割离,血淋淋地抛弃。身后,一片狼藉。

走投无路之际,普朗克悲怆地看着面前的铜墙铁壁,突然,余光一扫,一个不起眼的角落进入眼帘——气体动力学。

前面说过，麦克斯韦在研究土星光环时，遇到过与气体动力学有关的难题（第七章“电磁王”一节）。电磁学建立后，麦爷抽了点时间，出手收拾了它。他把气体动力现象，看成气体分子间乱碰乱撞的结果。微小颗粒的碰撞，如果能测出它们的速度、质量、位置等，利用牛顿力学，就能计算出其他的量。但是，气体分子小到看不见，多到数不清，咱人类没有能力全测量出来。于是，数学功底强悍的麦爷想到了统计学和概率论，用这两个对付模糊事物的工具，算出了气体分子们“最可能的速度和分布规律”，为气体动力学奠定了一块厚重的基石。

玻尔兹曼沿着麦爷开辟的道路，把“熵”和无序状态联系起来，给出了热力学第二定律的统计学解释。

所谓熵，通俗来讲，就是衡量事物混乱程度的一种概率单位，是分子热运动无序程度的定量量度，越无序，熵值越高，越有序，熵值越低。

热力学第二定律表明，大自然总是倾向于熵值增高，也就是越来越无序。所以，此定律又称“熵增定律”，在绝热过程或孤立系统中，熵是增加的。也就是说，自然状态下，热量无法从较冷的物体传给较热的物体，只能是从高温体传给低温体，总体趋向平均、无序。你堆起一堆沙子，自然界会让它消散，这些四散而去的沙粒，永远都不会自动再聚成那个沙堆。这就是“熵增”。有关细节以后再说。

热力学第二定律

(1) 热传导的方向性：

热传递的过程是有方向性的，热量会自发地从高温物体传给低温物体，而不会自发地从低温物体传给高温物体。

(2) 热力学第二定律的两种常见表述：

① 不可能使热量由低温物体传递到高温物体，而不引起其他变化。

② 不可能从单一热源吸收热量并把它全部用来做功，而不引起其他变化。

(3) 永动机不可能制成：

① 第一类永动机不可能制成：不消耗任何能量，却可以源源不断地对外做功，这种机器被称为第一类永动机，这种永动机是不可能制成的，它违背了能量守恒定律。

② 第二类永动机不可能制成：没有冷凝器，只有单一热源，从这个单一热源吸收热量并全部用来做功，而不引起其他变化的热机叫作第二类永动机。第二类永动机不可能制成，它虽然不违背能量守恒定律，但违背了热力学第二定律。

现在的问题是：普朗克始终相信，熵值“绝对”“永远”只增不减。而玻尔兹曼的统计学解释是：熵值“几乎”只增不减。换句话说，它存在减的可能。

玻尔兹曼的解释可以用扑克牌来理解：我们买一副新的扑克牌，新牌都是按照顺序排列的，熵值很低，我们洗这副新牌，越洗就越无序，熵值越来越高。这是一般现象。但是，根据概率论，存在这样一种可能：一副本来很无序的牌，你洗来洗去，可能碰巧有那么一次，会变得比以前有序一点，也就是熵值减小了。虽然概率极低，但不是零。

所以，普朗克对基于概率论的气体动力学一直很不“感冒”。但是现在，普朗克为了解释这个公式，不得不求助于它。这就相当于，少林方丈大师被迫用九阴白骨爪解决问题。

一个封闭的系统，任其自然发展，它的熵值会越来越大，最终达到最大，也就是达到最无序的状态。

一个黑体也是这样，最无序的状态就是热平衡。热平衡状态，就是普朗克用模型找出辐射分布规律的最佳状态。

在模型里，每个振荡器振动频率都是不变的。那么：

① 当振荡器吸收、释放的能量大小有变化时，它所能改变的，就只有振动幅度——振幅。换句话说，振荡器的振幅，决定了它所释放、吸收的能量大小。

② 某个频率的振荡器数量，决定这个频率的辐射强度。

也就是说，振荡器数量、振幅变化，对应辐射强度、能量变化。这些复杂而微妙的东西，只能用概率、统计的方法来应付。

而且，把能量分摊到相应的振荡器上，更需要这种手段。

根据这些基本条件，利用麦克斯韦对付气体动力学的概率论技巧，普朗克开始了推导。推来导去，他惊奇地发现，振荡器必须“一股一股”地吸收和发射能量，才能推导出黑体辐射公式！

就是说，必须把能量分成若干相等的小段，变成“一份一份”的能量单元，才能得到那个强悍的黑体辐射公式。普朗克把这些能量单元称为“量份”。

这个“量份”有多大呢？普朗克从黑体辐射公式出发，结合振荡器的频率，去瓜分能量，发现了一个简洁的公式：

$$E = h\nu$$

能量 E 唤醒了我们尘封的记忆，而频率 ν 的高调复出，震荡着激情的涟漪。

而那个神秘又高贵的身影，一袭长裙，从容侧立——h，你从哪里来？

普朗克发现，要调和 E 和 ν 的关系，必须有一个常数坐镇。于是，他创造了 h——普朗克常数。有了它，科学史上最著名的方程式之一，才得以成立。

至此，物理学中最重要的常数前三甲，已经全部出现在我们眼前，另外两个分别是引力常数 G、光速 c，它俩分别在另外几个同样著名的方程里巍然屹立：牛顿的万有引力公式、爱因斯坦的质能方程，当然，广义、狭义相对论方程里也有 c。

回到这个简洁优美的方程。它的意义很明显，某个频率 ν 乘以常数 h，所得到的，就是在这个频率上一份能量的值。一个“量份”就是这么大。

普朗克还没意识到，自己完成了一个伟大的发现。他以为自己只是给黑体辐射方程找到了一个来路，而且是用了自己不满意的概率论。还没来得及小小地激动一下，普朗克就又被自己吓到了。

他的公式显示：能量的传递不是连续的，而是一份一份的！

介入黑体问题以来，虽然已经不是第一次被自己吓到，但这次，真不是普朗克胆小，换成任何一个物理学家，他们都会被公式显示的信息吓到！

不就“能量是一份一份的”这码事吗？有什么大不了？

相当了不得。这是一个天大的娄子，被普朗克捅了出来。

虽然刚刚说过，但我们还是要马上复习一下这个公式：

$$E = h\nu$$

h 的值是 $6.626\times10^{-34}\,\mathrm{J\cdot s}$。这个值十分微小。

每一份能量，都是这个常数乘以频率。这意味着，无论你怎么分，一份能量只能分到 $1h\nu$ 为止，不能再小了。

那么，无论哪个振荡器，它所具有的能量，只能是 $1h\nu$、$2h\nu$、$3h\nu$……$nh\nu$。看见没？n 必须是个整数。再强调下：这是因为 $1h\nu$ 最小，不能再分了，所以不存在 $0.5h\nu$、$3.141\,592\,6h\nu$ 之类的小数。

自然界能量的传递是一份一份的——这个提法，绝对颠覆了我们对世界的认知！

生活中，我们烧水，就是用火向水壶里的水传递能量，使水温升高。那么，在我们看来，火向水传递的能量是“连续的”，水温从 20 ℃升到 100 ℃的过程，当然也是“连续的”，水温一定经历了 20.5 ℃、25.025 025 025 ℃、38.383 838 ℃、

52.052 052 ℃……总之,水的温度值一定经历了在 20 ~ 100 之间的任何一个数字,它的温度值上升线是连续的、平滑的,不可能从 21.555 5 直接跳到 21.555 7,而不经过 21.555 6。是吧?

一个物体从 *A* 运动到 *B*,它都必须经过其路径上的无数个点,因为我们的世界是"连续的"。无论 *AB* 距离有多短,它也不可能从 *A* 点直接穿越到 *B* 点,凌波微步也不行。还记得前文讲过的芝诺悖论(第一章"理性"一节)吗?他的大前提就是:"任何距离都可以分成无穷个小间隔。"所以,从一点到达另一点,必须"路过"无穷个小间隔。他由此推断"在有限的时间内,穿越无穷个间隔,是不可能的",从而得出了"运动不存在"的结论。

虽然我们不想同意这个恼人的结论,但是,对于它的大前提,我们是没有任何异议的,因为世界是"连续的"。我们对世界的全部认识,都是建立在这个基础之上的。对于运动距离、能量传递之类的东西,我们可以无比精细地进行分割。分割到极致,量度为零,则分割效应消失,恢复整体。这是最完美的分割,是微积分的核心技巧。消除分割,让它所描述的对象连续、平滑起来,这是微积分的最高境界。

微积分是用分割法描述连续世界的无敌利器。它是我们对世界认识的数学化表达。

而现在,普朗克的黑体辐射公式,以绝对强者的姿态,钢铁一般地戳在我们面前,面无表情地挑衅道:有种你就推翻我,不然,你就必须承认,能量不是无限连续的,它必须有个最小单位,分成有限的份数进行传递!

这就像我们去菜市场买东西,无论怎么讨价还价,无论买的东西有多少,你最少得付 1 分钱,你不可能付 0.5 分钱,因为没有这个面值。所以,只要你付钱,你所付的总钱数,无论多少,一定是 1 分钱的整倍数。

我们坐飞机,登机时可以上 1 个人,也可以上 2、3、50 个人,只要装得下,随便哪个整数都行,但绝不能上 0.25 个人,无论你怎么清点人数,飞机上都是 1 个人的整倍数,不可出现 380.747 个人之类的情况。

但是,如果能量的传递也是这样的,分成有限的一份一份,那么,水温从 21.555 5 ℃直接跳到 21.555 7 ℃,而不经过 21.555 6 ℃就成为可能。我们把水的量减少到极致,就好理解了:大家知道,所谓温度,在微观上看,就是分子或原子运动的激烈程度,你"加热"一个水分子,给它一份能量,它就会从一般的运动状态直接"跳到"激烈的运动状态,而不"路过"这两个状态之间的任何一个状态。要知道,在经典物理里,"路过",不仅是美德,还是宪法。

普朗克快被折磨疯了。

在维恩位移公式出世以前，他已经对黑体问题进行了 6 年的探索，维恩位移公式出生以后，他立即将它归入热力学血统，以为世界从此和平了。可是，实验很快就击碎了这个美梦，证明维恩位移公式在红外区无效。

他千辛万苦凑出一个公式，搞定了黑体辐射，却发现，公式与自己膜拜的电磁学、热力学水火不容。

他为寻找公式背后的物理意义而绞尽脑汁，百思不解。

为了把这个公式融入经典，他在信念上做出巨大让步，向自己原本抵触的概率统计手段求援。

终于找到了“整个计算中最根本性的一点”，却发现，这一点是如此恐怖！它一直在公式背后深藏不露，甫一现身，还没来得及看清它的面目，就见它剑指整个物理大厦的根基！

这是什么怪物?!

仅仅是因为你站起身来，就要搞得整个物理学土崩瓦解？不！

你没有这个资格，谁也没有这个资格！你只是一个假设，只是我用来解决公式出身问题的一个手段，并不是物理真实！普朗克这样安慰自己。他那颗揪紧的心，慢慢放松下来，但仍有一根无形的绳索悬着它，荡荡悠悠，无法踏实。

1900 年 12 月 14 日，星期五下午，柏林大学物理学院，钟声刚刚响过五次。

普朗克在德国物理学会的例会上，报告了他的新发现。

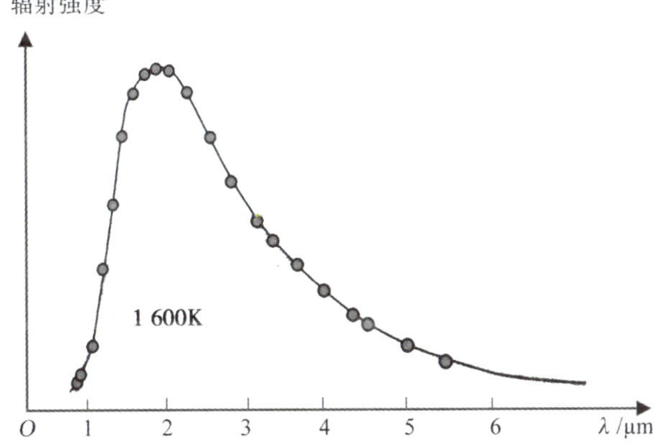

假借能量子的假说，普朗克得出了黑体辐射的强度随波长分布的公式，与实验符合之好令人击掌叫绝。

他宣称，只有假设黑体模型里的振荡器吸收、发射能量是一份一份的，才能导出那个公式，准确描述黑体辐射分布规律。

他把一份能量叫作“能量子”。这个名称随后又被他改为“量子”。

一个震撼了整个 20 世纪，到现在也余震未消的庞然大物就这样悄然诞生了。

会后，物理学会的会员们纷纷向普朗克表示祝贺，祝贺他找到一个强悍的公式，成功地解决了困扰人们多年的黑体问题，圆了基尔霍夫的梦。但这一切，似乎与量子无关，因为它只是普朗克解决问题的一个技巧而已。物理学家们的这种技巧，就像知心大姐提供的驯夫小窍门，一抓一大把。

量子，就是这样低调。它混迹于天地万物，事了拂衣去，深藏身与名。直到 1900 年，一个谨慎的男人，在走投无路之际，随手把它拽出来，晾在众目睽睽之下。但，人们只把它当作黑体辐射公式的垫脚石，只有它的发现者，为它的存在而隐隐不安，那根无形的悬心绳，时时颤动，成为一个缥缈而又顽固的痛。

在此后的日子里，普朗克一直试图回避量子，但量子如影随形。它低调沉着，却强悍坚硬；它不动声色，却无处不在。撼不动、绕不开、改不了、认不清……亲娘啊！还有比这更可怕的吗?!

它到底是什么?

就在普朗克跟自己内斗纠结之际，一个年轻人慧眼识珠，第一个接受了量子。而普朗克，虽然不肯接受量子，却慧眼识珠地接受了这个年轻人。

2 波粒再战

转眼间，到了光辉灿烂的 1905 年。

3 月 17 日，又是星期五。瑞士伯尔尼，26 岁的爱因斯坦投寄了一封信后，匆匆赶去上班。饱暖思宇宙，饥寒问稻粱。专利局三级技术员这份很有前途的工作，解决了爱因斯坦的温饱问题，使他有时间去窥探宇宙的秘密。

那封信是寄给《物理年鉴》杂志社的，里面装着他本年的第一篇论文。论文解释了光电效应，题目是《关于光的产生和转化的一个启发性观点》。

普朗克看了，不仅没有受到启发，反而更纠结了。因为爱因斯坦肯定了普朗克的量子概念，还用它来解释光电效应。

普朗克本来就对量子避之不及，现在爱因斯坦不仅欣然接受了它，并且更进一步，让量子与光子联姻，生出“光量子”，把量子生米煮成熟饭，变成物理真实。普朗克认为，这个步子迈大了，很扯淡，所以极度反对这门亲事。

不过，爱因斯坦的观点虽然反叛、出格、颠覆，但他的解释却逻辑严谨，事实清楚，非常完美。所以，普朗克很负责任地允许这篇论文发表。

于是，继普朗克发现量子之后，科学史又翻开了崭新的一页。

说了半天，“光电效应”是什么？也是“浑身是宝、皮可制革、筋可入药、味道鲜美、肉可以吃”吗？说起来，话又长了。

还记得当年的波粒大战吗？

菲涅耳单枪挑落粒军大旗，波动理论一统光学河山。但是，江山并不稳固。菲涅耳的光波理论固然锐利无比，却依然是就光论光，就波论波，解决的是表层问题。（第六章“波军大反攻”一节）

虽然如此，粒军也暂时无力抵抗，只能徘徊观望。

1873 年，麦克斯韦的《电磁学通论》横空出世，把光学收归电磁学门下，麦爷宣布：光是电磁波的一种。（第七章“电磁王”一节）

从此，波军阵营由麦爷坐镇，城堡是尊贵神圣、厚重坚实、庄严优雅的电磁论，那可是上帝的诗歌！

粒军的希望，随硝烟散尽。

然而，谁也没想到的是，赫兹在给电磁学大厦封顶加固时，顺手开了一扇窗，一缕微光射向粒军匍匐的角落。

还记得赫兹验证电磁波的那个实验吗？1887 年，赫兹让振荡器发出电信号，然后，在共振器的两个小金属球之间，看见了电火花，这说明，共振器收到了振荡器发出的电磁波，才得以如此。（第七章“捕捉电磁波”一节）

赫兹当时看得很痴迷，很仔细。所以，他不仅看见了微弱的电火花，还发现，微弱的电火花，居然有更微弱的亮度变化。

当紫外线照射那两个小金属球时，发生电火花会变得容易一点，而电火花也会变得更亮一点。

对这个“全新的，而且令人十分费解的现象”，赫兹记录了下来，却没来得及给出解释。但他写道：“也许正因为它不易解决，所以有望在它解决之时，其他一些新现象也得到了解释。”这话现在看来，也算是一语中的了。

1899 年，J. J. 汤姆逊通过实验，证实了那两个小金属球之间的光电流，与阴极射线一样，都是电子流。于是，人们慢慢意识到，这是由于光的照射而产生的金属内的电子逃逸的现象。也就是说，那些电子流，是光“打”出来的。

1902 年，赫兹曾经的助手——德国物理学家勒纳德对这个现象进行了研究。勒纳德是个狭隘的种族主义者，希特勒的脑残粉，纳粹党徒，纳粹德国的疯狂拥护者，或许叫鹰犬也不为过。他宣扬希特勒的理论，参与和领导了对爱因斯坦等犹太血统的科学家的攻击和迫害。二战后，美国当局考虑到他年事已高，免除了对他的去纳粹化措施。不过人品归人品，勒纳德的确是一个优秀的实验物理学家。好吧，我们回到实验。

勒纳德给这个现象起了个名：光电效应。

勒纳德的实验装置：一个真空玻璃管，里面有两个金属片，金属片上有导线，导线连接到玻璃管外的仪器上。

勒纳德发现，在真空里，光电效应也会发生。用紫外线照射其中一块金属片，就会有电流产生。他解释道，这是由于紫外光和电子的频率一致，发生共振，所以紫外光能够“触发”电子从金属表面逸出。

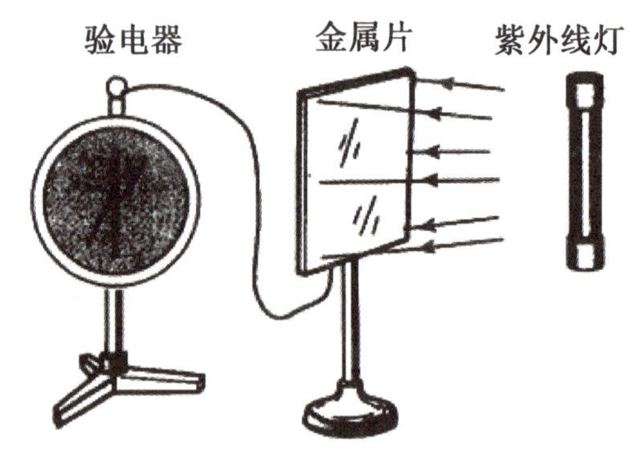

勒纳德实验示意图

但时隔不久，“触发说”被勒纳德自己的实验否定，因为他不能解释接下来发现的两个诡异现象。

他把照射金属的光做了两个调整，想看看不同的光，“打”出的电子有何不同。

一是调整光的强度，也就是亮度。按照常理，光的强度增加了，也就是能量增加了，它打出的电子，能量也应该增加才对。可是，实验的结果刚好相反：电子增加的不是能量，而是数量！

那么，金属发射电子的能量归谁控制呢？答案很快就出来了。

二是调整光的频率，也就是颜色。按照常理，提高频率，就是振动得更频繁，应该打出更多数量的电子才对。可是，实验给出的结果又是刚好相反：电子增加的不是数量，而是能量！

勒纳德蒙了。

各实验室的相关结果陆续公布，结果更加扑朔迷离：

首先，不是每种光都能打出电子，比方说，黄、红之类的低频光，一个电子也打不出来，无论它的强度有多大，电子也是“一毛不拔”。而紫外线这样的高频光，再微弱，也能打出电子来！典型的歧视啊歧视！

这就是说，想要在金属上打出电子，光的频率最低有个下限，也就是你至少要达到这个频率，才能打出电子来。

其次，不同的金属，要求的频率下限也不同。我们举几个例子。频率数字太长，所以这里用波长来表示，单位是“埃”，1 埃是 0.1 nm，一亿分之一厘米。只要记住“波长数值越大，频率越低”就成，光速 ÷ 波长 = 频率。不同金属要求的极限波长（单位：埃）：铯——6 520，钠——5 400，锌——3 720，银——2 600，铂——1 960。

再次，每一种频率的光，打出的电子能量有个上限。也就是说，不管你怎么照射金属，就算你照射一万年，只要频率不变，你所打出的每个电子，其能量也不会超过那个上限。

最后，光射到金属上，电子要么马上蹦出来，要么死也不出来，它绝不会等会儿再出来！

是不是很乱？我们来做个总结，也算是复习，顺便理清思路：

① 不同的金属付出电子，对光的频率下限要求不同。不同频率的光，打出的电子上限也不同。

② 电子能量大小，由光的频率说了算，频率越高，打出的电子能量越高。

③ 电子数量多少，由光的强度说了算，强度越高，打出的电子数量越多。

④ 光打出电子，是瞬间作用，没有积累过程。

好吧，条理是清晰了，逻辑也没问题，问题是规则太乱了！

所有物理学家都凌乱了。因为这个规则不仅违反了常理，不符合自牛爷以来的物理认识，还严重违反了麦爷的电磁学规则！虽然《电磁学通论》只诞生了不到 30 年，但是，从那以后，所有与电磁相关的问题，都可以在那里找到答案，完美的麦克斯韦方程组，它不仅能描述、解决所有电磁学问题，还能做出准确的预言，以至于自负的玻尔兹曼一见到这套方程，立即被它的美妙征服。

按照麦爷的理论，世界该有多美好啊：

电磁波的强度越大，其能量也越大，它所打出的电子能量也应该越大。

电磁波持续给电子输入能量，电子攒够一定能量后，就翩跹而出。它不应该瞬时射出，也不应该千呼万唤不出来，更不应该以频率论英雄。

这既符合逻辑，又很讲道理，是吧？但是，实验给我们的答案完全相反。

咱俩都玩过水枪是吧？假如，咱俩组织一场比赛，大家用水枪去射乒乓球。现在，水枪加满足够的水，压力恒定，扳机就是开关，扣动扳机，水就被释放射出。比什么呢？看谁射飞的球更多、更快、更强。结果，我们发现：

你必须连续扣动扳机，达到一定频率后，比方说每秒扣动 5 次，才能射飞乒乓球。球速是 1m/s。

如果达不到每秒 5 次，即使是 100 个人每人手持双枪，都无法射飞一个乒乓球！

如果扣动扳机的频率高，达到每秒 10 次，球速就会随之提高，最快可以达到 2 m/s。想让球速更快，必须提高扣动扳机的频率。

你提高扣动扳机的频率，只能提高球速，无法增加球数；增加水枪的数量，只能增加球数，无法提高球速。

不科学啊！虽然上帝跟我们开的玩笑已经够多的了，但是，还没有一个玩笑如此恶搞。

一个小小的光电效应，将物理从帝国美梦中唤醒。陶然其间的物理学家一觉醒来，发现那个富丽堂皇、舒适温暖的安乐窝已荣华不再，柱裂基倾，在宇宙蛮荒中风雨飘摇。普朗克黑体辐射公式，试图拨散紫外灾变带来的乌云，却搅来了量子迷雾。雾霾未消，那暗弱的电光，便裹挟着赫兹的谶言，化作雷霆万钧，撕裂了整个天空。

战栗吧，人类！为自己的智慧哭吧，人类！

一双明亮的眼睛略带嘲讽地看着这一切，藏在浓密小胡子下的嘴角，透出一丝不易察觉的微笑。爱因斯坦注视着光电效应：就是你了！

小爱同志早就相信，世界是由物质微粒构成的。这些微粒，不管你叫它原子还是血滴子，都无所谓。关键在于，它们都是一粒一粒的，你是你，我是我，可以拥抱，但不连体——不是连续的。每个微粒都有自己的能量，这些能量的综合作用，表现在宏观事物上，就是我们日常所见的能量形态。

但是，一到了光这儿，情况就变了，好像所有现象都在证明光是波，或者说，波动说能解释所有光现象。到了麦克斯韦，波动说获得了神级后盾，阻断了所有挑战的念头。

小爱相信，从根本上讲，世界的规矩只有一个。我们眼里纷繁复杂的大千世界，只不过是同一规律衍生的不同表象而已。

杜莎夫人蜡像馆里的爱因斯坦蜡像

所以，光的特立独行，让特立独行的小爱不太舒服。他的目光，又一次落在粒子上。但是，牛爷领衔的粒军早已宣告败北。麦爷的强悍登场，又赐予凌厉的波军以广阔的天空，粒军雪上加霜，四面楚歌，已被逼到墓地，盖上了棺材板，就差钉几颗钉子、发几句讣告了。

光电现象挟裹的万钧雷霆，让经典物理大厦将倾。但在小爱看来，这是新世界的曙光。

小爱的目光扫过普朗克的黑体辐射无敌公式。

这个公式是 DIY 出来的。尽管事后，普朗克给它找了一个娘家，但爱因斯坦还是有点不太满意。因为，普朗克知道自己想要一个什么公式，从而做出了能得到这个公式的推导。这里，有深厚的物理功底为基础，有强悍的数学技巧为手段，更有敏锐的科学直觉为指引……好吧，我们不这么委婉，用大白话说：老普，你够牛，但还是有点打哪儿指哪儿的意思！

但是，普朗克给公式找娘家时，买一送一，搞出的一个“副产品”，小爱还是蛮喜欢的——能量是一份一份传递的，每一份是一个量子。这个靠谱！

尽管这个量子已经把普朗克吓得够呛，但小爱仍嫌不给力，你起步够炫，在下佩服啊佩服，但你落脚太近太谨慎，不够热烈，辜负了老衲期待的眼神。

为了让光这家伙合群，跟其他物质一起，共建和谐美好新生活，小爱决定，重打鼓，另开张，再推导一遍！

他也搞出一个假想模型，但是，跟普朗克版的模型不一样：黑体空腔里充满了粒子，这些粒子包括气体和电子；构成黑体内壁的原子们，也含有电子。

咦？好像有点不对，这哪里是什么假想模型，一个现实版的黑体不就是这样?!

是的，现实版的黑体模型就能用，为什么要搞成别的样子？

好吧。现在现实版的黑体模型被加热了,充满了春的气息。于是空腔里的粒子们很兴奋,开始振荡。麦爷告诉我们,这些家伙一振荡,就放电磁波。当然,别处的电磁波送上门,它们也照收不误。这个过程像极了咱们过年走亲赠礼,折腾一段时间后,大家一吸一射两相悦,收支平衡。

注意,关键来了——热力学第一定律说什么来着?能量是守恒的!

现在,黑体模型达到了热平衡状态,也就是处于熵最大的状态。

而空腔的体积,以及其中的能量、温度都是可知的。

条件这么好,数据这么充分,分析一下熵与黑体空腔体积的关系,就不难了吧?

于是,小爱从这个基础出发,开始了他的推导。然后,导出了光的量子。因为出发点不一样,所以,此量子已非彼量子。

还记得不?普朗克是假设振荡器发射和吸收能量必须一股一股地来,把每一股能量称为"量子",也就是把吸收和发射的"过程"量子化了。

而小爱描述空腔里的粒子交换光时,空腔里的熵与体积的关系,推导出来的结果是:粒子所交换的光本身,其表现就是量子化的。小爱叫它"光量子",后来改叫"光子"。他把光本身量子化了。

看出区别没?

普朗克:你必须一股一股地交换。就好比咱俩水枪大战,规则是不许长射水流,必须勤扣扳机,一股一股喷射对方。

爱因斯坦:你交换的东西本身就是一股一股的。就好比咱俩改成塑弹枪大战(这个很危险,万勿模仿)——不管你是点射还是连射,也不管你是堵枪还是躺枪,塑料弹本来就是一粒一粒的。你只能一粒粒发,一粒粒收。

既然有区别,小爱的公式也就和普朗克略有不同,但是,在"$E = h\nu$"上没得说,意义一样,都是一份能量以 $h\nu$ 为单位存在。所以,小爱对普朗克的量子,是非常拥护的。

要知道,那时候,原子存不存在还是个谜,以玻尔兹曼为首的"拥原派"和以马赫为首的"倒原派"正斗得不可开交,你小爱却在这个节骨眼上,以粒子假设为基础,鼓捣出个"光量子"来,不是嫌热闹不够,就是嫌挨拍不够!

所以,得找个什么不好解释的东西,用光量子解释一下,或许就可以立足了。哈,光电效应,你简直就是为证明光量子而生的!

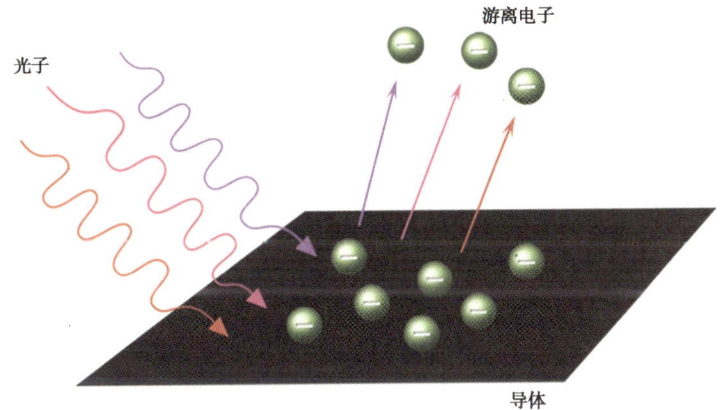

光电效应

如果光是量子化的，光电效应立马就失去了全部的神秘感，它再也不是云雾中的蒙面少女，而是那位穿着“新装”在街上迈方步的皇帝。

光的频率越高，光量子的能量越大。一个光量子的能量，只能一次性地传给一个电子。于是：

如果单个光量子的能量不够，它就没法把电子打出来。这就是为什么低频光无法打出电子。

不同的金属付出电子，对光的频率下限要求不同，那是因为，它们对电子抓得有紧有松，抓得紧的，电子当然需要更大能量才能逃脱。

提高光的频率，就是增加了光量子的能量。电子获得更大能量，当然跑得更快，所以高频光打出的电子能量更大。

增加光的强度，就是增加了光量子的数量。数量更多的光量子，当然能打出更多的电子。

是不是很简单？所谓光电效应，其实就是粒子世界的“富豪相亲会”。每一种金属，都是一个相亲会，入场资格的起点不同：电子就是拜金女，它的能量就是综合得分；光量子就是富豪，不论年龄、体貌和职业，它的能量就是资产。

不同于现实世界骗财骗色的“富豪相亲会”闹剧，粒子世界的“富豪相亲会”是相当“纯粹”、相当“公平”的“交易”。

第一，不同的金属相亲会档次不同。既然叫“富豪相亲会”，那么，不论什么档次，对光量子富豪的能量资产都有个最低的要求。比方说，铯富豪相亲会，资产最低 1 亿的才有相亲资格，银富豪相亲会，资产最低 2 亿的才有相亲资格。

你参加铯富豪相亲会，但是你的资产只有 9 000 万，那便没资格相亲，就算你找来 100 位资产 9 000 万的人一起来，也没有相亲资格，一个拜金女也带不走，但是你能付得起入场费，可以入场当观众，喷血围观、舞人浪、热场子（引起分子共振导致热效应）。这就是为什么再多的低频光也打不出电子。

第二，每位电子拜金女根据相貌、身材、文化、性格等有一个综合得分，若想带走高分拜金女，必须拥有更高的资产才行。比方说：得 50 分的，只配 1 亿资产以上的富豪；70 分的，则不能少于 2 亿资产；80 分的，只跟 4 亿资产以上的富豪。这就是高频光为什么能打出高能量的电子。反过来说，如果只有 2 亿资产，那么，最多只能带走 70 分的拜金女。这就是每种频率的光，打出的电子能量都有个上限的原因。

第三，这是相亲大会，不是菜市场买肉，所以，富豪有再多资产也只能带走一位拜金女，而不能带走更多。这就是为什么增加频率只能提高电子的能量，却无法增加数量。

第四，拜金女足够多，有多少被带走，关键要看来了多少具备资格的富豪。但是，根据第二条，来了再多富豪，如果都是不超过 2 亿资产的，那也只能带走 70 分以下的拜金女，高于这个分数的，一个也带不走。这就是为什么增加光的强度，只能增加电子的数量，而不能提高能量。

是不是很美妙？爱因斯坦的公式更美妙，他只用几个简单的字符，就囊括了上面一大堆条条款款。

$$(1/2)mv^2 = h\nu - W$$

End.

完了？

嗯，完了。

$(1/2)mv^2$，就是打出的电子的能量上限，也就是电子的最大初动能。

$h\nu$，大家都很熟，一个量子的能量。

W，打出电子的光量子能量下限，也是电子脱离某种金属所做功的最小值，即逸出功。

让无数物理学家如坠云雾的光电效应，被这个简洁的公式一把扯去了面纱。诡异莫测的黑体辐射疑案，真相就此大白天下。

光电效应

照射到金属表面的光使金属中的电子从表面逸出的现象。

逸出的电子称为光电子。

每种金属都有发生光电效应的极限频率和相应的极限波长。爱因斯坦提出了一个函数，用来计算不同金属发生光电效应所要求的极限频率。

光电子的最大初动能随入射光频率的增大而增大。

按理说，喜欢窥视大自然隐私的物理学家们，应该为之雀跃才对，然而，情况恰好相反，物理学家们唯恐避之不及！

因为，已经入殓的粒军，在公式里露出了诡异的微笑。这个公式太叛逆了，明白无误地剑指电磁学大厦的根基，直接挑战麦爷经典体系！即使这样，小爱还嫌不够直白，他在论文开头写道："一个有重物体的能量不可能无限分割，而按照光的麦克斯韦理论，从一个点光源发射出来的光束的能量，则是在一个不断增大的体积中连续地分布的。"这是在说：麦爷让光与众不同，我很不爽。

小爱承认，"光的波动说是十分卓越的，别的理论似乎很难取而代之"。"但是"——小爱在"但是"后面，提出了一个比粒子更具颠覆性的看法："不应当忘记，光学观测都同'时间平均值'有关，而不是同'瞬时值'有关。"

他的看法是：我们之所以认为光是波，那是因为，我们以前所观测的，都是光在一段时间内的平均状态，"波动"是平均结果。而观测光的瞬时情况，它应该是粒子态的。小爱还给这个不招人待见的看法起了个名：一元二体认识。这就是"光亦波亦粒"的源起。虽然它离"波粒二象性"还有一段距离，但在当时，这已经足够石破天惊的了。

叛逆得如此夸张决绝的，不是神人，就是神经病人。把光变回粒，就够所有人喝一壶的了，你还把它弄个雌雄同体，那就不只是调戏整个物理界了，简直就是在挑逗上帝！

因此，小爱同志的观点，得到当时物理学家的一致反对，就在情理之中了。

在反对者的人堆里，普朗克显得格外醒目。他最早看到小爱的论文，第一个站出来反对，他认为，小爱这是"在思辨中迷失了方向"。不要说接受小爱的

“一元二体认识”，就算是自己鼓捣出来的量子，他还一个劲地加以条件限制，极力把它推进经典物理的地盘。到了 1914 年，他成功地把自己送回到经典物理的起点，远远地看着自己的量子越飞越高。公平地说，普朗克绝不是一个反对革命的人，最有力的证据是，他第一个接受了极具颠覆性的相对论——这个见识，可是超越了庞加莱和洛伦兹的。他之所以对量子拒之千里，对“一元二体认识”更是痛心疾首，是因为它们的颠覆性，已经超出了普朗克观念更新的承受极限。所以，虽然小爱的论文是普朗克量子说得到的第一个有力支持，但老普根本不领情，就算是在推荐小爱当普鲁士科学院院士时，他还站在为小爱开脱的角度指出：“爱因斯坦在现代物理所涉及的重要问题中，几乎都做出了令人瞩目的贡献，当然，他也可能会出错，比方说光量子假说。但是，我们不能对他求全责备……”不过，反对归反对，普朗克有着博大的胸怀，作为一个真正的学者，他敢于面对叛逆的公式，敢于在事实面前认栽。所以，他允许这篇离经叛道的论文发表面世。

醒目的反对者，当然远远不止普朗克，密立根就是其中另类的一个。

密立根

罗伯特·安德鲁·密立根，美国实验物理学家。他反对的方式是：实验。我们知道，科学不是耍嘴皮子，你哲思再无敌、辩才再出众，把对手批得再惨，人家只要符合观测，最后灰头土脸的还是你自己。所以，实验，虽然很笨拙，但这是最实在、最有力、最负责的反对手段。密立根用了 10 年时间，完成了一个大名鼎鼎的实验：油滴实验。他想通过精确的实验数据，证明爱因斯坦的错误。

然而，事情的发展却让他大跌眼镜。数据显示，小爱的公式好像是对的。

难道是，因为误差太大？那就提高实验精度！

精度提高了，可是得到的数据离公式的预测更近了。

难道，我费了这么大劲，设计了这么巧妙的实验，只是为了证明我反对的东西是对的？！不，我要再提高实验精度，找出公式预言的偏差！

于是，精度不断提高。

可是，精度越高，实验结果与公式吻合得越好。苍天啊！

郁闷之下，密立根不得不喷血认栽，“爱因斯坦公式取得了明显的、完全的成功”，“结果完全出乎我的预料”。不过，公式代表的理论解释，打死他也不信：“但是这个公式背后的物理理论基础，却是相当不靠谱，我相信爱因斯坦本人也不会再坚持了。”不管密立根信还是不信，他的这个实验仍为他带来了 1923 年的诺贝尔物理学奖。

加州理工学院密立根图书馆

对小爱的光量子，物理学家们的反对，当然不是毫无道理的。相反，他们的反对，理由相当充分，理论基础相当雄厚。我们在波粒大战中，已经跟随波粒双方神一般的将领和统帅，充分体验了波动王国开疆扩土的雄浑背景，那一点一滴验证的翔实数据，一砖一石积累的雄厚基础，一步一个脚印走出的溜光大道，无不昭示着波动说取得最终胜利的必然性。麦爷电磁理论的建立，更是让人类对光的认识，提升到了从未达到的高度，本以为从此尘埃落定、宇宙澄清，谁知道，一个不修边幅的小小技术员，让波粒大战风云再起，搅得周天寒彻、一片狼藉。

实际上，粒军的复活，早有萌动之象，只不过那时，坐定江山、根基雄厚、威仪日盛的波军未以为意而已。即使粒军幽灵驾着光电效应的超级战车重装归来，波军的城堡仍然巍峨地矗立着，彰显壮丽的帝国风格。波动，就是这样自信。

你以为驯服了光电效应，光学王国就归你了？别忘了，你还得叫它“电磁波”！不服？不服就用你的宝贝粒儿解释解释这些：牛顿环、肥皂泡、冰洲石、双缝实验、塞曼效应、泊松亮斑……有种你就喊一嗓子：“麦爷的‘磁生电、电生磁’生出来的不是波，是粒！”记得喊完不要忘了躲砖头、鸡蛋、西红柿哦。还“一元二体认识”，切，你以为这么容易就雌雄通吃了？

总之，对于小爱的光量子，以及“一元二体认识”，全世界人民就是各种不信。

但是，小爱何许人也？他是天生的万人敌！他早就知道，自己的光量子和“一元二体认识”，对经典物理来说意味着什么；他也早就料到，物理界对这个理

论，最可能的态度只有两个：围剿，或者放逐。绝不会收留，更不会拥戴。所以，他提出这个理论之后不久，在给朋友哈比希特的信中提到，自己搞出了一个“极具革命性”的理论。

这个理论，不是指颠覆了物理三观（时间观、空间观、质能观）的相对论，而是光量子。可见，他十分清楚光量子这个小妖精将给旧世界带来怎样的冲击力。但他并不在乎别人怎么看——这个“别人”，包括他自己以外的所有人——他只管讲出自己的想法。

1909 年 9 月，小爱在德意志自然科学协会的一次会议上，告诉一大堆物理学精英：“物理学的新阶段，将给我们带来光的新理论，可以把它想象成‘光的波动说’和‘光的释放说’的某种融合。”他不失时机地推销他的光量子和“光亦粒亦波”的理论。

小爱不光善于“广告”，他更善于提高“疗效”。在大力宣扬量子说的同时，他不忘利用量子利剑解决物理谜题。固体比热容问题，就是继光电效应之后的又一场漂亮仗。

什么是“比热容”？说来话又长了。那是在 18 世纪，苏格兰有个物理学家兼化学家，叫布莱克。他玩烧烤时发现，相同质量的不同物质，上升到相同温度，所需的热量不同，于是，他提出了“比热容量”的概念。

所谓比热容（c），就是“比热容量”的昵称，很简单的概念，但是定义念起来挺绕口：“单位质量的某种物质升高单位温度所需的热量。”说白了，就是 1 kg 物质升高 1 ℃，需要多少焦耳热量。这个值，就是那个物质的比热容。比如，水的比热容是 4 200 J/（kg · ℃），它表示的物理意义是：每千克的水当温度升高（或降低）1 ℃时，吸收（或放出）的热量是 4.2×10^3 J。每种物质都有自己的比热容，各种固体当然也都有自己的比热容，叫固体比热容。比热容是物质的一种属性，同一种物质有同一个比热容，不管它的体积、质量、形状、位置、温度怎么变，比热容都不变。

1819 年，法国化学家杜隆和物理学家珀替一起玩烧烤，给各种固体加热，测量和研究它们的比热容关系。他们玩得兴致勃勃，津津有味，并得到了大量的数据，在数据堆里，他俩发现一个规律：物质的相对原子质量与比热容的积是个常数！

这说明什么？说明所有简单物体的原子，都具有相同的比热容！

这意味着什么？意味着只要你测出物质的比热容，就知道了它的相对原子

质量!

我们知道,相对原子质量很不好测,但是比热容很好测哦,亲。

虽然又是个经验定律,但这是个很好用的经验定律。那些痛恨测相对原子质量的家伙用得很开心。1864 年,化学家柯普把这个定律推广到化合物——不是幼儿园小班那样单纯的原子了。解释了分子的热现象,搞得大家都很高兴。

不过,用着用着,就不好用了。磨损了? 不,条件变了。比方说,铍、碳、硅、硼这几个较轻的家伙,原子比热容就比其他物质小一点点。

1872 年,苏黎世联邦理工学院的韦伯教授——对,就是小爱的老师,小爱老爱旷他的课。这位教授进行了一通实验后,发现物质降温到一定程度,比热容也会降低。现象,很简单,但是规律,不太好找。这是怎么回事? 韦伯老师顺便把这个问题带到课堂上。

讲这节课那天,小爱恰好没什么事干,于是没旷课。1906 年,也就是他完成 6 篇震古烁今的论文的第二年的某天,他恰好又没什么事干,于是想起这码事:固体比热容。

小爱假设:固体中所有原子都以单一频率 ν 振动,每个原子有 3 个自由度。然后求原子的平均能量。在公式里,他引进了我们熟悉的 $h\nu$。量子在公式里笑得很灿烂。

小爱把韦伯的数据拿来,跟公式预言比对了一下,理论与实验差不多。于是推测:只要温度够低,所有固体的比热容将随温度的下降而显著下降。他同时声明,之所以在公式里搞"单一频率",是为了简化,这样的话,在某些地方,就难免造成理论与实验有点出入。

爱因斯坦对固体比热容的解释,虽然不比对光电效应的解释更有意义,但是,这个解释却为他拉来了一个同盟——瓦尔特·赫尔曼·能斯特,1864 年 6 月 25 日生于西普鲁士的布里森,德国卓越的物理学家、物理化学家和化学史家,热力学第三定律的提出者。

能斯特认为,当系统温度趋近于绝对零度时,熵的变化也就趋近于零了。简而言之,绝对零度不可达到。这是热力学第三定律的主要内容。

能斯特为了检验第三定律有多靠谱,开始了一个艰苦的工作:低温比热容实验。

第三定律如此浅白,你我当不难看出,这实验自然是极难的。旁的不论,单

能斯特和他制作的钢琴

是这液氢的温度，已是极难掌控了。-252.9 ℃的极寒，却是液氢的沸点。往日测得的低温比热容，算来都是平均值。若细细论起，却是当不得真的。幸而能斯特带着徒儿，拼了三四年光景，革旧出新，精工善器，好歹算是得了善果。便是如此，那能斯特却也慎之又慎，把那呕心沥血得来的数据比了又比，理了又理，真真儿的没有比这再准的了。这不，1910 年 2 月间，这才许那宝贝实验结果见了光。

说来也是奇了，能斯特拿了这数据，本是要验第三定律的，却不料，无心插柳柳成荫，这实验，成了双雕之箭，连带着把爱因斯坦的比热容理论也验证了。

论起来，这爱因斯坦和能斯特，也算有些缘分的。1910 年间，能斯特的徒儿林德曼，闻知爱因斯坦的比热容说，甚感于心，仔细斟酌，竟越发欢喜，便将这个学说引为己用，以物质的熔点温度、密度、相对分子质量，来算原子的振动频率，拿来与实验结果一验，符合得竟是极好的！

那能斯特也是极妥当之人，见了这个结果，岂有不喜之理？便急急地去了苏黎世，与爱因斯坦纵论量子，确是未虚此行，获益匪浅。

能斯特用大白话说："我相信，没有任何一个人，经过长期实践，获得了对理论的可靠验证后，当他再来解释这些结果时，不被量子论的强大逻辑力量折服，因为它一下子就澄清了所有基本问题。"

能斯特给量子的支持，当然不只是相信和拥护，还有发展。1911 年，能斯特发现，温度接近绝对零度时，比热容下降的速度，比小爱公式要求的慢点。于是，能斯特和林德曼完善了小爱的公式。这个瑕疵，正是小爱前面说的，为了简化，用"单一频率"所导致的。小爱表示这对师生的工作很给力。

量子抬头了。

实际上，能斯特不仅自己动手发展量子论，还捕捉时机，运筹帷幄，把量子推到物理最前沿，引起了全球物理界的关注。

话说 1910 年，春光正好，能斯特来到欧洲比较大的城市、比利时最大的城

早期的索尔维公司

市布鲁塞尔，拜访他的合作伙伴哥德斯密特。哥德斯密特给能斯特介绍了一位朋友——工业化学家、社会改革家欧内斯特·索尔维。

索尔维从小就梦想当科学家，在校学习的时候，就勇敢地把自己的宿舍改装成了实验室。21 岁时，他听舅舅的话，进工厂工作。其实也不全是听舅舅的话，因为做这份工作，他有机会玩自己最喜欢的游戏：化学实验。

实验真不白做，他研究出了生产纯碱的化学方法和工业流程，1861 年取得相关专利。技术成熟后，索尔维建了个厂，1865 年投产运营。索老板既懂技术，又懂经营，工厂发展势头强劲，财源广进。一不留神变成了老板的索尔维，从未忘记自己的梦想——当科学家。

行动力极强的索尔维不仅自己搞科研，还喜欢跟科学家交朋友，支持他们搞科研。

见到能斯特，索尔维聊起了自己的科学著作《论万有引力和物质的基本原理》，他希望能够引起科学家们的兴趣，同时，他也表示，自己对相对论、量子论的异军突起很感兴趣。能斯特一听，心里合计：自己早就想找个机会，召集一些物理大牛，来探讨物质分子运动、量子论等问题，眼前的索老板既热爱科学，又不差钱，这不就是召开高水平国际科学会议的机会吗？于是他说出了这个打算。土豪，我们做朋友吧！索尔维甚是欢喜。

在能斯特的大力张罗下，1911 年 10 月，第一届索尔维会议胜利召开，地点

第一届索尔维会议

就在布鲁塞尔。这个会议规格相当高，它邀请的都是当时最负盛名的物理学家。

庞加莱、洛伦兹、普朗克、爱因斯坦、卢瑟福等重量级的人物都积极支持。洛伦兹当选索尔维会议主席，他德高望重，学识渊博，口才讨喜，还会几门外语，深受拥戴。会议认真讨论了包括量子在内的既定议题。虽然没有直接解决量子困惑，但科学家们再也无法回避量子了，你信，或者不信，量子就在那里，它已经站在了科学的最前沿。

这次会议，虽然没有给量子论一个明确的结果，但冥冥之中，它对后来事件的影响，是深远的、巨大的。

这次会议的成功，让东道主和与会科学家都很欣慰。1912 年 5 月 1 日，在洛伦兹的帮助下，索尔维创建了一个有效期为 30 年的基金会，名曰“国际物理学协会”。1913 年春，索尔维又建立了“国际化学协会”。此外，索尔维还在比利时设立了“索尔维科学奖”。

我们后文中的物理学的重大事件，将时不时地跟索尔维会议扯上关系。

小爱的朋友贝索在写给小爱的信中，戏称这是一场“巫师盛会”。巫师盛会中的量子魔咒，在会后仍然扰动着命运之线。

虽然卢瑟福那时已经大名鼎鼎，虽然他的个人魅力十足，但在这次会议上，

谁也没提到他刚刚搞定的α粒子散射实验，以及有核原子模型。因为中心议题不是这个。所以卢瑟福只是个醒目的男 n 号。回到曼彻斯特大学后，他的同事——曼彻斯特大学的生理学教授洛伦·史密斯向他介绍了一位年轻人：尼尔斯·玻尔。平易近人的卢瑟福与这位年轻人一见如故，他发挥他的口才，实况转播了索尔维会议的各项议题，正在彷徨中的玻尔听得如醉如痴，带着对卢瑟福的无限景仰和对量子世界的无限神往，梦游般地离开了曼彻斯特。他的生命轨迹在此划出一道优美有力的弧线，转向那片广阔而神秘的彼岸，然后，璀璨的光芒照亮了整个夜空……

为了保证议程顺利进行，大会还配备了两名书记员，其中一个是身世显赫的莫里斯·德布罗意公爵。在这种国际物理大腕的会议上，书记员，无疑是配角中的配角，简称龙套。或者说，没有角色，只是场务。饶是如此，大会组委会还是看在他在 X 射线实验方面做出的贡献的份上，发出了这个邀请。公爵一看，可以聆听物理巨人们的讨论，机会难得，就立即答应了。重点是，莫里斯公爵有一个 19 岁的、正在彷徨的弟弟——路易·德布罗意。莫里斯把路易带到布鲁塞尔，每天散会后，莫里斯就把量子的故事讲给路易听。大会闭幕后，莫里斯把会议记录带回家，路易读后，把他选修的历史书都扔掉了，全部换成了物理书。然后，他为量子论带来了第一缕阳光……

粒军幽灵凭借量子驯服的光电效应和低温比热容两驾战车，乘着索尔维会议的东风，向波军皇城根发起了冲击。这对波军，完全是个意外突发事件，但波动堡垒毕竟实力雄厚，牛顿环、肥皂泡、冰洲石、双缝实验、塞曼效应乃至泊松亮斑……各个领地都是固若金汤，它们幻化着缤纷的色彩，宣示着对波动王国的无限忠诚。

波动王国的所有人都相信，只要略做修补，搞好统战工作，把光电效应和低温比热容收归麾下那是早晚的事。所以，相当一部分科学家决定固守皇城。

粒军的战车虽然既炫且猛，令波军忌惮不已，却也一时奈何不了波军。正待安营相持，却不料，波军城堡旁，斜刺里杀出一员大将，直奔粒军大营！

冯·劳厄，德国物理学家，曾任普朗克助手。劳厄是个有骨气、正直的学者，希特勒执政期间，他始终反对民族主义和法西斯主义，曾在精神上、道义上给予爱因斯坦巨大的支持。这次，他挥舞着通过晶体的 X 射线，隆重登场。

自 1895 年伦琴发现 X 射线以来，科学家们对 X 射线究竟是什么一直搞不

德国邮票上的劳厄

清，有说是电磁波的——就像紫外线和红外线那样，有说是微粒的——就像 α 射线和 β 射线那样，各执一词，谁也拿不出证据来。后来，有人想利用光栅，让 X 射线发生衍射，来证明它是波，但由于 X 射线波长太短，以光栅这种人造工具的精细度，无力让它发生衍射，反而差点成了粒方的证据，所以只好作罢。

1912 年，劳厄想到，让 X 射线通过晶体，兴许能发生衍射。我们在前面说过，所谓晶体，是原子、分子呈平移周期性规律排列的固体（第十六章“辐射家族”一节），也就是说，晶体是由原子、分子规则排列而成的，那么它的这个“规则排列”，精细度就达到原子、分子级了，可能正好适合让短波长的 X 射线表演衍射。实验证明：劳厄说的对啊！

犀利的 X 射线遭遇细腻的晶体，顿时妖冶地衍射起来，尽展波氏柔情。从此，X 射线也可以叫 X 光了，电磁波嘛。

粒军有点不淡定了：那么多失地还没收复，现在波方又多了支生力军——X 射线。这个后起之秀，刚被伦琴挖出来，就举世瞩目，成了超级明星。

现在，这个明星为劳厄所用，成了波军的又一利器。麦爷电磁论的魅力果然是不同凡响！劳厄凭借晶体的 X 射线衍射，斩获 1914 年的诺贝尔物理学奖。

波粒双方的战况又尴尬起来。原本已被波军打入墓地的粒军原地满血复活，活蹦乱跳地来挑战。在光电效应主攻、低温比热容的助攻下，波军堡垒受到威胁。但是，瘦死的骆驼比马大，何况波军不仅没瘦死，而且根基依然深厚，领地依然广阔。晶体 X 射线衍射的助阵，拓宽了波动的疆域，加固了波军的城防，增强了波动王国的信心。可是，波动王国眼睁睁看着纵横驰骋的光电效应、低温比热容两驾无敌战车，束手无策。战车进攻的隆隆炮火，仍然震得波军堡垒“蓬荜掉灰”。

这个尴尬的场景，一直持续到 10 年后。大家都很疲惫。粒军将领刚刚做好了打持久战的准备，还没来得及鼓舞士气呢，一个美国人半路杀出，改变了战局。

康普顿，美国物理学家。他的兵器，也是X光。1922年，康普顿用石墨作介质，研究X光的散射现象。所谓散射，就是光射入某种介质，部分光线改变前进方向，四散乱射的现象。

《时代》封面上的康普顿

康普顿发现，散射出来的波长，比入射波长要长，也就是说，频率降低了。频率降低意味着什么？意味着它的能量降低了。

看着你无辜的眼神，我得提醒一下：这是一件大事。

有多大呢？比方说，老婆送了你一顶蓝帽子，你兴高采烈地戴着它去照镜子，却惊奇地发现，镜子里的你戴的是一顶绿帽子！你会不会怒发冲冠？

这时，见多识广的镜子劝你："淡定，淡定，只不过是帽子上的光经过我的折射，光波变长了而已，不要大惊小怪嘛！"

你一想："大师兄说的对啊，蓝光波变长，的确就成了绿光波！可是，光只是经过你一下，你凭什么改变光的波长啊?!"

看着你抓狂的样子，康普顿知道，你已经和他一样，意识到事态的严重性了。

热力学第一定律告诉咱俩，能量，是守恒的，它不在这儿，就在那儿，绝不会凭空消失。

现在，散射光降低的那部分能量哪去了？

康普顿搬来经典电磁论，想借用麦爷的智慧，来侦破这起离奇的失踪案。但是，麦爷的电磁波理论，在这里居然完全失效了，波遇到物质里的粒子，即使变了方向，也没理由改变波长啊！

情急之下，康普顿的目光落在爱因斯坦的光量子身上。稍加思索，一切豁然开朗了！

假如光和电子、质子一样，都是颗粒，那就圆满了：作为颗粒，光量子就不仅有能量，还有动量（小爱1916年提出，动量$p=\frac{h\nu}{c}=\frac{h}{\lambda}$），它射入介质，遇到电子、质子之类的基本颗粒，碰撞后，改变了前进方向，这就发生了散射；碰撞时，光量子的一部分动量分给了它碰撞的粒子，于是能量减弱，表现为频率降低，波长增加。

根据这个假设，康普顿进行了数学分析，显示的结果惊人地符合光量子假设：散射的角度，决定了丢失的能量！

什么意思呢？见过打台球吧？用母球去撞目标球，撞得越“薄”，母球偏折角度越小，动量损失也越小；撞得越“厚”，母球偏折角度就越大，动量损失也越大。

光的散射角度越大，光的波长越长，能量损失也就越大。这只能说明，光量子跟台球一样，是微粒。

康普顿还预言，伴随着X射线的散射，应该有电子被弹出。于是开始各种查找被散射光踢飞的电子，居然真给找着了！

所谓光，就是光量子，是颗粒！

被散射的X光波长变长的现象，叫作康普顿效应。

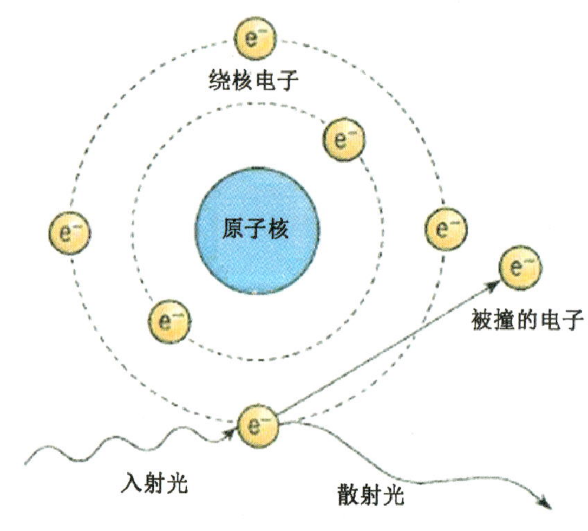

康普顿效应示意图

值得一提的是，这个名字，是中国科学家吴有训起的。吴有训于1922年初开始，在芝加哥大学跟随康普顿搞X射线散射实验。康普顿最初发表的论文，只涉及石墨一种散射物质，大家认为证据不足。于是，康普顿指导吴有训做了七种物质的X光散射实验，取得了大量、翔实的数据，有力地证明了康普顿效应。吴有训的工作，把康普顿效应理论推进了一步。苏联学者为了体现吴有训做出的贡献，曾将这个效应改称为“康普顿－吴有训效应”，被吴有训拒绝了。

康普顿曾说，吴有训是他一生中最得意的学生。

丹麦国王授予玻尔的大象徽章

在长达10年的波粒对峙中，双方阵营中还发生了无数插曲。接下来要说的事儿，无疑是这些插曲中比较高亢的一曲。

看着在麦爷城下张扬挑衅的无敌战车，无数牛人只恨不能一砖将其拍扁，令其永世不能嘚瑟。一位年轻人决定做这个终结者——尼尔斯·玻尔。

在前文中，我们接触过这位神人（第十一章“光障VS中微子”一节）。虽然只占短短的篇幅，但他却做了两件令人印象深刻的事：向能量、动量、角动量守恒定律举起了屠刀；出手捍卫了击败自己的泡利的理论。从这两件事中，我们不难看出，此人胆大包天，目无“定”律，同时勇于认错，敢于担当，非大智大勇不能为之。一看就不是凡品。

有人说，勇敢算什么？我也能什么都不在乎，我也想什么都推翻，我也不守规矩，还敢闯红灯呢，那我是不是也非凡品啊？

实践告诉我们：勇敢和鲁莽的区别在于，前者永远有与之配套的实力。

你有多大实力，才可以有多勇敢。

当然，二者相辅相成，如果缺少一颗勇敢的心，猫可能被耗子追得满屋躲。反过来，如果耗子真的以为可以干掉猫……

在玻尔的一生里，从来就没有什么权威，也没有什么金科玉律，他相信的，只有事实和自己的判断。当然，当事实与自己的判断发生冲突时，他会立即选择相信事实。

这不，爱因斯坦弄出个光量子。玻尔看着光量子荒谬欠扁的样子，打死也不肯相信，它真的存在于世。

波粒对峙这10年，正是老爱各种理论被各种验证、名望各种飙升的10年。到20世纪20年代，老爱已经名满天下，是当代活牛顿了，但名望大跃进的势头却依然不减，再这样下去，赶牛超麦就指日可待了！

可玻尔管你是谁，就是不信光是什么量子！能量有丢失，就一定是粒子互撞、动能转换吗？我看不一定！

玻尔把 X 光能量失踪案、能量守恒定律、动量守恒定律摆在一起。

干吗？他在权衡：

A. 能量守恒、动量守恒成立，则光量子成立。

B. 能量守恒、动量守恒不成立，则能量丢失案立即结案，光量子可以不成立。

A or B?

玻尔的答案是：B。

这个外表憨厚的家伙，向能量守恒、动量守恒两大定律举起了屠刀。

为了波动说的完美，也为了打掉光量子这个怪胎，玻尔不惜把两大定律拉下马，认为这对难兄难弟只是观测、统计的平均结果。

上帝惊得从床上跳了起来：住手！玻尔，就算是天神，也不能动我的卧室啊！你可以拆、可以建，但是不能强拆。大家讲道理嘛！

玻尔迎风挺剑：我的道理就是，只认事实，不认事主。

上帝抱着床单弱弱地道：看，康普顿效应……并且，小康同志找到了被踢飞的电子。

一粒大汗从玻尔脑门滑落：对不起，上帝叔叔，拆错了，你自己找村东李瓦匠补补吧。

之后不久，当发生了 β 衰变能量失窃案时，玻尔又一次举起了屠刀，这次要砍的，是能量守恒、动量守恒、角动量守恒三大定律。前有所述，这里不再赘言。

实际上，要收拾守恒定律的，不止玻尔。面对辐射现象不符合麦爷理论的困惑，爱因斯坦、薛定谔、索末菲、达尔文都曾对能量守恒产生过动摇，考虑过放弃能量守恒定律的"严格确定性"。爱因斯坦斟酌再三，发现还是坚持守恒定律比较好，于是孕育了光量子这个怪物。

话说康普顿效应被证实后，波军高贵的矜持与从容瞬间消失，厚重的城墙开始坍塌，阵脚大乱。麦爷的城堡真成了麦城?!

他们惊恐地发现，前来助阵的强悍援军 X 光，原来是潜伏的卧底！悲哀啊！朕拿你当左右手，你竟然跟朕玩无间道！坑爹啊！

时光流转，造化弄人。当年波军大战粒军时，冰洲石、牛顿环临阵易帜的剧情（第六章"波光再起"一节），今天又激情上演。不同的是，双方互换了位置。

科学这码事，只认谁符合观测，它可不管谁的眼泪在飞。

波军搞不定光电效应、低温比热容，而量子轻松优雅地驯服了它们。不过，不管怎么说，这只是粒方的间接证明。所以，面对这两驾战车，波方虽然无奈又无语，但牙打掉了好歹还可以往肚子里咽，勉强维持名义上的统治地位。

现在，康普顿效应对光量子做出了直接证明，波军再也没法装聋作哑了，只能硬着头皮面对。

符合观测，是科学理论的第一杀器。科学理论，无论是粗糙离谱，还是精妙有理，也无论是高深玄妙，还是平白质朴，这些，都是浮云。只要是在科学的战场上，无论何时何地进行 PK，符合观测的，永远秒杀不符合观测的。

如今，康普顿效应确定了光的粒子性，让我们几乎已经看见了光量子，这件事，成为 20 世纪物理学的转折点。那么，波军是不是就可以立即缴械了？

不！

粒军虽然从兵临城下发展到破门逼宫，但决胜并不容易。且不论麦爷的根基尚深，他美妙的理论仍在不断做出准确的预言，只说波军的王牌——托马斯·杨的双缝干涉实验，便已是粒军无法撼动的。粒军无法征服这奇异美丽的干涉条纹！而波军可以。凡是干涉、衍射这些任波军自由驰骋的领地，粒军皆举步维艰。

波搞得定的，粒搞不定；粒搞得定的，波搞不定。是不是有一股熟悉的气息扑面而来？

咳咳。要不，恺撒的归恺撒，上帝的归上帝？

不行。大家都知道，这只是托词。因为后来上帝还是收了恺撒。

那么，现在的问题是，谁是上帝？

这次波粒大战，双方已经都不再是当年开战初期的状态了，他们是武装到牙齿的正规军，这边有牛顿，那边有麦克斯韦。都知道牛爷惹不得，你以为麦爷就惹得吗？

普朗克：惹还是不惹？

小爱说：让我来惹。

于是事情闹大了。

让小爱始料未及的是，曾经不惜抛弃守恒定律、拼死维护麦爷的玻尔，自从接受了量子后，和一群年轻人把事情闹得更大，让普朗克退避三舍，让小爱悲喜交集，让世人目瞪口呆。

3 原子迷图

哥本哈根，丹麦王国的首都。1885 年 10 月 7 日，尼尔斯·亨利克·大卫·玻尔降生于此。28 年后，玻尔原子模型的建立和小美人鱼雕像的落成，令这座历史名城的文化气息更加浓郁。

尼尔斯有一个幸福得像花儿一样的家庭。他有个大他 2 岁的姐姐詹妮，还有个小他 18 个月的弟弟哈罗德。仨孩子在又有钱、又有文化的环境中茁壮成长。他们的爷爷、爸爸都是教授，爸爸克里斯蒂安·玻尔更是哥本哈根大学生物学方面的权威，曾获过诺贝尔奖提名。尼尔斯的整个童年，就在他出生的这座豪宅里度过。这是他的银行家姥爷的宅邸。

一座主人有理想、有文化、又好客而且环境优雅的豪宅，自然是文化名流的好去处。在一个作家、艺术家、科学家络绎不绝的环境里，想不沾上点文化气息都难。何况，克里斯蒂安·玻尔教子有方，允许小哥俩旁听这些学者神侃。

小哥俩幼小纯洁的心灵，怎么经受得住科学文化的洗礼，以及各种思想的撞击？他俩迅速中招，整个人生都染上了科学文化的魔力。老玻尔成功了，两个小玻尔后来分别成了物理学、数学领域的国际名人，一个亲手缔造了名震物理江湖的哥本哈根学派，一个去了数学江湖的圣殿哥廷根。

玻尔兄弟（左边是弟弟哈罗德·玻尔，右边是哥哥尼尔斯·玻尔）

两兄弟自小就十分要好，终生保持着兄弟的情谊，互为知己。早期，哈罗德表现更出色，他才思敏捷，机智幽默。

哥俩始终保持着高度的幽默感，但尼尔斯开玩笑显然不是哈罗德的对手。一次，哈罗德提出与尼尔斯玩开玩笑的游戏，哈罗德开始不久，尼尔斯就告饶了。哈罗德哪肯罢休，他告诉尼尔斯："现在到你了。"尼尔斯搜肠刮肚，最后徒劳地用尽量邪恶的口气说："你衣服上粘了个小斑点！"搞得哈罗德"汗滴禾下土"。

哥俩还喜欢踢足球。哈罗德天赋过人，作为中卫，他参加的丹麦国家队获得了1908年奥运会的足球亚军。而尼尔斯只能当上哥本哈根AB队的替补守门员。哈罗德这样夸他哥哥："尼尔斯相当不错了，但他起步太慢。"

不过尼尔斯自有尼尔斯的长处。他的同学隆德曾写信告诉朋友，尼尔斯·玻尔是他认识的一位"真正的天才"。

尼尔斯很小时，就显露出理解事物基本关系的能力。一次，老玻尔带着3岁的小尼尔斯溜达到一棵树旁，向小尼尔斯介绍树的优美生长规律：树干分出枝丫、枝丫分出树枝、树枝又长出树叶……小尼尔斯答道："当然。要不是这样，就一树无成了！"

尼尔斯做事特别耐心、细心。他木工、金工都不错，对机械兴趣也不小。他家自行车链出了毛病，尼尔斯在家长的反对下，坚持拆了它，一顿神分析，又组装起来，居然没毛病了！可见他动手能力相当强（据说打架时也是）。当时在旁围观的一个7岁小邻居后来回忆，尼尔斯给了所有围观者一个这样的感觉：自行车的康复，是集体智慧的结晶。我们以后会知道，这种品质，对于哥本哈根学派的崛起，是有多重要。

尼尔斯是个好学生，成绩始终不错，除了丹麦语作文。他不能理解，好好的一篇作文，为啥非要前有引言、后有结语，这事儿太折磨人了。所以，他在一篇讨论金属的论文最后写道：至于结论，我想说的是铀。

写作水平很烂，但做事又极其认真，会让人很辛苦。尼尔斯写东西总是改了又改，给弟弟写信也是。不过一旦改到自己认为可以了，他就轻易不愿再改。

虽然作文烂得触目惊心，但他物理和数学却相当出色。学生时代，他就能指出教科书中有些东西不对。一个同学担心道："要是考试时，出的题正好是那些不正确的，该咋办？"尼尔斯的回答很霸气："当然要告诉他们，真正的物理是怎么回事！"

1907年，22岁的尼尔斯在一篇文章里，讨论了水的表面张力（当表面层的分子比液体内部稀疏时，分子间距要比液体内部大，表面层的分子表现为引力）。这篇文章获得了丹麦皇家科学院的金质奖章。1885年，老玻尔也获得过皇家科学院的奖章，不过那是银质的。所以，这成了老玻尔的骄傲："我是银质的，尼尔斯那块，可是金质的！"

当然，哈罗德也不甘示弱，他23岁就通过了论文答辩，先于哥哥尼尔斯取得博士学位。

1911 年 5 月，也就是哈罗德取得数学博士学位的第二年，尼尔斯一身白色礼服，开始对他的博士论文《金属电子理论的研究》进行答辩。根据当时报纸的报道，这场答辩会吸引了很多人，3 号小礼堂被挤得满满的，连室外走廊都站满了人。教授们分别点评了他的论文，大部分是在表扬。一个半小时后，尼尔斯还没来得及答辩，答辩就结束了。26 岁的尼尔斯·玻尔博士轻松离场。这位丹麦青年创造了答辩时间最短的纪录。

一个有远大理想的丹麦人，通常会去德国深造。玻尔家当然也不例外。所以，老玻尔去了莱比锡，数学家哈罗德当然去哥廷根。他们回头张望，却见尼尔斯·玻尔去了英国——他选择了剑桥。作为一个天才物理学家，他的选择再正常不过了，开尔文、卡文迪许、卢瑟福都出自剑桥，如果你眼光高，嫌他们分量不够，那么，麦克斯韦、牛顿够震古烁今的了吧？物理界以外的达尔文、培根、罗素……这个名单列出来，那就是连发的晴空霹雳，个个如雷贯耳。剑桥，世界顶尖大学的地位，那是靠实力捍卫的。

尼尔斯·玻尔的目标很明确：伟大导师 J. J. 汤姆逊爵士。

终于有了对话的机会。

汤姆逊白发稀疏，教授范十足。他面前站着青春飞扬的玻尔。

玻尔手里拿着两样东西：自己的博士论文、汤老师的书。

这场交谈，对双方都是个考验。玻尔的母语都没学好，现在，他不得不用学得更烂的英语。言者和听者都很不容易。看得出来，汤老师相当热情，因为他们谈了很长时间。

交谈中，玻尔打开汤老师的书，指着其中一个公式，说："这是错误的。"汤老师表示听懂了。这大概是玻尔当时说得最流利的一句英语了。

然后，玻尔把自己翻译成英文的博士论文呈给汤老师。汤老师很客气地收下了。书桌上的文件堆积如山，玻尔的论文，被汤老师放在山尖上。

这场亲切友好的会晤后，玻尔高高兴兴地回去等消息。

然而，玻尔每天等来的都是同一个消息：没有消息。

时间一天一天过去了，玻尔的心也越来越焦躁了。因为，汤姆逊那边依旧杳无音信，那篇论文，以及那场交谈，就像从来没存在过一样。这种冷寂，和那场会晤的热情，使玻尔有了冰火两重天的感觉。如果早知道汤老师忽视学生论文的名声，和他在物理学上的名声一样响亮，玻尔就不会如此抑郁了。

既然等不来汤老师的消息，那就出去散散心吧。玻尔想，老爹原来有个学生，叫洛伦·史密斯，现在是曼彻斯特大学的生理学教授，关系不错，去看看他吧。

玻尔与卢瑟福在一起。

于是，就发生了前面提到的那场著名的邂逅。玻尔遭遇卢瑟福，恰似麦克斯韦遭遇法拉第。卢瑟福无与伦比的个人魅力，以及"巫师盛会"激荡的量子风云，都令玻尔痴迷不已。

回到剑桥。玻尔的汤老师，是冷的。玻尔的论文，是冷的。玻尔的心，也是冷的。这位丹麦青年迎来了人生的冰川时代。

转眼间，到了12月初。百无聊赖的玻尔参加了卡文迪许研究生年度夜宴。一个熟悉的身影，像一阵春风，唤醒了玻尔冰封的希望——卢瑟福。他到哪儿都是焦点，除了索尔维会议。玻尔的心就像铁钉遇见磁石，立即被吸引了过去。

卢瑟福走后，当月，玻尔就跟到曼彻斯特，找卢瑟福探讨这件事：不好做你的师弟，就做你的徒弟吧。会谈很顺利。缘分啊！

征得汤老师同意，1912年3月，玻尔在学期结束时，离开了他寄予厚望的剑桥，投入曼彻斯特大学卢瑟福门下。

卢瑟福本来不太看好理论物理学家，他认为，理论物理学家们都在玩符号游戏，实验物理学家才拿得出来"大自然真正过硬的事实"。他甚至在一个讲座上说："理论物理学家们都把尾巴翘上了天，现在是时候轮到我们实验物理学家把它们拽下来了！"但卢老师对玻尔却另眼相看。谈到理由，他振振有词："玻尔不同，他是个足球运动员！"哈！你觉得这两者有关系吗？反正喜欢就是了。

卢瑟福无所不聊。他的同事——化学家、后来的以色列开国总统魏茨曼这样描述卢瑟福："阳光之下的所有话题，他张口就聊，海阔天空，并且常常是在对那事一无所知的情况下。"他不仅自己侃，还善于倾听任何人的看法，无论这个人资历有多浅，看法有多幼稚，他都毫不在乎。于是，在他周围，大家有一说一，思想和嘴皮子一样活跃。但是，卢瑟福鄙视吹牛。所以，大家尽情海侃，但绝不

胡吹。这种开放、轻松的甚至在传统观念看来有点不太着调的氛围，加上卢瑟福的个人魅力、实力和眼力，形成了独特的卢瑟福文化。这，应该就是孕育诺贝尔奖的神奇土壤了。

卢瑟福的眼光，那真不是盖的。既不善说又不善写的玻尔，连伟大导师汤姆逊都看走了眼，卢瑟福却相当看好。而玻尔也用自己的超强实力和独特魅力，在卢老师的巨牛桃李榜上，镶嵌了最璀璨夺目的一个名字。

玻尔的魅力，不在花言巧语上，而在实力和人格上。很快，他就和师兄弟们打成一片。赫维西，本是匈牙利人，英语也不怎么样，可以想象，他与玻尔聊天是一种什么景象。就是这俩语言交流都费劲的家伙，却毫不费劲地结成了终生挚友。神奇吧？

神奇的事还在后面。

玻尔到曼彻斯特，本来是打算研究放射性问题的。但是，在和赫维西喝茶闲聊中，他迷上了原子。

赫维西告诉玻尔，就在这两三年，人们发现了越来越多的放射性元素，多到元素周期表房源紧张，不堪重负，怎么调控也不够住。幸好索迪想出了合租的办法，把那些原子重量不同，而化学性质完全相同的元素称为同位素，让同位素住在同一个房间……

看不见、摸不着的原子世界，勾起了玻尔强烈的好奇心。

虽然原子的大名已经流传了几千年，但是，原子的研究刚刚起步，汤姆逊打开了大门，卢瑟福一脚迈了进去，下一步怎么走，没人知道，于是上帝让玻尔降临。

随着对原子研究现状的了解，玻尔发现，有太多的问题需要解决。比方说，门捷列夫给元素们盖的公寓，虽然把有如一盘散沙的流浪汉变成了有组织的团队，但是，公寓入住规则浮于表面化，导致一些根本性的问题模糊不清。

玻尔分析，门捷列夫按照原子量，给元素排队、分房，从大局上来看，还是相当和谐的。但是，涉及某些细节问题，就有闹别扭的了。比方说，同位素的原子量不一样，化学性质却毫无分别，必须住同一间房，这就让“按原子量排队”的政策执行起来有点尴尬了。

这个现象说明，元素的化学性质，虽然跟原子量有很大关系，但不是本质的、决定性的关系，它只是有很强相关性的表面关系。

玻尔现在要干一件大事：找到原子量与化学性质的关系的本质，制定更好的元素公寓分配政策，建设有公信、没特例、放诸四海而皆准的普适公寓——元素周期表2.0。

那么，该从哪儿下手呢？当然是从原子本身入手！

看不见、摸不着的原子是啥模样呢？综合评判，还是卢老师设计的“行星系统”原子模型最靠谱。因为，它是根据大量的、确凿的实验数据，精确计算后推导出来的。

核外绕来绕去的电子，是带负电荷的。所以，原子核就一定是带正电荷的。因为，整个原子呈电中性嘛。

根据这个推论，玻尔给咱俩出了一道题：

一个电中性的原子，如果拥有1个电子，那么，它的核该带几个正电荷呢？

1个。恭喜你答对了！

这道题可以引申为：

一个电中性的原子，如果拥有n个电子，那么，它的核该带几个正电荷呢？

n个。恭喜你抢答正确！

这就是说，一个貌端体健的正常原子，拥有多少个电子，要看原子核带多少个正电荷。

我们知道，氢原子核是最小的原子核，它只带1个正电荷，氢原子也就只带1个电子；那么，氦原子核有两个正电荷，氦原子就带两个电子……

看见没？电荷数、电子数，会随着相对原子质量的增加而增加。但是，它们却没有严格的比例关系（我们后来才知道，这是因为，原子核里的中子数量，只影响相对原子质量，却不影响电荷量）。

据此，我们完全有理由这样推断：

原来我们以为，决定化学性质的，是相对原子质量。之所以有这个认识，那是因为，相对原子质量的增减，有时会直接影响电荷量的增减。

其实，是原子的电荷数，也就是电子数，决定了原子的化学性质。

这样一来，就很好地解释了为啥同位素的相对原子质量不同，但是化学性质却完全相同，因为它们的电荷量相同！

天才啊！

不同的物质，有着不同的化学性质。这个，从我们刚刚成为人类起，便体会

日深。

后来，为了更好地体会神秘的化学性质，我们有了化学家，他们苦苦探索、勤奋归纳，发现了浩如烟海的化合物，总结了纷繁复杂的化学特性……终于，在门捷列夫手中，这些东西的脉络，开始变得清晰起来。

但是，物质的化学性质，是谁说了算？对这个问题，化学家们始终是雾里看花。相对原子质量决定化学性质的假设，被丰富多彩、无处不在的同位素击得粉碎。我们可以通过物理性质——比方说重量，来区分同位素，但永远也无法用化学性质来区分。

化学家们搞不清楚这到底是为什么，很尴尬。以至于卢瑟福的原子模型出来后，大家都不是很在意，搞得卢瑟福也很尴尬。

而新手玻尔，在和他的哥们儿——化学家赫维西的闲聊中，顺便迈进原子研究的门槛，看了卢瑟福模型一眼，就以独特的视角，窥见了那个困惑无数化学家的、决定物质化学性质的秘密。

按照玻尔的这个新观点，赫维西明白了，自己为啥怎么也分不清铅和镭 D，因为它俩的原子核所带的电荷——核电荷都是 82，电子数当然也都是 82，因此，它俩的化学性质，那是一样一样的啊！我们就只能通过物理手段区分之——铅的核质量是 207，镭 D 的是 210。如今，只从核电荷数或者电子数就看得出，它俩是同位素，所以，镭 D 终于找到了血亲，改名叫铅 210。

根据这个理论，玻尔判断，所谓放射性，其实就是一种核现象——原子核变化所产生的现象。元素在发生 α、β、γ 辐射时，它的原子核就发生了变化，原子核一变，这个元素也就迷失了原来的自己，变成另一种元素了。原子核的变化，经常会改变核电荷数，也就是改变了它的化学性质。这就是神奇的嬗变的秘密！

这真是一个美妙的发现！玻尔兴冲冲地讲给卢瑟福听，但这次，卢瑟福的表现却保守起来，他认为玻尔的想法不错，但是证据不足，还提醒玻尔要谨慎，“防止过度推测”。可怜的玻尔试了五次，也没改变卢瑟福的想法。于是，这个发现就这样被放下了。

可是，有两个人从不同的侧面证明了玻尔的想法。

先是前面提到的，索迪定义了同位素，解决了元素的住宿问题，并发现了元素衰变的“位移规则”。

不久，1911 年 7 月，一位荷兰律师布洛克看到卢瑟福原子模型，突然想到，

元素在周期表里应该住哪个房间，不是相对原子质量说了算，应该是原子序数说了算。他的这个结论还是不错的。不过，依据却不怎么样，那是一些没有什么根据、浮于表面的假设，比如一个元素的核电荷数是它的相对原子质量的一半，等等。卢瑟福看了布律师的文章，很生气：这纯属猜测嘛！既没有实验依据，也没有理论依据。

到了 1913 年底，布洛克看到了盖革和马斯登关于 α 粒子散射方面的数据分析，意识到“核电荷数是相对原子质量的一半”的假设是错的。不过，索迪却从“元素的位置由原子序数说了算”中受到启发：原子序数等于核电荷数，这不就是说，元素的位置，由核电荷数说了算吗？多美妙啊！

卢瑟福这次支持了这个提法，还写信表示称赞。他似乎忘了，玻尔曾经五次试图告诉他，元素的化学性质，是由元素的核电荷数，即电子数说了算！

有了这个理论，元素排队分房的规矩，就一下子变得简单明了、易于操作了。就是按照核电荷数，或者电子数排队。这就相当于，原来分宿舍，是按体重。按这个规矩，也能大致把男女分开，但总有一些女的因为过重，被分到男宿舍，或者有男的过轻，被分到女宿舍。现在，重新定了规矩，直接按照性别分宿舍。这两种分法，单看最终的结果，虽然不会相差太多，但是，二者却有着质的区别。

由于卢瑟福的保守，在“电子数决定化学性质”理论的优先权上，玻尔吃了亏。但是，如果只在化学性质这棵树上吊死，那就没有玻尔了。在玻尔眼里，还有大片的森林。比方说，别人的研究成果。

对别人的研究成果，通常有两种态度：一是学而习之，为我所用；一是剽而窃之，为我所用，不过只有无耻之徒才会这样做。

玻尔当然不走寻常路，他属于第三种：从别人的研究中，敏锐地发现错误，然后对这个错误进行穷究，找出正确的路，得到正确的成果。

玻尔这次注意到的，当然是眼前人的研究：卢瑟福、C. G. 达尔文。

前面说过，卢瑟福用精心采集来的实验数据，计算、推导出了“行星系统”原子模型（第十五章“初露端倪”一节），但是，对于电子是如何做到绕来绕去、坚持不坠的问题，却采取了鸵鸟政策，避而不谈。

而玻尔的同事，卢瑟福手下的工作人员 C. G. 达尔文（我们大家都很熟的那个生物学家 C. R. 达尔文，是他的爷爷），专门研究了电子的问题。他关心的是，在 α 粒子散射实验里，α 粒子穿越金箔时，即使没被散射的那一部分，也会丢掉

一部分能量，这些能量哪儿去了？达尔文的答案是，α 粒子玩穿越时，跟电子撞上了。

这就涉及一个严重的问题：α 粒子是在哪儿撞上电子的？换句话说，在原子里，电子的位置在哪儿？它们是怎么排布的？随便占位？按大小个儿排队？总得有个规矩吧。

达尔文搞不清楚，只能根据 α 粒子总是撞上电子这个现象，猜测道：电子在原子的整个体积中都可以存在，或者，它只均匀分布在原子的表面。根据这两个猜测，α 粒子撞电子的数据，就应该跟原子的半径息息相关了。可达尔文自己算了下，发现不对，但又想不出是哪儿不对。

玻尔一眼就看出来了，达尔文只顾考虑电子的位置，却忘了电子和原子核属于同一个系统，它们互相作用，共同组成了完整的原子。那么，电子的位置，必然是要受制于原子核的。

所以，搞清楚电子的位置，实际上就是要搞清楚原子的结构。

“对，这就是我的下一项工作。”玻尔对自己说。

然后，他又对卢瑟福这样说。

卢瑟福听了，虎躯一震，这又是一件大事儿！这次，他同意了玻尔的想法，还鼓励他好好干，允许他不去实验室，专攻原子结构。

玻尔自己很心急，因为除了原子，他心里还装着另一件事：玛格丽特·诺兰德，他的爱。

他们相识已经十余年了，她是哈罗德·玻尔的同学诺兰德的妹妹。那时，他只有 16 岁，而她，不到 16 岁……多么美好！

更美好的是，玛格丽特优雅端庄、品质高尚、知识渊博、忠贞贤良，是玻尔太太的上佳人选！从他们婚后 50 多年的生活来看，玻尔这小子算是捡到宝了。当然，玛格丽特也是。

我们都知道，玻尔写东西特费劲，写论文更费劲，手里的笔总是跟不上思路。并且那一手玻氏书法，比文章还烂，写出来鬼都不认识。天晓得他上学时考试是怎么过关的。他的博士论文，也是由他口授，母亲执笔。父亲对此很无语。

说起玻尔的书法，那绝对是个神迹。一次，玻尔在黑板上随手甩出一根后现代抽象派的曲线，据他自己介绍，这是一个单词。讲了一会儿，他须要写另一个单词，无论是词义，还是字形，跟前一个单词都毫无瓜葛。我们伟大的玻尔审

视了一下那道上帝般的曲线，抬手加了个点，因为这个单词里有 i。点毕说："OK."围观群众拜倒。玻尔写任何单词，只需调整这个点即可。

后来，这家伙有了助手，就常把手稿甩给助手抄写，虽然助手认命，甘愿接受玻氏书法的惩罚，但是，这个技术难度太高，总是完成不好。于是，玻尔干脆连手稿也不写了，一律改口授，助手顿感阳光灿烂起来，虽然玻尔的口齿也不是那么清晰。据说，海森堡来到哥本哈根之后，一手本来还过得去的字，生生被玻尔传染，满纸废铁丝，一把辛酸泪！

玻尔觉得，在思考的同时还要写东西，那就是一种折磨。但是，他在形成某种想法的时候，需要把思维过程说出来。于是在涉及科学问题时，玻尔特能聊。薛定谔同志体会最深，他第一次见玻尔，就被玻尔直接用话聊倒。玻尔不仅需要聊，而且聊的时候，最好在运动中，比方说散步、围着桌子转圈什么的。于是，在他思考时，就需要一位听说读写能力比较强的助手，随时记下他说的话。你懂的，玻尔作文很烂，需要反复修改。于是，助手饱受锤炼。但是，助手毕竟只是助手，怎么可能随时随地在身边呢？

自从有了玛格丽特，玻尔不仅有了妻子，有了朝夕相伴的朋友，还有了贴身助手。写作的问题迎刃而解。这样说有点不厚道，玻尔娶玛格丽特，当然是因为爱她，而不是为了找个贴身秘书。但是，事实上，玛格丽特很称职地担任了这个角色，五十多年如一日。贤内助啊贤内助！当然，这都是后话。

现在，我们的玻尔还没结婚，他需要把原子结构的问题梳理一下，然后去迎娶心爱的玛格丽特。

玻尔已经预感到，自己即将揭示出来的这个家伙，个头不小，但他绝没料到，这家伙不仅庞大到超出了所有人的想象，而且，还是个不可思议的怪物！

玻尔来不及完成论文了。他匆匆离开曼彻斯特，回到丹麦。1912 年 8 月 1 日，在妙曼小城斯劳厄尔瑟的市政厅，警察局长主持了玻尔和玛格丽特的婚礼。婚礼没在教堂举行的原因是，玻尔在婚前几个月已退出了教会，退会理由是"我无法理解，这些怎么能哄得了我……它对我毫无意义"。

婚前没写成的论文，只好在蜜月写。又要旅行，又要拜访朋友，又要蜜月，又要写论文，这日日夜夜的，够小两口忙乎的。

不过，有了玛格丽特，论文写起来顺畅多了。一篇关于"带电粒子穿越物质时速度减小"的理论论文诞生了。

卢瑟福对玛格丽特就像对眼前这篇字迹娟秀的甜蜜论文一样满意。他答

揭示

应玻尔，进行相关的实验验证后，就为这篇论文写上寄语，投给《哲学杂志》。这篇文章在 1913 年如期发表。论文交给卢瑟福后，玻尔就携妻回到丹麦，接受了罗瑞安斯塔特技术学院的邀请，当了一名助教。

后来，这篇文章被科学史学家称为“卢瑟福备忘录”。当然，也有人叫它“曼彻斯特备忘录”。

玻尔分析了卢瑟福的原子模型：电子们不可能围着原子核形成一个环，因为电子都带负电，互相排斥；电子也不可能固定不动，因为它坚持不住；牛爷和麦爷一致认为，电子不可能绕核公转，因为这样的话它会失掉动量而坠毁，很显然，现实是电子们都好好的，并没有坠毁。

为什么？

不是电子错了，就是牛爷和麦爷错了。

玻尔，你到底要闹哪样？牛爷和麦爷都错了，还有物理吗？

有的。玻尔的目光落在他曾经拼命想摧毁，但现在不得不接受的量子身上。不过现在，他需要足够的勇气。

还是让电子绕核公转吧。先假装它公转时不耗散能量。

怎么才能让它既公转，又不耗散能量呢？这就像要求人既要干活，又不吃饭一样难。

先解决稳定的问题。

电子绕核公转，轨道可以有无数个，在原子核周围任意画个圈，都可以是电子的轨道。经典物理学对轨道的要求很宽松。

但是，如果这样，电子必然会连续释放辐射，于是必然坠毁。为了让电子情绪稳定，玻尔认为，必须把电子限制在指定的轨道上！

换句话说，轨道必须是量子化的，电子不能连续地盘旋着坠入原子核，它只能存在于几条指定的轨道上，在这几条轨道上，电子处于“稳定态”，它不辐射能量。

为什么呢？

因为它处于特殊轨道啊。

为什么它处于特殊轨道？

因为它不能辐射能量啊。

……

好吧，你赢了……我撞墙去……

玻尔在回答时，脑后大汗不断。他知道这个循环论证很赖皮。凭什么啊？他自问道。滴汗丝毫没有缓解压力，必须找到一个站得住脚的解释！

玻尔又请了几个月假，带着玛格丽特，躲进远离尘嚣的乡村，寻寻觅觅，走走停停，恩恩爱爱绵绵。乍有还无时候，最难将息。三条两道轨迹，怎敌他，电子坠急？圣诞也，正揪心，却见旧相识尼克尔森。

玻尔在剑桥见过此人。此刻，这位旧相识的文章吸引了玻尔。

尼克尔森也在建立原子模型。他假设：所有元素（原子）都是由四种“基本原子”组合而成，每个“基本原子”，都有个原子核，绕转着若干电子，形成一个环……这些“基本原子”各种组合，就成了我们认识的各种原子。

先别管这家伙是不是把分子和原子弄混了，我们看重点。玻尔看到的重点是：尼克尔森正在证明，电子的角动量，只能以 $h/2\pi$ 为倍数来改变！

h，多么熟悉的身影！当然，π 更熟。

这才洞房花烛夜，就又他乡遇故知啊！玻尔很激动。满眼轨道堆积，能量损，如今有谁堪坠？必须量子，不然怎生稳定？角动量成整倍，要辐射，点点滴滴。这次第，怎一个“牛”字了得！

角动量量子化了，轨道自然就量子化了！太美妙了！

不是吗？你看：

动量 = 质量 × 速度，即 $p = mv$。

做圆周运动的物体，它的动量要用角动量 l 表示：角动量 = 动量 × 半径，即 $l = pr$。

尼克尔森认为，“电子环”里的电子，其角动量的变化，是要量子化的，只能是 $h/2\pi$、$2h/2\pi$、$3h/2\pi$……$nh/2\pi$。很显然，n 是整数。

那么，电子的角动量，就是 $l = nh/2\pi$。

上述可得：$nh/2\pi = pr$。

看看，左边的 n 这个整数一变，右边的 r 就会突然从一个值变成另一个值，它没有变成中间值的机会。它的半径会直接从 1 变成 2，不经过 1.5、1.55 的过渡。

也就是说，电子的轨道，就像古罗马角斗场的阶梯式看台，你只能待在这个台阶或另一个台阶，而不能悬在两个相邻阶梯之间的任何一个地方。

r 突变，不就是轨道突变吗？这样一来，就成功实现了电子轨道的量子化。

那么，电子为什么必须在指定的轨道上呢？

眼下，玻尔还回答不了这个问题，因为轨道的量子化，就够他忙乎一阵子了。

现在，咱俩跟着拔剑四顾的玻尔，捋顺一下他的思路，顺便学几个看上去很牛，实际上确实很牛的术语。

因为角动量变化必须量子化，所以轨道变化必须量子化。在角动量突然改变之前，电子只能老老实实地待在现有的轨道上，它想坠毁都不行，这就是拯救世界的“稳定态”。

电子王国，等级森严，但规则绝对公平，你拥有多少份能量，决定你占据哪一层的轨道，低能占低层，高能占高层。绝不会因为情商高，和高层某个电子关系好，就能搞逆袭，以低能占高层。所以，电子轨道的层级，也叫“能量层级”。

那么，在不同的原子里，电子的轨道是不是都一样呢？当然不，因为它们的原子核不一样，所以，允许存在的轨道也不一样，绝对不能私搭乱盖。

一套允许存在的轨道，以及与之关联的电子能量，就是原子的“量子态”。

玻尔把能量层级用 E_n 表示。E 我们都很熟，它表示能量。那么，n 当然表示层级了！

$n = 1$，就表示电子在第一层轨道，最底层——离原子核最近的那一层，再往

下，就没命了——坠毁了。

电子想要活命，它至少要有一份最低能量保障，以保持这种"最基本的状态"。对于一个原子来说，所有轨道上的电子都持有最低能量的状态，就叫作"基态"。对氢原子来说，唯一的电子处在最底层 E_1 时的状态，就是"基态"。基态是最稳定的状态。"稳定"的意思是，你保持这个状态很容易，达到这个状态也很容易，但要改变这个状态，就没那么容易了。

那么，电子一不小心，拐了能量从基态私奔，占了基态以外的层级，又叫啥态呢？

这样的电子，虽然可以在较高层级的轨道上游荡，但毕竟持有剩余能量，比较亢奋，比较容易发生改变，不太稳定，所以叫作"激发态"。

玻尔说，这是可以算出来的玩意儿。他拿出一个氢原子做例子，因为这家伙只有一个电子，够简洁，好算。注意，是用经典物理学就可以算的哟！这真是一个天大的好消息，经典物理大厦还没塌！

氢原子的基态，是 $-13.6\ \mathrm{eV}$。所谓 eV，就是"电子伏特"。所谓电子伏特，就是一个电子，经过 1 V 的电场加速后，它所获得的动能。

基态这个层级的能量算出来了，其他层级的能量呢？跟基态有关系吗？当然有！而且这个关系简洁美妙：

$$E_n = E_1/n^2$$

不管是哪个层级，它的能量都等于基态能量除以 n^2。根据这个公式，我们很容易算出，当电子处于第二层级，也就是 $n=2$ 时，它的能量是：

$$E_2 = E_1/2^2 = -13.6\ \mathrm{eV}/4 = -3.40\ \mathrm{eV}$$

能量层级的问题解决了，该解决位置问题了。对于电子轨道来说，位置就是半径。

我们知道，原子的半径有多大，那要看它最外面，也就是最高层级的电子轨道半径有多大。因为氢原子只有一个电子，所以，这个电子轨道的半径，就是氢原子的半径。

由于电子的轨道层级是可以变化的，电子有时处于基态，有时处于激发态，轨道不同，半径自然就不同。

能量层级之间的关系很美妙，那么，轨道半径之间的关系又如何呢？玻尔

发现，轨道半径之间的关系更美妙，它们都只与一个因数有关：n^2。

如果电子在基态时，也就是 $n=1$ 时，轨道半径是 r。那么：

当电子处于第二层级，也就是 $n=2$ 时，轨道半径就是 $2^2r=4r$；

当电子处于第三层级，也就是 $n=3$ 时，轨道半径就是 $3^2r=9r$；

……

看得出来，一个处于激发态的原子，它会膨胀不少。

现在，玻尔抓住了电子的角动量，成功地把它量子化了，从而使电子的轨道也成功地量子化了，让一本正经随时自主坠亡的电子情绪稳定下来，拯救了世界。根据这个轨道量子化了的模型，玻尔搞清了能量层级之间、轨道半径之间的数学关系。玻尔拿着他的计算结果，和当时的实验估测值一对照，那是相当的接近了！

事情做到这，是不是就功德圆满了？不，还有几个严重的问题没回答呢：是什么让电子必须待在指定的轨道？角动量死也要量子化究竟是为了谁？这一切的背后究竟隐藏了怎样的神秘机制？

看——机制。我们强调过机制的重要性。玻尔当然知道机制的分量，可是到哪儿去找这个机制呢？

光阴似箭，转眼间到了 1913 年 1 月底。玻尔给卢瑟福写信："我希望，能够尽快把原子论文寄给您，它花费的时间，比预想的多得多。"

一个美丽的理论建设到一半，停工待料，眼睁睁地看着韶华飞逝。玻尔这个急啊！正揪心，又见旧相识。

2 月初，玻尔的老朋友汉斯·汉森来访。汉森在德国研究过光谱学。俩人都是搞物理的，很自然就聊起了各自研究的东西。

汉森听说玻尔正在研究原子结构，就问玻尔，搞清楚原子结构，对搞清楚光谱线的产生，是不是有所帮助？

玻尔听后，一脸茫然，很明显，他鼓捣原子结构时，根本没想过这里能有光谱什么事儿。汉森见状，就建议玻尔看一下巴尔末公式。

还记得不？28 年前，玻尔出生的那一年，喜欢数学游戏的巴尔末老师发表了一个公式，完美描述了氢原子发出的光谱线（第十五章"原子之谜"一节）：

$$\lambda=B[m^2/(m^2-n^2)]$$

m 和 n 为整数。$B=3.6546\times10^{-7}\ \mathrm{m}$，是个常数。

这个公式发表后，大家只知道它相当好用，相当强悍，却没人知道它究竟在表达什么。

愁眉不展的玻尔一见到这个公式，头顶那片雾霾豁然洞开，透出一片明澈的天穹，一束天光似灵泉直泻而下，清越的天音倏忽盈耳，直扣心扉。

啥叫“醍醐灌顶”，啥叫“茅塞顿开”，玻尔指指自己的头顶：这就是！

巴老师公式里的那个 m 和 n，都是整数，这不也是量子化的表述吗?!

原子辐射的波长，也有量子化的规律，它只能释放出特定波长的辐射。辐射的波长代表什么？代表能量大小啊！

普朗克和爱因斯坦说什么来着？能量的吸收和发射，是一份一份的，不是 h，就是 $2h$、$3h$……不会是 $1.22h$、$2.5h$。

那么，原子是怎么吸收和发射能量的呢？玻尔脑海里浮现出自己建了一半的氢原子模型：

原子核周围，分布着一些允许的电子轨道，一个电子在第一轨道上无聊地转来转去。

不管是失去能量，还是获得能量，都必须是一份一份的。因此，它不会无缘无故地慢慢失去能量，或者无缘无故地慢慢得到能量。于是，它就保持了这个稳定的状态，安心地待在这个轨道。

它在等待，等待一个时机。

一个电磁波飘然经过。按照爱因斯坦的说法：一个光量子飘然经过。不管怎么说，这无疑是一份能量。玻尔更喜欢“一份能量”这个说法，他现在可以接受“能量的吸收和发射必须是一份一份的”，还不能接受“光就是量子”。

这个电子，虽然不止喜欢一个频率，但很明显，它也不是每个频率都喜欢。

这份能量的频率跟电子正对脾气，所以电子将其揽入怀中。出事了。

能量拿多了，电子就没法待在现在的轨道，它只能向更高层级的轨道迁移。具体移到哪一层，那要看刚才拿到的那份能量有多大。换句话说，那要看那个辐射的频率有多高。电子拿到的能量越大，占有的层级就越高。

就像你有千万元，就上千万富翁榜；你有一亿元，就上亿元富翁榜；你有千亿元，就上千亿富翁榜。

财富越大，花销也就越大，爱马仕、玛莎拉蒂……各种消费。如果不继续赚钱，千亿富翁就会跌到百亿富翁。电子也是这样。电子拿到能量，升迁到高层级轨道，就会很亢奋，很嘚瑟，各种炫富，情绪很不稳定，财富把持不住，就会向

下跌，直到跌成基态为止。跌的同时，它会以辐射的形式释放出能量——这就是我们看到的原子光谱。当然，如果上升后，又拿到新的能量，财富增加了，它还可能继续向上层升。升得越高，就越不稳定。

所以，不同的能量层级，也可以看成不同的“势能位置”。电子要向上去，必须获得向上的能量才行。而一旦上去了，就证明它蓄积了一定的“势能”，下跌时，就释放这些势能，跌的“落差”越大，释放的“势能”也就越大。

具体释放多大的能量，也就是说，具体发射多高频率的辐射，那要看它从哪儿跌到哪儿。它所释放的能量，就是起点层级和目标层级之间的能量差。这也是可以算出来的玩意儿。我们现在就假装算一下：

一份能量是 $h\nu$。如果一个电子从第 4 层跌到第 1 层，那么，它释放的能量是：

$$E_4 - E_1 = h\nu$$

咱俩假装研究下：E_n 的值是一定的，那个 h 是普朗克常数。这个式子里，唯一可变的，就只有频率 ν 了。

我们发现，电子的“落差”越大，ν 也就越大。电子在不同频率的层级间坠落，就发出不同频率的辐射。由于每一种原子所允许的轨道层级是有限的，并且轨道数量和半径是不同的，所以，不同的原子就有了自己特定的光谱线！

原来如此！原来如此！天呀！让无数天才迷恋、又让无数天才迷惑的原子光谱，成因原来如此简单！

现在，巴尔末公式背后的秘密，一下子就大白于天下了。

还记得埃格斯特朗测出的那 4 条可见光谱线（第十五章“原子之谜”一节）吧？它们分别处于红、绿、蓝、紫色区域，名字分别叫：阿尔法（α）、贝塔（β）、伽马（γ）、德尔塔（δ）。不管氢原子怎么折腾，发出多强的光，这几条线都是雷打不动的，为什么呢？

玻尔算了下，原来，这 4 条线，是氢原子的电子分别从 3、4、5、6 楼跌到 2 楼发出的电磁波频率！这就是为什么当巴尔末公式里 $n=2$，m 值分别为 3、4、5、6 时，得数就分别是这 4 条谱线的波长（单位：nm）：656.21、486.07、434.01、410.12，而 $m=7$ 时，又准确预测了第 5 条线的波长。

现在我们明白了为什么 m、n 必须是整数。因为 m 代表电子从第几层向下跌，而 n 表示电子最终跌到第几层，所以它俩不可能不是整数。

有的同学问了：电子不会总是跌到 2 楼吧？是不是也会从各种楼层跌落到 1 楼、3 楼或者别的楼层啊？

这个问题提得很及时，也很靠谱。的确，上面所说的这几条线，都是可见光区域的，所以发现得早。因为巴老师的公式能准确描述之，所以，这个系列的光谱线，就叫“巴尔末系列”。后来，人们又从不可见光中发现了氢原子的光谱线：当电子从 2 楼以上跌到 1 楼，也就是不管它爬多高，都是一下子跌回基态时，它所发出的辐射在紫外区域，叫“莱曼系列”；而从 4 楼以上跌到 3 楼时，它所发出的辐射在红外区域，叫“帕邢系列”。

咱俩稍加分析，就发现一个奇怪的现象：电子跌落多少层，对光谱波长有着决定性的影响；而跌到哪一层，对波长有着更大的影响！跌到基态，放出的能量最大。哪怕是从 2 楼跌到 1 楼，只跌落了 1 层，它发出的也是强悍的紫外线，波长 122 nm。而刚才算出来的巴尔末系列中，电子从 6 楼跌到 2 楼，共跌了 4 层，它发出的可见光波长为 410 nm，放出的能量明显低于前者（波长越短，能量越大，没忘吧？）。

玻尔还发现了一个惊人的现象：电子上升或跌落，直接就是结果，没有过程！

看着你无辜的眼神，玻尔就知道，他得再强调一遍，电子是“直接”从一个轨道“出现”在另一个轨道的，没有空间过渡。不像咱俩一样，从客厅沙发走到卧室床上，必须经过一段路、无数个点。而电子偏不。它可以从 6 楼消失，而后直接在 1 楼出现，不必经过 5、4、3、2 任何一层。从 1 楼跃到 2 楼，也是这样，电子不必经过这两层之间的任何地带、任何一点。

它是怎么做到的？常常跟我们玩瞬间移位的魔术师们在电子面前也全部傻眼。

玻尔给电子的这种穿越现象起了个名：跃迁。

正因为电子有这个特异功能，它才能够发出那些固定波长的辐射。不然的话，它在迁移过程中，应该连续发出辐射才对。如果它可以连续发出辐射，那么，就像我们前面说的那样，它死定了。世界真是奇妙啊！

正因为电子跃迁是量子化的，它吐纳能量也是量子化的，所以，它的角动量是量子化的，轨道也就只能是量子化的了。于是它无法连续失去能量，也就不能坠毁了。上帝啊，宇宙就这样得救了！

1913 年 3 月 6 日，玻尔把修改了无数遍的第一篇论文寄给了卢瑟福，论文

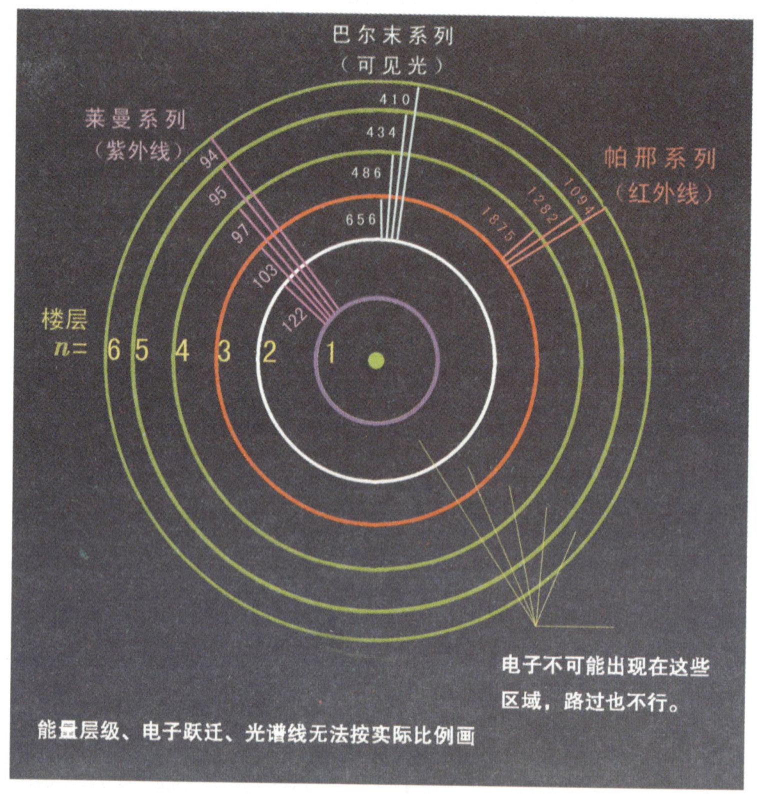

量子化的原子模型

题目是《论原子和分子的结构》。

虽然，这个新理论很自然地融合了经典力学，但这次，开明的卢瑟福还是被玻尔搞晕了：一方面，玻尔漂亮地解决了卢瑟福原子模型的电子自主坠亡问题，潇洒地拯救了世界，卢瑟福很欣慰；另一方面，玻尔拯救世界的招数违反了经典物理的根本法则，世界的连续性、物理过程的连续性被无情践踏，卢瑟福很忧郁。

我们的世界一直是连续的，现在，被玻尔搞得很分裂。就说这个电子跃迁吧：在玻尔模型中，原子的可能状态是不连续的，因此各状态对应的能量也是不连续的，这些能量值叫作能级，电子在轨道上运行一个周期——说白了就是转一圈，就完成了一次振动，一群处于 $n=k$ 能级的氢原子向基态或较低激发态跃迁时，可能产生的光谱线条数 $N=\frac{k(k-1)}{2}$。电子每秒沿轨道转多少圈，就是它的振动频率。按照牛爷、麦爷的理论，电子按照自己的振动频率释放能量，是很

自然的事情。在各个轨道上，电子的频率是不同的，那么，它在跃迁时，频率变化是如何“过渡”的？玻尔体系表示，电子从一个频率变到另一个频率，没有“过渡”，没有中间环节！

好吧，为了世界和平，卢瑟福连这一点也忍了。但另一个问题实在是忍无可忍，不吐不快。他问玻尔：电子怎么知道它要去哪层？

这实在是一个很严重的问题，也是一个不得不说的问题。从玻尔的理论看，电子在跃迁之前，应该是未雨绸缪，事先打算好了它要去哪一层。不信你看，拿到相同能量、同样住 6 楼的电子，它有可能跃到 3 楼，放出红外线；也有可能跃到 2 楼，放出可见光；还有可能跃到 1 楼，放出紫外线。

它凭什么决定放出多少能量？是什么因素决定它跃到哪层楼？答不出来？为什么在所有条件都相同的情况下，会出现不同的结果？

这对一个骄傲的物理学家来说，简直就是侮辱！

玻尔被问得很尴尬。目前，他的确答不上来。

不过，让玻尔感到更恐慌的，并不是物理卢老师的提问，而是语文卢老师对这篇作文的批语：你写得太长了，应该改改，删一些。

玻尔吓傻了。他知道自己作文超烂，所以寄给卢老师前，已经修改无数遍了，两口子都累坏了，现在卢老师说太长了，还要改……玻尔一咬牙一跺脚，那就改吧！

卢老师欣慰地打开玻尔寄来的修改稿，读起来确实比上一稿好多了，不过狗血的是，论文更长了！如果不是见多识广，恐怕卢老师的一口老血会毁了这篇新稿。

新稿刚到卢瑟福手中，玻尔随后就出现在卢瑟福面前。多亏卢瑟福头脑清醒，否则会以为玻尔是搭这封信的邮车来的。

玻尔说他是来曼彻斯特度假的。卢瑟福差点就信了。

同志们很快就发现，玻尔其实是来折磨卢老师的。连续几天几夜，玻尔都坚持不懈地跟卢瑟福讨论这篇论文，从理论细节到章法结构，从逻辑推导到语法修辞……一个循循善诱，一个苦口婆心，卢老师显示出了非凡的耐心，而玻尔则死缠烂打，寸步不让。结果是，口拙的玻尔战胜了健谈的卢瑟福。论文一字没改，卢瑟福筋疲力尽，无条件投降，同意推荐发表。有意思的是，后来，玻尔承认，卢老师的建议其实是对的。

谁说玻尔口才不好？我们以后会发现，这小子的辩才简直就是无坚不摧！

你没崩溃过，那是因为你没跟玻尔辩论过。

随后，玻尔又分别于9月、11月在《哲学杂志》上发表了《单原子核体系》《多原子核体系》，也是几乎一字未改。名震量子物理史的、伟大的“三部曲”（玻三篇）就这样形成了。为什么会是三部曲呢？前面不是说了吗，论文《论原子和分子的结构》实在太长，玻尔这小子又不肯删，只好拆开发表，于是就成了“三部曲”。

不管怎么说，一个崭新的时代就此拉开了帷幕。

鬼神莫测的原子结构，奇幻精巧的原子光谱……厚厚的神秘面纱，被这个年轻人一手揭开，世界的基础——原子，面貌焕然一新，真正属于微观世界的理论宣告诞生！

旧体系的基因，虽然仍在它的血液中涌动，但量子灵魂的注入，仍然令旧世界惊疑不已。

让旧世界黯然神伤的，不仅在于它的叛逆，更在于它的力量。量子所到之处，你拒无可拒，逃无可逃。在此起彼伏的反对声中，在浩浩荡荡的白眼乜斜下，大量的实验数据纷纷送来“噩耗”：它是对的！

人们从厌恶、怀疑到惊惧，又从激愤、叹服到嘉许。

玻尔“三部曲”一时间游转盘旋，响彻物理江湖，悬在头顶的恼人乌云被震得仓皇四散。年轻的玻尔一举成为原子物理的领军人物，英雄的光环在哥本哈根上空若隐若现，似有似无，抓挠得全世界物理学子心荡神移，几不自持。

然而，正当物理学界上下深入学习贯彻“三部曲”精神，量子和经典理论安定团结，能量辐射一片光明，原子核和电子共建和谐美丽原子世界之时，更多问题接踵而至，破坏了墨迹未干的灿烂篇章和刚刚形成的大好局面，形势急转直下，已散尽的乌云又迅速聚拢，块头居然比以前更大，刚刚建立的新理论与旧体系一起，顶着乌云，交换着黯然销魂的眼神，顾影自怜地追忆往日种种……

残垣断壁掩夕阳，孤影长，正神伤，一个冒失鬼从瓦砾间轰然而起，直刺云天，纵声长啸：让暴风雨来得更猛烈些吧！

高尔基欣喜地循声望去——对不起，我不是海燕，我是量子。

第十八章 量子论——风云际会

雾里昙花

青年问法师:“我付出很多,发明了一个非常好用的果蔬去皮器,可什么也没得到。”

法师:“非常好用?”

青年:“嗯……这个……好吧,它只在削标准圆形的土豆时好用。”

法师:“阿弥陀佛。少年,你见过只在极特殊情况下才好用,但是它的发明者却因此名利双收的东西吗?”

青年略一沉吟,拿出玻尔原子模型。

玻尔给卢瑟福行星原子模型动了手术,把量子植入其中,让电子一份一份地吐纳能量,从而胁迫电子角动量、轨道量子化,让电子没法自主坠亡,维护了原子的稳定大局,拯救了宇宙。

有人说,思想就像内裤,要有,但不能逢人就证明给他看。可是,秀出这个观点的人又在证明什么?出此言者,大概是心灵鸡汤喝多了。为人低调点、有内涵点没错,不能逢人就炫思想,也没错。但把思想当内裤的人,估计不是脑子里没啥自己的思想,就是没啥正经思想。你让古往今来的思想家们情何以堪啊?可以说,人类今天的文明,就是思想交流和发展的结果。把思想当内裤禁锢起来,就阻碍了人类文明的发展。

玻尔当然也很清楚。所以，他在思想上搞出这么大的手笔，当然要拿出来炫炫，让各路英豪灌灌水拍拍砖，也是极好的！1913 年 9 月 12 日，英国科学促进协会第 83 届年会，物理江湖各路大神登录，荟萃于伯明翰论坛，一时间大 V 闪耀：J. J. 汤姆逊、卢瑟福、瑞利、金斯……当然除了英国土著，还有老外：洛伦兹、劳厄、居里等。

帖子的主题是量子化原子，你怎么看？

楼主玻尔以为必火无疑，没想到，发帖后秒沉了！连抢沙发的都没有。为了打破尴尬局面，版务团队点名了 n 个物理论坛老鸟。

瑞利慢吞吞回帖："70 岁以上的长者，不宜急于对新理论发表意见。"

J. J. 汤姆逊倒是蛮直接，一砖拍过来："完全没必要！"

但金斯力顶："非常重大的成功！"

还没顶起来呢，劳厄又一砖拍下去："完全胡扯！圆形轨道中的电子不可能不放出辐射！"

埃伦费斯特抓狂了，拿砖拍自己："逼得我快绝望了！非得这样，我宁可甩了物理学。"

拍砖的、撞墙的、加粉的、转黑的、歪楼的……夹着一两个献花的，一时间，倒也热闹起来。

楼主的朋友、资深潜水员赫维西浏览了一遍网页，发现爱因斯坦同学没上线，就屁颠屁颠地把帖子转给老爱。还顺便爆了个料：太阳光谱摊上大事了，氢元素被栽赃了！氦离子，嗯，也就是两个电子丢了一个、还剩一个的氦元素，它发出的光谱，特像本来就只有一个电子的氢元素发出来的，蒙骗了无知的人类。玻尔用他的理论，掐摸一算，把这事儿拆穿了，卢瑟福团队中的某位同学一通神测，实习记者玻尔挖的内幕靠谱！

老爱一听，把纯洁的大眼睛瞪得更大："如此说来，这就是最伟大的发现之一了！"

以经典的眼光来看，量子化原子甭提多丑了：皮肤不好，不平滑；说话不好，断断续续的；不稳重，走路用跳的；神经质，啥时候发作闹不清……让它来支撑世界？宁可不要这个世界！

可是，世界不是你想扔，想扔就能扔。你没法抛弃世界。经典物理瞪眼没辙的一些问题，量子化原子这个丑八怪能轻松拿下。

1913 年 11 月，卢瑟福门下的亨利 · 莫塞莱用实验确认了一件事：原子序

数，也就是核电荷数，也就是原子正常情况下该带的电子数，决定了元素在周期表中的占位。

莫塞莱

说起莫塞莱，这小子天生是个实验科学家。他天资过人，精力充沛，意志坚定，心细如发，跟盖革那小子颇有一拼。但他比盖革眼光好，搞定了一个大项目：用电子束射击各种元素。

为什么呢？因为玻尔说，X 光是这样来的：离原子核最近的，也就是最基层的某个电子被踢出后，高层的某个倒霉电子就会跌下去补位，高富帅变穷光蛋，也是有条件的，你得交出能量。交出多少呢？当然就是两个能量层级的差值了。这个差可不小，能量大，频率就高，就产生了 X 光。

那时，大家已经知道，X 光是电磁辐射，还知道，用电子射击金属，就能产生 X 光。但这是为什么？没人知道。

现在，玻尔给出一个谜底。莫塞莱听了，相当上心。

怎么验证玻尔的谜底呢？很简单，根据玻尔的理论，不同原子，各自有不同的能量层级，而且它们与原子核电荷数密切相关。刚刚说过，核电荷数决定了元素在周期表中的位置。

据此，用电子束逐个射击不同的元素，它们所发出的 X 光频率，应该随着元素在周期表中位置的变化，相应地呈规律性变化。

原理简单，但是实验起来，可不是谁都托得住的。具体难度可脑补盖革深夜小黑屋里数 α 粒子。不得不说，卢老师门下猛人辈出！

小莫一闭关就是两个来月，他发现：

① 每种元素发出的 X 光频率都是独有的。

② 随着原子序数不断提高，X 光频率也跟着提高。

③ 元素周期表上相邻的元素，所发出的 X 光频率非常接近。

这几条完全符合玻尔的理论预测。根据以上几条，小莫还顺手纠正了氩、钾等几种元素的位置，并预测应该还存在 42、43、72、75 号元素，后来，人类果然找到了它们：钼、锝、铪、铼。

如果没有意外,这个项目肯定能拿一份诺奖。悲催的是,意外发生了,第一次世界大战爆发后,小莫被征兵,当了个信号官,被一弹爆头,时年 27 岁。卢瑟福相当看好小莫,认为他才华无限、前途无量……说什么都是遗憾了。天妒英才啊! 那些动不动就喊打喊杀、视别人生命如草芥的人,良心何在,人性何在?

如果说,小莫的实验,只是在推理上验证了玻尔理论,那么,在数学上验证它的机会,很快就来了。

1914 年 4 月,德国物理学家詹姆斯・弗兰克、古斯塔夫・赫兹(不是那个电磁学大牛海因里希・鲁道夫・赫兹),用电子射击汞元素(咱俩约好,以后管射出的叫"弹",被击中的叫"靶"),这一射,又鼓捣出一起失踪案:弹电子丢了 4.9 eV的能量!

弹能量低于 4.9 eV 时,不管你怎么射、射多少,它都毫无反应;只要弹能量超过 4.9 eV,打中靶,弹就立即丢掉 4.9 eV 能量,汞射出紫外线。

由此,弗兰克和赫兹推测,从汞原子里踢出一个靶电子,应该需要 4.9 eV 的能量。

但,为什么是 4.9 eV 呢?

跟玻尔混到现在,相信现在的你已经有答案了。其实,这个实验刚做出来,爱因斯坦就认识到,这是能量层级存在的证明。

见大家很迷糊很不开心的样子,清醒的玻尔开心地解释道:4.9 eV,就是汞原子两个能量层级的差。具体是哪两个呢? 是第一激发态能量与基态能量的差,也就是二楼能量减一楼能量。

这份能量释放出来,波长是 253.7 nm,正是汞刚刚射出的那道华丽丽的紫外光! 这就是存在能量层级的铁证,不服来辩!

这还有啥不服的? 科学嘛,是最讲道理的,你符合观测,你就是王。

于是,帖子里的板砖越来越少,鲜花和加粉的越来越多。玻尔楼主想把哥本哈根大学讲师这个头衔换成理论物理学教授。但是,这个头衔仅在德国论坛里有。哥本哈根论坛表示研究研究再说。卢瑟福一看,赶忙声援他的爱徒,还在曼彻斯特论坛给玻尔弄了个高级讲师的头衔。

玻尔 1914 年离开哥本哈根,在曼彻斯特论坛一挂就是两年,声望日隆,ID 成了大 V。到 1916 年 5 月,哥本哈根大学的研究结果出来了:同意设置理论物理学教授一职,由玻尔担任这一职位。

这时,想把这个职位送给玻尔的,早就远远不止一所大学了。但玻尔最终

还是选了哥本哈根,他太爱丹麦了!

荣誉纷纷送上案头,问题也悄悄浮出水面。玻尔理论牛哄哄地预测了一些光谱线,于是大家兴高采烈地去找,还真找到一些,但是,还有一些,真找不到,因为根本不存在!

这下麻烦了,咱又不是阴阳先生,预测不准时,解释起来比预测准了还有道理。

科学理论不是讲道理,而是讲什么?答答看?

讲什么都不对!

咱不讲,只老老实实计算、观测。二者一致,就 OK;不一致,改你的理论去!

当系统出现漏洞,第一反应是什么?当然是打补丁!

新锐系统构架师玻尔一出手,“啪叽”就是一个大补丁:选择定则。大致就是定了一个规矩,让大家选那些比较灵验的预测来用。

这个补丁打得太像补丁了!你看,补丁自己都出汗了。就不多说了,自己脑补掩耳盗铃响叮当吧,因为还有更严重的问题要面对:玻尔系统只对带一个电子的氢好用。

干吗单给体型最小的氢搞一个理论?难道理论是靠卖萌换来的?其他元素表示严重鄙视。

咱俩都见过元素周期表,氢以后,那些货带的电子一个比一个多。你连俩电子的氦都搞不掂,还怎么在原子物理界混?

还好,也不是所有问题都没法解决,比方说,光谱线分裂的问题。

原来以为,氢光谱里的阿尔法、伽马线是时尚版的单线条,没想到,观测升级后,发现这些光谱线竟然是古典版的双线条!精细而优雅,但玻尔看了惊讶而忧郁。为什么是双线?!

玻尔正在踌躇,一个德国人出手救了场。

阿诺德·索末菲,1868 年出生,慕尼黑大学理论物理学教授,是一个很牛的物理学家,也是一个相当牛的老师,门下神人辈出,数量上虽不如史上最强剑桥门的卢老师和汤老师,但质量上毫不逊色:德拜、贝特都响当当,诺奖得主中更有即将出场的海森堡、前面打过酱油的泡利,他俩同是量子论这部群星云集的大片中的男主角,他们将以令人头晕目眩的过人才干,一遍遍地刺激我们这些凡夫俗子的柔软心脏。

索末菲不仅物理教得好,人格也立得住。在纳粹风潮中,他逆流而上,公开

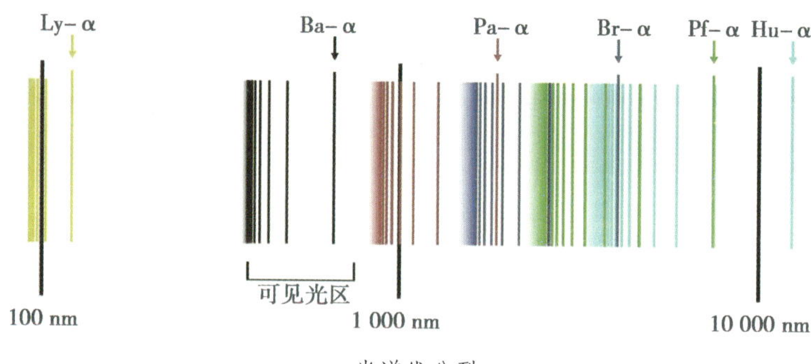

光谱线分裂

注：以左侧黄线为例，细看其实不是一条线，而是由两条甚至以上线条组成的精细结构。

与反犹运动和所谓“德意志物理学”唱反调，被纳粹赠了一顶“犹太文化代理人”的帽子。

又扯远了，再扯回来。索老师在慕尼黑大学创办了一个袖珍研究所，只有四室一堂：办公室、研讨室、图书室、实验室、讲堂。索园丁立志把它建成理论物理学的“苗圃”。

但是苗圃虽小，操心不少。理论物理学的苗子不好栽呀！

栽苗的事，咱以后再聊。现在，索园丁要去当裁缝——给玻尔系统打补丁。

实践证明，爱好园艺的索老师是个好裁缝。他端详了一下玻尔模型，但见轨道圆圆，电子匆匆，横看成岭侧成峰。

动作简单，pose 呆板，怎么能放射出精细典雅的双线光谱呢？

索老师顺手打了个大补丁：k。

你扔出一张黑桃 A 是啥意思？人家索老师的这张……不，这个 k，是允许电子轨道椭圆，并且用 k 规定了椭圆的哪些形状是可以有的！

还记得玻尔电子轨道的 n 吧？n 规定了哪些轨道是可以有的，把轨道量子化了；索老师的 k 就是把轨道的形状给量子化了。

索末菲

对电子放风这事儿，他既放宽了政策——你可以走椭圆，又坚持了原则——我让你怎么椭，你就得怎么椭！k 和 n 互动，就混搭出虽然不同，但绝对有限的几种椭圆。

啰唆半天，有位同学终于憋不住了："索老师，你把好端端的圆搞扁了，就能鼓捣出双线吗？"

索老师说："当然！"还记得开普勒研究行星椭圆轨道那事（第三章"开普勒为天空立法"一节）吗？忘了？把下面这句背100遍：

根据行星运动定律，沿椭圆绕核心（太阳）运动的行星，接近核心时，其速度加快，远离核心时，其速度减慢。

要知道，电子的转速，可是相当快的！足以产生相对论效应：质量随速度的变化而增减！

老爱的狭义相对论还记得不？质量和能量是一回事儿。

电子在近核点速度最快，质量最大，在远核点速度最慢，质量最小。瞧瞧，同一个电子，转到不同的点，质量不一样，这就产生了能量差。这个变化，可以解释某些光谱线的宽度变化。另外，同一个电子，当 k 值发生变化，即使它的层级 n 不变，轨道也会从一种椭圆变成另一种椭圆，椭圆形状不同，它的速度就会产生变化，其能量当然也就产生了变化。虽然这个差值非常微小，但足够劈开光谱线了——能量不一样，发出的光当然不会在同一条谱线上了！

漂亮！真漂亮！玻尔对这个大补丁相当满意。

如果你只是把圆拉成椭圆，问题就圆满解决了，那这个世界也太幼稚了。所以，问题还在往外冒，比方说塞曼效应。

这个又忘了？回去把这段看100遍：

把光源放在磁场里，光源发射的各种谱线，会受磁场影响分裂成几条，各分谱线之间间隔的大小，与磁场强度成正比。

嗯，磁场让光谱分裂，这就是塞曼效应，1896年10月由塞曼发现的（第九章"种豆得瓜"一节）。

别急，还有刚刚发现的另外一个效应，1913年，德国物理学家约翰尼斯·斯塔克发现，电场也可以让光谱分裂！你把原子放在电场中，一条光谱线也会分裂成好几条！

对，电场让光谱分裂，就叫"斯塔克效应"了。

斯塔克效应发现后，索老师和卢老师都曾向玻尔建议过：你是不是要试一试，把这些效应结合到你的理论里去呢？

到底都是伟大导师啊，连出的题都不谋而合！

不过，这道题玻尔没答上来。

索老师见玻尔顶了下就潜了，觉得不能让一道好题就这样沉了，只好亲自操刀。

索末菲注意到，在玻尔的模型里，不管电子轨道是正圆还是椭圆，它们的轨道面都在同一个平面上！也就是说，可怜的电子们被限定在二维空间活动。

电子干吗站这么齐，还非要在同一个平面里运动？这不自虐吗？一定不是这样的！

于是，索老师又引进了 m。他说，m 就是磁量子数，电子轨道可以不总是限定在同一个平面上。当电子处于磁场、电场中时，轨道的运行方向受到影响，发生改变，当然，方向不是乱变的，而是有限的，因为 m 值也是量子化的。这个变化有一个明显的规律：轨道面倾角的法线，与磁场方向不是平行，就是垂直。就好比你开车过十字路口，你不是走这条，便是走与之垂直的另一条，其他方向没路！轨道方向的改变，也可以导致光谱线的分裂。这就圆满解释了塞曼效应和斯塔克效应。

OK，现在我们再来围观一下这个量子化原子模型：

① 普朗克常数：能量吐纳被量子化；

② 运动变化：角动量被量子化；

③ 能量层级：轨道大小被量子化；

④ 椭圆轨道：轨道形状被量子化；

⑤ 轨道面：运转空间被量子化。

现在的原子模型，在外表上，还是卢瑟福的行星模型，但是，在政治上、思想上、行动上，已经完全不是原来的它了，简而言之，经典三观已毁，一个全盘量子化的崭新模型，在摇摇欲坠的经典物理王国上空冉冉升起。

索末菲的 k 和 m 引入后，不仅可以解释，还可以计算，在数学上过了关。后来，关于轨道面倾角，在实验上也潇洒过关。

1922 年，德国物理学家奥托·斯特恩、沃尔特·格拉赫做了一个实验，证明电子磁矩在磁场中会偏转，并且偏转角度是量子化的。实验原理如下。

麦爷曰：电运动会生磁。电子带电荷，它绕着核转，就会产生一个磁矩，磁矩与磁场、电场一定会相互作用，所以，这个磁矩到了磁场里，就乖乖地发生偏转。怎么偏转呢？看实验：

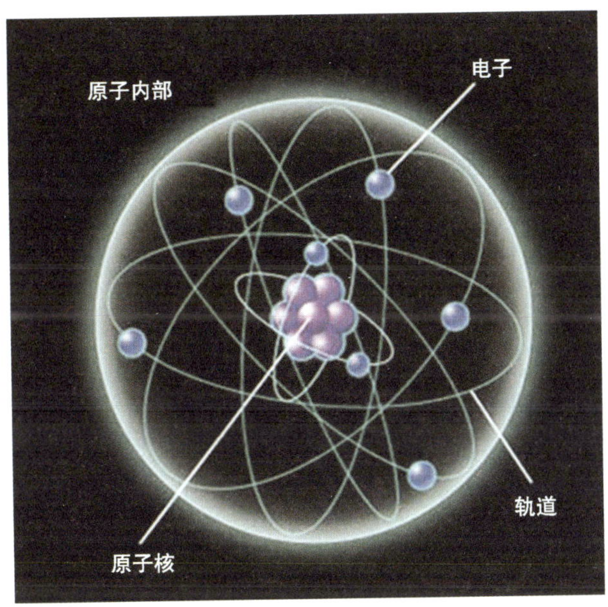

量子化原子模型

一束银原子，穿越一个非均匀磁场，分裂成两束，强度各是原来的一半！这说明，原子们偏转的角度，只有两个选项，而且是单选，非彼即此。否则，原子应该随便偏转，我们就不可能看到原子束一分为二的奇观了！

这个实验难度系数大，技术含量高，不仅拿到了空间量子化存在的证据，还为“电子自旋”的提出提供了实验基础，成为现代物理史上的著名实验。

当然，这都是后话，现在，面对这个超级大补丁，玻尔心里的一块石头落了地。他发信息给索老师：读书，没有比拜读您的大作更爽的！

“我很丑，可用起来很顺手。”量子化原子从板砖中站起身来，在闪耀的白眼中披荆斩棘，高歌猛进，终于赢来鲜花满路，成就了年轻的玻尔在原子物理论坛的大V地位，各类实验报告都在重复一句话：这小子又对了！

然而，大自然可不是那么容易应付的。你对的再多，也不表示不会错。

这不，刚解释了塞曼效应，新观测就证明，这个解释也不靠谱，至少不完善，因为在多数情况下，磁场中光谱线的分裂效应，比塞曼观测到的那个，要复杂得多！

这个发现和塞曼同学看到的情况不一样，又很难解释，搞得大家都觉得很反常，于是大家管它叫“反常塞曼效应”。要解释它，得引进1/2量子数。

这位同学说了，引进就引进呗，索老师一下子就引进了两个，k 和 m，也不多个 1/2 吧?

说得轻巧,如果量子可以再分,那还叫量子吗?引进了它,就等于推翻了量子本身!很尴尬。

反常塞曼效应就像一块无法愈合的疮疤,你可以假装不管它,但你没法避免触碰它,一碰就疼得跳起来,你还拿它没辙!这让天才们十分恼火。比方说泡利。有一天,某位仁兄吃饱了飘进哥本哈根公园,见泡利正呈思想者状,便屁颠屁颠上前亲切关怀:大神有啥子不开心吗?没想到泡利大叫道:"当然了,当你想到反常塞曼效应时,还开心得起来吗?"

如果只有反常塞曼效应这一个疮疤,还可以忍忍,放在那慢慢解决嘛。但是,由于先天不足,玻尔系统的疮疤层出不穷,就说它最擅长的氢原子吧,对于氢的光谱,也只是刚刚搞定了某些情况下的谱线数量、频率。对反常塞曼效应,连谱线数量都搞不掂。至于谱线的宽度、强度、间距等问题,也是一本糊涂账。氢以外的原子,就更甭提了!

这样一个系统,也让玻尔获得了 1922 年的诺贝尔奖,因为它是最好的,解决了不少问题,是唯一的希望。

诺奖可以让人开心,但没法抹平疮疤、堵住漏洞。到了 1923 年,玻尔系统还在勉强支撑运行,运行的这几年间,程序漏洞百出,令人无法淡定。玻尔、泡利、兰德、克拉默斯等优秀"程序员"就负责打补丁,他们发现自己越来越忙,因为漏洞越来越多,补丁也就越打越多。由于很多补丁后来都成了垃圾,所以就不细说了,详情请参阅《那些年,我们一起打过的补丁》。

正如药不能乱吃,补丁也不能乱打。你不能用黑丝补制服,那样于事无补。所以,玻尔在 1918 年定了个规矩:对应原理。

大意是任何结论,都不得违背宏观尺度上的观测。而宏观尺度,以经典物理定律为准。

这是一种妥协,原因有二:

一是玻尔的量子化原子模型,本来就是建立在经典框架内的,人在屋檐下,不得不低头;二是牛爷、麦爷的理论太强大,虽已破旧不堪,但瘦死的骆驼比马大,瞪眼推不翻啊!

玻尔体系本身也孱弱多病,立新尚且勉强,破旧哪来实力?所以,玻尔企图找一个万全之策,既不伤了和气,又能让量子茁壮成长。对应原理的任务,就是调和经典和量子的关系。

玻尔(笔者认为这张最具玻尔风采)

经典是对的,量子也是对的,只是适用范围不同。量子在原子尺度有绝对统治权,冲出原子,走向世界时,渐渐地就由经典理论接管,直到完全接管。但量子理论的任何结论,都必须和经典理论有确定的对应关系。想借助经典体系的雄厚基础,来支撑量子论,往好里说,这是一计“借尸还魂”;往坏里说,这就是“驴唇马嘴”。

虽说,对应原理的思想也颇有可圈可点之处,但同行们不怎么看好,认为它只是玻尔的一根魔棒,出了哥本哈根,就玩儿不转了。卢瑟福建议玻尔:你干脆告诉大家,星期一、三、五用量子理论,二、四、六用经典理论吧。

诚然,玻尔的原子模型经过修修补补,由内而外已全盘量子化,从骨感的行星模型,发展成丰满的三维电子壳层模型,取得了一大堆的成就。但,它的问题一点也不比成就少。我们放下氢以外的原子,以及反常塞曼效应和谱线宽度、强度、间距等这些疮疤先不揭,单说基础,电子壳层模型不是来自严密的数学推理,而是天才们的即兴灵感,是七拼八凑而成的。连卢瑟福都在纳闷,俺的模型是怎么变成现在这个样子的呢?更糟的是,这事儿玻尔也在纳闷!

量子化原子模型,说是革命者,却打着执政者的旗号,出身不明,血统不正,形迹可疑。连打补丁的裁缝们都开始嫌弃它了!

再好的补丁,也挽救不了一个落后的版本;再好的模块,也撑不起一个落后的系统。

这边补丁打得热闹，锦衣帮搞成了污衣帮。老爱干吗呢？他鼓捣出一个后来自己痛恨的东西：概率——电子跃迁概率。

1916 年，爱因斯坦简化了玻尔原子模型，只留两个能量层级，用它来推算原子吐纳光子的机制。我们知道，老爱擅长把复杂的事情简单化，大师嘛。他发现，电子跃迁有三种方式：

第一种，吸收一个光子，向上跃迁。

第二种，射出一个光子，向下跃迁，老爱管它叫“自发释放”。这两种跃迁方式，前面说过，就不复述了。

第三种，是一个身在 E_2 能级、处于激发态的电子，被一个能量为 (E_2-E_1) 的光子投怀送抱时，电子没法接受，为啥呢？前面说过，它要想向上层 n 级跃迁，必须接受一整份 (E_n-E_2) 的能量才行。怎么办呢？人家带着诚意扑面而来了，也不好啥表示也没有啊，于是，一激动，只好忍痛割爱，扔掉本来搂在怀里的一份 (E_2-E_1) 的能量，让它跟新来的光子比翼双飞，自己则 45°远目，深藏功与名，跌入最低层。

这个动作，为啥非要是 E_2 能级的电子来做呢？因为在激发态中，处于这个能级的电子相对稳定些，有足够的时间来完成相待、相遇、相弃这一整套剧情。由于这套动作是受另一个光子刺激而导致的，所以老爱管它叫“受激发射”。

别急，剧情还在延续：比翼双飞而去的两个光子，这姐儿俩的频率、相位、方向、甚至偏振态，都一模一样。难怪电子不要，这就是受激发射的惊天秘密。闲言少叙。如果这姐儿俩一路遇到很多处于 E_2 能级的电子，她俩也会投怀送抱，而 E_2 能级的电子照例不纳反抛，就这样 2 变 4、4 变 8……

玻尔模型只囊括了前两种跃迁，而第三种，是老爱独家发现，这成了后来发明激光的理论基础。老爱列了个公式，用数学公式再现了原子吐纳光子的绝世神功。算来算去，他惊奇地发现，电子自发释放时，它跃迁、释放能量的时间和方向，完全随机！

喂！说到“随机”了！没反应？这可是个后果很严重的问题！如果这个随机性是必然的，是本质的，那么，经典世界的重要根基——因果律就被摧毁了！老爱希望，这个“随机”，只是公式的一个瑕疵，以后量子论发展成熟了，再慢慢解决掉。他哪曾想到，这个问题不仅没解决，还冒出一个更加匪夷所思的怪物，他倾其一生也未能将其降伏。

经典世界楼危基裂，大厦将倾。玻尔模型尚未化茧成蝶，便已千疮百孔、奄

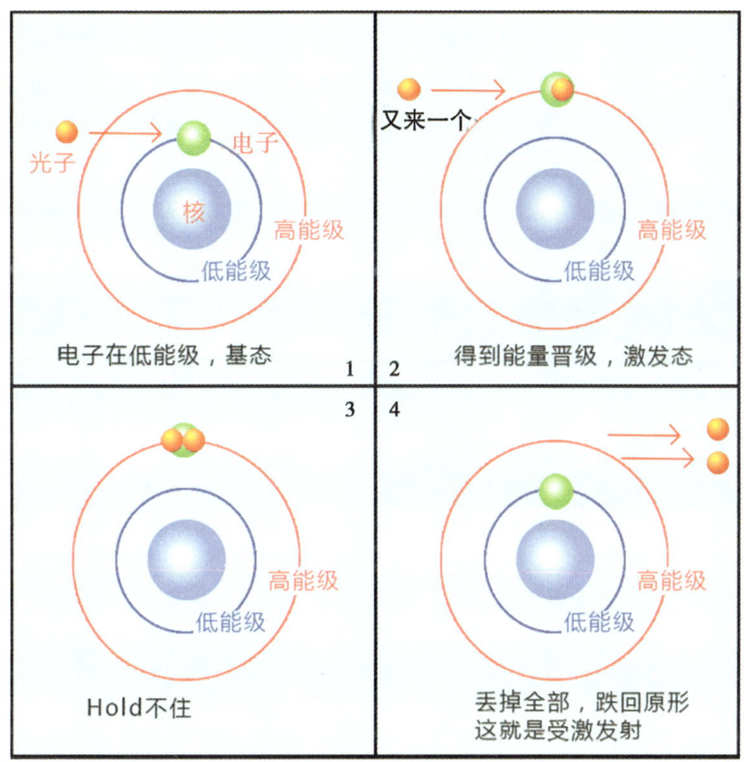

受激发射

奄一息。放眼物理天空，隐隐末日之象。大家绝望之余，想起卢瑟福的那句名言。当年他建立行星系统原子模型，解决不了电子自主坠亡问题时，在论文结尾写道："我们的事业除了今天，还有明天。"卢老师说完这句话，接力棒就塞到了玻尔手里，如今，玻尔跑到三岔口，他迷路了，举棒四顾心茫然：明天？谁来接棒？

2 爱玻相会

"迟早有一天，欧洲大战会在巴尔干半岛的某个该死的蠢货手里爆发。"俾斯麦预言道。为了印证俾相的预言，那个"该死的蠢货"迫不及待地跳出来了——俾斯麦的新皇帝威廉二世。1914 年，第一次世界大战爆发，欧洲打成一

史瓦西

锅粥，一些科学家脑子一热，就短路了，忙着支持打仗，普朗克、能斯特、维恩、伦琴等93人还忙着在臭名昭著的《告文明世界的宣言》上签字，遭到爱因斯坦、劳厄等人的鄙视。

有的科学家还被迫或自愿入伍，以至于一些科学上的合作伙伴，变成了战争中的敌人，比方说马斯登、莫塞莱加入了协约国部队，而盖革、赫维西在同盟国入伍。卢老师都快疯了，但无力改变。

莫塞莱在一场战争中，稀里糊涂地被打死，这场战争在一战中无足轻重，他的死对这场战争也毫无意义，但人类却痛失一个天才。瑞典物理学家西格班仅仅是继承了莫塞莱的工作，便获得了1924年的诺贝尔物理学奖。

死在战场上的，不止莫塞莱。比较有名的，还有德国物理学家、天文学家史瓦西，他参加了德军，当了个炮兵上尉。1915年在对俄作战前线的战壕中，他研究相对论，得出引力场方程的一个精确解，并寄给了爱因斯坦，老爱十分欣赏，立即推荐发表。可惜的是，还没等刊出，史瓦西就在前线染病死了。他的死也是毫无价值。后来，他的一系列贡献——“史瓦西解”“史瓦西空间”“史瓦西度规”“史瓦西半径”，都以他的名字命名，黑洞就是史瓦西解的一个结果。还有一例是俄国地理学家高尔察克，他卷进了内战，战败后被处死。

当然，除了爱因斯坦，还有一些彻底反战的科学家。其中，爱丁顿就是比较拽的一个。这家伙是贵格会成员，反对一切形式的暴力和战争。一战期间，爱丁顿被征召服役，但这小子断然拒绝。他当时已经大名鼎鼎了，而莫塞莱尸骨未寒，于是科学界纷纷谴责英国国防部。政府顶不住了，就帮爱丁顿想了个借口，说他因病没法服兵役，好让双方都有个台阶下。没想到爱丁顿又一口拒绝：贫道没病，洒家还就不服兵役了，你能把老衲怎么着?！政府见爱丁顿给台阶不下，他们只好自己找台阶下，单方面宣布同意爱丁顿“缓服兵役”。这一缓，就是n年。

1918年光棍节，11月11日11时，一战结束。正好这期间爱丁顿张罗着验证广义相对论，于是政府说，你这么不听话，给你人和钱，罚你跟戴森去观测日食，让太阳晒死你、让蚊子叮死你算了！爱丁顿嗔道：讨厌，你好残忍哦！后来的事情大家都知道了（第十四章“光线偏折”一节）。难怪英国盛产科学家。

反战的爱丁顿

什么？你说德国也盛产科学家？德国当然也盛产科学家，不过，有两个类似的时期基本不产，不信你去翻翻历史，看看希特勒时期的德国、后来的东德，产科学家吗？别说产了，连原来攒的科学家都跑了一大半！没跑了的，领导咋说他咋说——科学家还有，但科学走光了。

话说老爱搞定广义相对论的同时，也研究了电子跃迁，就是前面刚刚说到的。在他的公式里，出现了一个讨厌的东西：概率。

其实，概率这货，老爱不仅相当熟悉，而且玩儿得溜溜转，是真正的概率高手。解决布朗运动，就是老爱玩儿概率的大手笔。

说起概率这玩意儿，它的出身不太光彩，起源于赌博！

卡尔达诺

早在16世纪，意大利百科全书式的学者卡尔达诺开始研究掷骰子等赌博中的一些简单概率问题，对现代概率论有开创之功。

到了17世纪中叶，在法国，掷骰子风靡宫廷贵族。庄家梅莱定了个简洁的规则：1个骰子，玩家连掷4次，不出现6点，玩家赢；出现一次6点，庄家赢。梅莱想，骰子6个面，每个面出现的概率都是1/6，每局都掷4次，出现6点的概率就是4/6 = 0.6666……显然，庄家赢的概率大。实践证明，他果然在赢。

后来，为了更刺激，梅莱改了规则：两个骰子，玩家连掷24次，不同时出现两个6点，玩家赢，否则庄家赢。梅莱想，两个骰子掷1次，出现两个6点的概率，是1/(6×6) = 1/36，掷24次，就是24/36 = 0.666 6……庄家赢的概率没变。但狗血的是，他总是输！

玩来玩去破产了，梅莱这才想起，有个朋友叫帕斯卡——一个伟大的数学

家、物理学家、思想家，于是去求教。

帕斯卡一算，蛮有搞头，概率这东西，原来不是大家想的那样简单！他给国家干部费马写信，哥俩牛哄哄地讨论了这事儿，概率论就这样在书来信往中诞生了。

对了，那两种规则的概率是这样算的：

旧规则：$1-(5/6)^4 \approx 0.517\,747$（险胜啊！）。

新规则：$1-(35/36)^{24} \approx 0.491\,4$（这还不输？）。

数学不好，就去开赌场，坑爹啊！但是梅莱用自己的破产催生了概率论，这是一种什么样的精神？这就是“毫不利己、专门利人”的精神啊，同志们！

看，梅莱的推理相当严谨，但得到的结果却是错的，因为他的前提不对。可怕的不是前提错误，而是这个错误的前提，看起来是正确的！所以，用推理下结论之前，必须先审视自己的大小前提，是不是毫无问题。否则把自己绕进去，坑爹害己啊。这可不是随便说说就能做到的哦！

后来，瑞士数学家伯努利对概率论产生了兴趣。他在《猜度术》中，建立了伯努利大数定律，这是概率论的第一个极限定理。顺便八卦下：伯努利家族可不白努力，3 代出了 8 个数学家，伯努利 1.0、伯努利 2.0、伯努利 2.1……令人惊羡的活体版本升级换代啊！除了这些数学家，他们的子子孙孙，很多都很牛，在数学、科学、文学、技术、艺术、工程、法律、管理等方面各展千秋，至少有 120 位被人们追溯过。

柯尔莫哥洛夫

之后，法国数学家棣莫弗、拉普拉斯，俄国数学家切比雪夫、马尔可夫、李亚普诺夫一干人等，一拥而上，把概率论发展到一个新阶段。

1933 年，苏联数学家柯尔莫哥洛夫出版了《概率论基础》，首次给出了概率的测度论定义和一套严密的公理体系。他的公理化方法成为现代概率论的基础，使概率论成为严谨的数学分支。

此外，惠更斯、高斯、泊松等数学家也对概率论各有贡献。

柯尔莫哥洛夫就读与任教的莫斯科大学

不管怎么说,人类搞概率论,是为了对付信息海量庞杂、变化微妙的东西,比如掷骰子,或者是气体等流体运动规律。这是个权宜之计,我们现在没有能力收集精确的初始数据,没有能力计算如此庞杂的数据,算不出确定结果,于是,我们就计算各种可能性的大小。

在经典物理学眼里,自然的变化虽然无比微妙、无比庞杂,但是,这一切,都是完全遵从物理定律的,在理论上,是可以掌握的。概率,只不过是一种技巧。现在,在老爱自己的公式里,出现了"概率"。并且,看样子,这家伙还很难消除。随机?那是什么玩意儿?

概率就像一柄达摩克利斯之剑,悬在头顶。悬剑的那根马鬃一定会断开,但你不知道它啥时断,因为马鬃有自由意志,啥时候断,要看它的心情!这还是物理吗?简直就是玩笑!

爱因斯坦很郁闷。

但是玻尔很兴奋,因为他接到一个重量级的邀请。

在爱因斯坦的力荐下,普朗克出面,请玻尔到柏林大学做原子理论方面的讲座。柏林大学是什么地方?二战之前,那是欧洲乃至全球的学术中心!产生过 29 位诺贝尔奖得主。受邀去这地方开个人专场,那相当于向全世界宣布,你在这个领域是绝对一流的！

让玻尔兴奋的，当然不止这个。这趟行程，意味着他可以同时与爱因斯坦、普朗克会面。普朗克自不必说，成名比他俩早。而爱因斯坦，1919 年以来，已经是誉满全球的超级明星，那时一战刚结束，大家能饿着肚子在街头争论空间扭曲这事儿是不是靠谱，科学话题火热至此，在人类史上是空前的。爱因斯坦和普朗克，对全世界人民来说，是顶尖的物理学家。而对玻尔，还有着更深层次的意义——在自己主攻的量子世界，他俩是开天辟地的先驱。

对这次会面，双方都有殷切的期待——论剑量子之巅！

1920 年 4 月 27 日。玻尔出了车站，有点小紧张。但很快，这点小紧张就烟消云散了。不仅是因为老爱和老普的亲和力，还因为三人用生命去热爱的共同话题：物理。

在一阵愉悦的笑声中，量子论三教父聚齐。那一天的柏林，熠熠生辉，不要太灿烂！

从某种意义上讲，他们的聚会，比二战三巨头聚会更有意义。因为无论你把统帅们做的事说得如何伟大，其本质也只是各拉一票人群殴，打赢的，就引领大家重建人类社会新秩序。不是你带着打，就是他带着打。只要打，就一定有胜者，胜者一定被看得很伟大。人类永远也不缺少这样的人才。量子论三教父，则引领人类开启了一个新智慧时代。缺少了他们，说不定智慧升级的这一步就迈不出去。而人类，是以智慧为标志的。

玻尔气度潇洒，普朗克形象刻板，爱因斯坦造型拉风，这仨人凑一块，颇具喜感。

反差大的，不仅是形象，还有思想。欢悦的神聊之下，观念的冲击暗流汹涌。

与顶尖高手过招，已经是一种可遇不可求的享受。如果能顺便把对方拉到自己的阵营，那就是人间至乐了。

可是，“至乐”这玩意儿，天上也是稀罕物，人间哪得几回寻？

就说爱因斯坦的光量子吧。玻尔就不信，他宁可相信是守恒定律出了问题。普朗克就更不用说了，他连自己的量子都不信，何况爱因斯坦的光量子！爱因斯坦落单。

再说鼓捣出来的自发释放概率。爱因斯坦很不服气，就拿出来吐槽。可玻尔认为，你没理由吐槽啊，电子向下跃迁，本来就是随机的！普朗克当然相信物

理不是随机的，所谓概率只是权宜之计。玻尔落单。

有意思的是，后来证明，落单者才是对的。

难怪量子论充满争议，连它的三个创立者都针锋相对！不管他们三个人怎么互掐，玻尔这趟柏林之行，使三方收获都不小。由于是个人专场，所以，玻尔可以在全球学术中心酣畅淋漓地传播他的学说；而柏林大学的师生，在玻尔新版的量子化原子模型里，领略了前所未有的崭新思想。

爱因斯坦喜欢玻尔本人，但是不喜欢玻尔的这次讲座。因为玻尔说，要精确确定光释放的时间和方向，那是不可能的。不是技术上不可能，而是理论上就不可能，因为光释放的时间和方向，本来就是随机的！

随机也好，确定也好，从那时起，一段神奇的友情开始了。两人被对方的才学与人格深深吸引，又因为学术上的分歧而互不相让，世纪论战由此埋下伏笔。

爱因斯坦此时还没意识到，他遇上了此生最强劲、最难缠的对手。

毫无疑问，玻尔情商相当高，除了真情，他还有方法、有手腕，在人情世故方面，比爱因斯坦强多了。但是，在一些原则性问题上，他根本不像看起来那样随和，和老爱一样，寸步不让。有一点不同的是，老爱只是坚持。而玻尔，必须想办法让对手放弃坚持。他平时有点口拙，也不会写文章，但一旦辩论起来，你会惊奇地发现，他的表达能力让你发疯，他压倒对手的愿望和耐力更让你抓狂，这小子似乎是专门为辩论而生的！

还记得不？他见汤姆逊第一面时就拿出老汤的书，指着一个公式，说了这次会面中最流利的一句英语："这是错误的。"老汤没跟他辩论，而是安排他去做实验——吹玻璃。玻尔觉得吹玻璃很无聊，就去找卢瑟福。聪明的卢老师因为修改"三部曲"饱受这小子辩论摧残后，就再也没向玻尔挑起过辩论。不过，这不代表别人也能幸免于难。

玻尔被任命为教授后，依照惯例，要随众觐见一次国王。然后国王郁闷了。

见到玻尔，国王大概是想活跃一下气氛，调侃道："很高兴见到著名足球运动员玻尔。"

"对不起，陛下可能是想到了我弟弟。"玻尔纠正国王。

因为无关紧要的一句问候，国王被当众反驳，十分意外。但国王肚里跑航母，既然表达有误，就重新表达吧："很高兴见到玻尔。"

岂料，玻尔又纠正道："不过，玻尔的确是一名足球运动员，但他弟弟才是'著名'足球运动员。"

在场的人都抓狂了。国王很尴尬，朕这才跟玻尔教授说了两句话，错误率便达100%，下面怎么继续？于是，国王说了一句不会错的话："觐见结束。"

冒犯了国王，一点也没影响玻尔在丹麦的前途。丹麦政府给了他诸多优待，支持他创建了玻尔研究所，1939年任命他为丹麦科学院院长，他在丹麦地位渐高、声望日隆。所以你看，丹麦国土面积只有4.31万平方千米，人口现在只有570万，也就相当于咱国一个三线城市的人口吧，却拥有十几位诺奖得主，可见丹麦人各方面独立思考、自主创新的能力都强得很啊！

玻尔不仅虐自家国王，也不放过别国首脑。由于饱受战乱，玻尔认为，国家之间要开放合作才行，于是见缝插针地推销他的理念。1944年5月，丘吉尔接见了玻尔。3个月后，罗斯福也接见了玻尔。

然后，大概是被玻尔虐惨了，老丘和老罗见面，正为二战焦头烂额的两位首脑居然谈起了玻尔。老丘告诉下属："老罗和我一致认为玻尔教授太烦人了。"老丘觉得应该把玻尔关起来。

当然，这只是丘首相的一个理想，他不是希特勒，不能随便关人，尤其是玻尔。

事情还没完。因为感觉上次没谈好，所以，玻尔打算再次约见罗斯福。结果，还没来得及见，老罗就在1945年4月去世了。

这下玻尔没辙了？不，他把目光转向了国务卿马歇尔。马歇尔虎躯微震，赶忙75°远目，闲看天外云卷云舒。

你以为政治家们玩儿点冷处理的小把戏，我们伟大的玻尔就放弃了吗？当然不！1950年，玻尔发表了一封致联合国的公开信，还特意寄给联合国秘书长一份，继续推销他的政治理念。这还不算完，为了防止一些懒虫不读书看报，错过他的零分作文，他又copy了几千份，寄给包括美国大使和丘吉尔在内的各国政要。

你知道，玻尔先生没达到目的，但是，他的努力并没有白费——"光荣"地被苏联评为"资产阶级反动派"。得到这顶帽子的还有爱因斯坦，因为这哥俩的政治理念相近。

关于玻尔虐辩的事儿，以后有的是，海森堡、薛定谔、爱因斯坦等都在劫难逃，咱以后再说。玻尔暂时还没太多时间找人辩论，他正忙着筹建研究所。这个研究所从1917年开始筹建，已经忙乎三四年了，现在，终于建好了。承建商长出了一口气,他熬过了从业以来最凄惨的日子。这几年间,玻尔积极参与到建设的整个过程,反复修改图纸,每一个细节都较真,建筑商又说不过他,这次第……

当初,为了让理论物理在哥本哈根发扬光大,玻尔拒绝了卢老师为他介绍的优越工作,回到哥本哈根,筹建了这个研究所。漂布塘路 17 号,这是座三层小楼。一楼有讲演厅、图书馆、办公室、接待室;二楼有两个小实验室,其余都是玻尔的家庭公寓;三楼是服务人员和贵宾的住处;主要实验室在地下室。1921 年 3 月 3 日,研究所正式开办。注册 ID:理论物理研究所。昵称:玻尔研究所。

这里,将聚集一堆天才,你没看错,是一堆;这里,将成为全球量子物理学的圣殿;这里,将迸发最璀璨的思想,重塑人类的宇宙观。这一切,都源于令人热血沸腾的哥本哈根精神。自由平等,激情勃发,活力四射,乐观进取。它的缔造者,正是让领导们避之不及的尼尔斯·玻尔。

这都是以后的事了。现在,玻尔研究所只有玻尔搬了进去。万事俱备,只缺天才!求贤若渴的滋味,并不比饥渴的滋味好受。

所以,玻尔处处伺机出击。他是个绝佳的猎头。

机会来了。1922 年,玻尔应邀去哥廷根大学讲学。哥廷根大学是啥地方?那是德国的学术之都!这里聚集了世界各地的精英,尤其是数学,全球无出其右!在此读过书、教过学的,有 40 多个诺奖得主,如果不是希特勒带来的那场浩劫,这个数字会翻番!不信?听听纳粹德国教育部长与大数学家希尔伯特的一段对话吧。当时,纳粹风潮浸淫每个角落,处处以种族斗争为纲,哥廷根学者饱受迫害,没死的纷纷逃走。纳粹教育部长不相信他们正义的斗争会影响学术,就问希尔伯特,真是这样吗?老希正气不打一处来呢,立即揶揄道:“哥廷根不会受到影响,部长先生,因为它已经不存在了!”当然,这是后话了。

话说纳粹得势以前,在哥廷根大街上随便拽出一个毛头小伙,数学都比玻尔和爱因斯坦强。但玻尔还是以发展数学的名义,去哥廷根开专场。

这个专场一开就是 11 天,玻尔搞了由 7 个部分组成的系列讨论,史称“玻尔节”。除了哥廷根的师生,还有百余名物理学家从各地赶来听讲。

玻尔这次主讲的,仍然是量子化的原子模型。重点讲了电子壳层,解释了“元素的化学性质是由电子的排列决定的”,电子排列决定了元素在周期表中的位置。有些元素,原子量不同,而化学性质却一样,那仅仅是因为,它们的电子壳层中,最外层的电子数是一样的。

在讲座中，玻尔根据自己的理论，牛哄哄地做了个预测：72 号未知元素，将与 40 号锆和 22 号钛这俩元素的化学性质相同。

那时，希特勒已成为纳粹党首，虽尚未控制政府，但纳粹风潮汹涌，他们造谣、污蔑、扣“帽子”、暗杀……什么缺德事儿都干，光政要就刺杀了 354 名，爱因斯坦已被视为刺杀的头号目标。出于安全考虑，老爱没有出席玻尔节。但他读了玻尔 3 月发表在《物理学报》上的论文：《原子的结构以及元素的物理及化学特性》。看到电子壳层与化学性质的关系时，老爱说，这像个奇迹，他用了一个对他来说最高的评价，说这个理论是“音乐细胞在思维领域中的最高体现形式”。这是在说，玻尔的工作具有艺术的美感，而且还是顶尖的那种。

那么，老爱眼里的顶尖美感，究竟美在哪儿呢？我们现在就去欣赏下。

跟玻尔混了这么久，加上索末菲的帮衬，咱俩已经知道，所谓能量层级，一点也不像楼层或运动场阶梯看台。要是非得用俗物打比方，还不如说它像一个透明的洋葱。一层洋葱皮就是一个能量层级。不同能量的电子，只能“生活”在指定的能量层级里，就像是由电子组成的一层套一层的壳，所以，我们管它叫“电子壳层”。为了方便，我们还是像以前一样，把最底层，也就是最里层叫一楼，往外依次叫二楼、三楼……每个楼层允许入住的电子数不一样。至于这是为了啥，往后，泡利会告诉我们。

现在，我们来看看电子是怎么入住的。入住之前，先熟悉原子城堡的入住规则：不同楼层住不同居民，每个楼层的生活标准是一样的，但是，楼层越低，物价也越低。所以，你离底层越远，物价就越高，生活压力就越大。

如果是咱俩，选哪层呢？当然是毫无出息地首选最底层！可惜一楼 K 只有 2 间房，被设计师玻尔和索末菲给抢占了，满层！所以只好选 2 楼 L，L 最多有 8 间房，但是被八仙抢占，靓女、老者、大肚子的、拄拐的……各显其能，抢到后，还见多识广地教育咱俩：谁让你们不使法宝呢？与其抱怨，不如埋头抢座！

虽然没得到好位置，还被果老和铁拐打得鼻青脸肿，但咱俩熟悉了入住原则：尽量抢低楼层。好在 3 楼 M 最多有 18 间房！这下够住了，可是左看右看，就咱俩，闲置房 16 间……一不留神变“房叔”了！美呀！好吧，这个原子城堡叫“镁”，12 号元素。

在从底层被挤到高层的奇幻之旅中，咱俩还发现，K、L、M、N……这些楼层，都分“子楼层”，就像宿舍里的上下铺，叫作“亚层”，分别是 s、p、d、f……这些亚层最多容纳的电子数分别是 2、6、10、14……

情况很复杂是吧？实际上，情况比这还复杂。比如，说好的“楼层低，物价就低”，但是，原子城堡在每个楼层都设置了高税房，说是为了抑制房价。于是，就出现了下层物价比上层还高的现象。比如3楼M的d亚层（门牌号3d），比4楼N的s亚层（门牌号4s）物价更高。

出现这种情况怎么办呢？还是先选低楼层吗？不！当然是哪个物价低先选哪个。所以，有时就出现了这样的情况：3楼的房间没住满，就开始抢4楼的房间。

原子城堡增税，一向是“悄悄进村，打枪的不要”，既不征求意见，门上又不贴告示，怎么知道先选哪个房间呢？这种问题，当然要由咱国同胞来想办法。

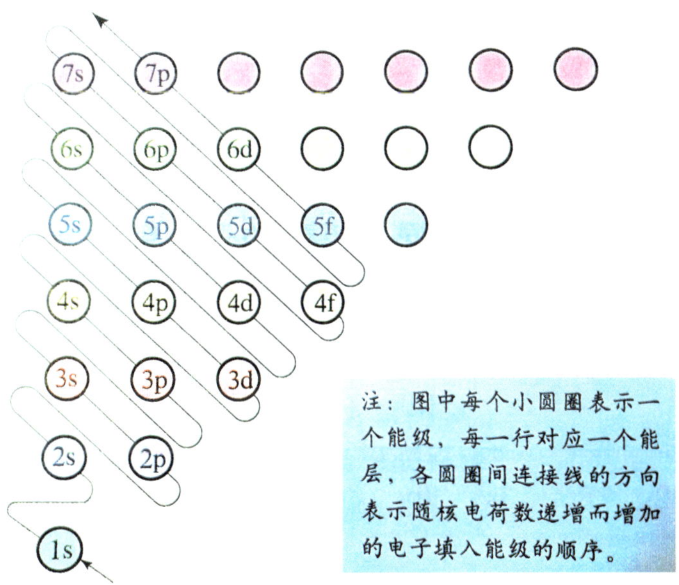

原子核外电子排布规律

徐光宪，1920年11月7日出生，中国浙江人，物理化学家，无机化学家，北京大学化学系教授。徐先生总结出一条规律：外层电子能级，由$(n+0.7l)$确定，值越大，能级越高，也就是物价越高。

先解释一下$(n+0.7l)$：n就是楼层，分别对应1、2、3、4……；0.7后面那个是l，小写字母l，不要错认成数字1哦，l是亚层，s、p、d、f分别对应0、1、2、3。我们现在就假装算一下。还是用3、4楼来说事儿，请听题：3d与4s，哪个能级更高？

3d：$n=3$，$l=d=2$。列式：$3+0.7\times2=4.4$。

4s：$n=4$，$l=s=0$。列式：$4+0.7\times0=4$。

可见，4s 比 3d 物价低，先选 4s。

这条经验，就叫“徐光宪定则”。

有了这条选房秘籍，我们就能很方便地找到物价低的地段了。所以，当你看到 3 楼闲置 4 个房间，而 4 楼却游荡着 2 个电子时，千万不要奇怪，这个原子城堡叫作“铁”，26 号元素。

每种原子的电子数都不一样，入住后，总有些电子抢不到低楼层，就像咱俩，只好抱着高能量，在成本高、压力大的最外层游荡。殊不知，正是这些抢不到好位置的电子，决定了原子在化学江湖的角色。

如果最外层刚好满员，大家共同分担压力，那么，这个原子就异常稳定，不需要和任何原子合作，喜欢独处，懒得和任何元素（包括同类）化合，这种元素就叫稀有气体元素，数量不多，一共 6 种，咱列一下名单：氦、氖、氩、氪、氙、氡。咦？为啥都是“气”？因为它们不愿意跟任何元素搞到一起，所以一般情况下，只能是离散的气体了！

像人类一样，好环境都争先恐后去抢，如果沦落到不好的境地，就巴不得更多人陪着自己共患难。所以，如果最外层没住满，那么，这个原子就有凑“满层”的倾向。

比方说 11 号元素钠，最外层只有 1 个电子；17 号元素氯，最外层只有一套空房。怎么办？钠一想，反正我也不能把氯的 7 个外层电子都夺过来，干脆，我就把这 1 个外层电子给他，这样，俺俩的外层电子就都是满层了！

还记得离子是咋回事不？钠少了个电子，就成了钠离子，带正电；氯多了一个电子，成了氯离子，带负电。于是二者就异性相吸，结合到一起，成了著名的氯化钠——咱俩吃的盐。而让氯和钠结合的，就是离子键。

由于外层电子数不一样，空房间数也不一样，所以，各类元素之间凑满层的办法千奇百怪，并不总是一对一，只要凑得满层，具体谁和谁、几比几，都无所谓。

比方说 8 号元素氧，1 楼 2 个房间，2 个电子填满，2 楼 8 个房间，6 个电子，闲置房 2 套；而 1 号元素氢，它只有 1 个电子，所以它的第一层就是最外层了，2 套房闲置 1 套。怎么办呢？那就 2 个氢原子和 1 个氧原子结合，成为水分子：

H_2O。当然，元素们不一定非要和异类合作，它们也可以和同类合作，比方说，两个氢原子结合，变成氢分子，也可以凑成满层。这样结合的化学键，就叫共价键。

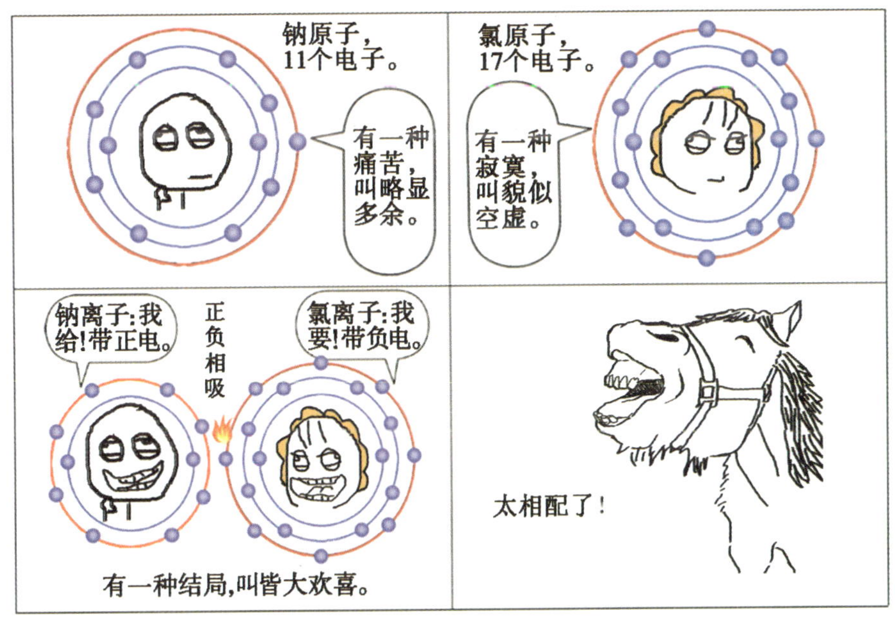

钠原子和氯原子的故事

有时候，即使有两种原子的外层电子数是一样的，它的空房间数也不一定相同。

比方说，5 号元素硼，一楼住 2 个电子，还剩 3 个，但二楼有 8 个房间，这就空出 5 个房间；而 13 号元素铝，一楼住 2 个电子，二楼住 8 个，也剩 3 个，但三楼有 18 个房间，这就空出 15 个房间。

这就导致，它俩的化学性质虽然很相似，但物理性质却不相同，一个是金属，一个是非金属。实际上，它俩在化学性质上的那点区别，也是因为空房间数量不同。

有些原子，外层电子少，在相互靠近时，谁也不索取，都会丢掉外层的电子，成为满层的离子。这让它们距离更近，排成密集、规则的晶体。那些丢掉的电子哪儿去了？它们变成了“自由电子”，在离子晶格间闲逛。由于自由电子带负电，丢掉电子的离子带正电，所以，自由电子就能像胶水一样，把这些离子粘到一起。这样的组合，让原子显示出金属性。让金属原子结合的，叫金属键。

我们来看看金属的物理特性：

① 具有光泽。这是由于自由电子具有更强的反射光的能力。

② 富有延展性。这是因为，离子换了位置，自由电子有本事把它们重新连接。

③ 导电性好。这是因为自由电子多。

看看，是自由电子造就了金属。

实际上，最外层的房间数，并不怎么固定，不过，也不是完全没章法。

1916 年，德国物理化学家柯塞尔注意到：最稳定的元素，也就是号称“贵族元素”的稀有气体元素，外层都是 8 个电子。难道，摇到一个吉祥数字，情绪就稳定了？再看看其他元素，外层电子数一般都不到 8 个。为啥要说“一般”呢？因为有极个别元素搞特殊化，比方说 46 号元素钯，外层 17 个电子，77 号元素铱，外层 18 个电子。柯塞尔发现，那些外层不足 8 个电子的元素，都有凑足 8 个电子的渴望，一旦凑齐，就满足了，特稳定。

1923 年，美国化学家路易斯发展了这个理论。

后来，美国化学家兰茂尔对这个规律进行了比较完整的表述，称它为“八隅体”规则。

这只是一条经验规则，没有推理，没有原理，甚至没啥道理，例外情况也不少。所以，咱俩只要稍稍了解下，不至于问出“为啥钠元素第三层不需要凑够 18 个电子”这样的问题，就 OK 了。

同一个世界，同一个梦想——只为凑满层，可凑出的结果千奇百怪，连存在形态都迥然不同，固态、液态、气态，千姿百态。同样是原子，组合出来的结果形态差距咋就那么大呢？还不是因为前面说过的：原子外层电子数不一样、空房不一样，加上元素品种繁多，不一样的组合，就有不一样的特性，原理简单，但变化无穷。

就拿水来说吧，我们都见过它的三种形态：液态水、固态冰、气态水蒸气——其实我们看到的白色水蒸气是小水滴，真正的气态水，是混迹于空气中的水分子，看不见的。

前面说过，水分子由 2 个氢、1 个氧混搭而成，结构简单，但性质微妙，它的 3 个原子不是排成一条直线，而是站成 104.5°角，看这架势，氧是老大，身后站俩氢保镖。话说氧老大占有欲更强，所以，在分享电子时，就把本来属于氢的电子拉得更靠近自己，这样一来，氧这边就带负电，而两个氢那边就带正电，像一个燕尾状的小磁铁。

水分子模型

咱俩都玩过磁铁，不管多少磁铁，随便放在一起，它们肯定正负相吸，牢牢地黏在一起。黏在一起的分子，可以是固态，也可以是液态，具体是啥态，关键看两点：一是看它们之间的磁性，也就是吸引力大不大，感情深不深；二是看它们的运动状态——这个很好理解，同样是你和心爱的TA，可以紧紧相拥跳慢四，也可以若即若离跳探戈，但是没法抱在一起跑110 m栏，如果在汹涌的波涛中玩冲浪，就更难接触了。

由于共享电子偏向氧的距离很适度，所以水分子磁性不太大，也不太小。只要100 ℃的温差，就可以切换固、液、气三态。在我们地球，1个标准大气压下，温度低于0 ℃，水分子就会相互拉得很紧很规则，结成晶体，变成固体；0 ~ 100 ℃之间，水分子间既相互吸引，又不死抱着不松手，在一起，但不太腻，就呈液态；超过100 ℃，分子运动加剧，没法牵手了，被分开，分到一定距离，吸引力没了，就散成气体。

像水一样，固、液、气态不是物质的“本来形态”，它们是可以相互转换的。变成啥形态，全看温度高低、压力大小。温度、压力发生变化，粒子们的运动、作用力、结构就发生变化，存在形态就跟着变了。你看，铁可以化成铁水，二氧化碳可以制成干冰。当我们的视线冲出地球，看向宇宙深处时，你会惊奇地发现，氢在高压下，可以化身为水银般的金属！你在地球上看不到，是因为目前，地球上制造不出这么大的压力！不过，你可以看到，跟谁也不亲的稀有气体，可以被制成液体。最难液化的是氦，它的沸点是 -269 ℃，接近绝对零度 -273.15 ℃了。

1927年，德国物理学家海特勒和伦敦用刚刚建立的量子力学处理氢分子，基本阐明了化学键本质，开创了量子化学。

后来，美国化学家鲍林、马利肯等人把化学键的理论解释搞得越来越完美。

量子化原子理论，把化学成果囊括其中，用粒子的物理性质，完美解释了元素的化学行为，让古老、神秘的化学变得简洁、清晰起来。

嗯，有点跑题了。现在，应该说的是：“你看，多么美妙神奇的世界啊！”然后，结束我们的化学自习课。

量子化原子理论的美感，就这样迷住了热爱自然的爱因斯坦。

玻尔根据他的理论，重建了元素周期表。虽然数学基础欠点火候，但思路够野，就像在牢房踹开一堵墙，一幅别致的风景直扑眼底，令人精神为之一振，七窍倒也通了六窍！

为啥还有一窍不通呢？因为，就在玻尔牛哄哄地预测 72 号元素时，巴黎发布了一项实验结果，确认 72 号元素是稀土元素！理论很美，但预测不准啊！大家很迷茫。

玻尔吓了一大跳，外层电子决定化学性质，这个规矩，周期表里的已知元素都不敢违反，唯独 72 号元素敢抗天规？摇到一个好号就自以为是齐天大圣了？惊疑之余，玻尔头顶冒出一个大问号：这位法国朋友的实验靠谱吗？

关键时刻，好朋友赫维西挺身而出，跟考斯特合作，成功分离出了足够的 72 号元素，最终确认，这家伙的化学性质，跟锆极其相似，跟稀土八竿子打不着！这个元素被命名为“铪”，发音源自哥本哈根古称。

玻尔松了一口气，这个结果来得太及时太给力了！

然而，另一个实验的消息，让玻尔感到很无力——康普顿效应。

玻尔虽然搂着全盘量子化的原子模型当宝，漏了补、补了漏，就是不肯扔，但他怎么也不相信真存在“量子”这个东西，尤其是“光量子”。现在，索末菲透露出，康普顿正在进行的 X 射线实验，基本确认，光这家伙，就是量子。全世界只有爱因斯坦自己相信的事儿，马上又要变成常识了！

于是就发生了我们前面提到的案情：玻尔挥刀斩向守恒定律。为了让这一刀砍得更有型，玻尔还搞出一套心法：BKS 理论。这个咱以后再说。因为，爱因斯坦有点着急。

他要拯救玻尔。他发现，在光量子面前，玻尔情绪很不稳定。

1923 年 7 月，领完诺奖以后，爱因斯坦突破会场 2 000 人的围观，坐上了前往哥本哈根的列车。

玻尔已在车站迎候多时。他俩都有点迫不及待。因为，玻尔要告诉老爱，光不是量子；而老爱要告诉玻尔，光就是量子。于是，一坐上市区的有轨电车，俩人就立马热烈地聊开了，时间过得真快，耳边响起报站声：“终点站到了，请带好您的随身物品准备下车。”坐过站了，只能往回坐。

时间过得真快，耳边又响起报站声："终点站到了，请带好您的随身物品准备下车。"又坐过站了……以上重复 n 次。司机都快疯了，他不明白，两个男人为啥聊得如此情意缠绵，并且是那么无聊的话题。尤其是，下车后，他们还在聊。

玻尔和老爱也快疯了，因为谁也没说服谁，白费了这么大力气。

他们都对自己的理论充满信心，同时又对对方十分欣赏，于是他们有了一个共同的理想：把对方拉入自己的阵营。

这也难怪，双方在才学、人格、三观等方面惺惺相惜，在物理上，又同是量子论的开创者，如果二人并肩站在同一条战线上，这个世界就完美了！但是，慢慢地，他们发现，虽然他们在多方面相当接近，但在对自然本质的认识上，却水火不容。

玻尔继续跟光量子较劲。

爱因斯坦继续对光量子充满信心。1924 年 4 月 20 日，老爱在《柏林日报》上发表文章，概括了光理论的发展时况："现在，有两种光理论，缺一不可。而且，尽管经过 20 多年的努力，我们也不得不承认，它们之间没有任何逻辑关联。"老爱是说，粒和波，都不能抛弃。这是他一直以来积极推销的"一元二体认识"，就差说出那几个字了：波粒二象性。

这篇文章发表不久，老爱收到一个包裹，是法国朋友——著名物理学家郎之万寄来的，包裹里面有一篇博士论文。

3 二象世界

郎之万随包附言，让老爱给点意见。这篇论文的作者不是郎之万，而是一位法国王子：路易·维克多·雷蒙德·德布罗意。

这个"王子"，并非国王之子的意思，而是地位低于子爵、高于男爵的一个封号。子爵往上，依次还有伯爵、侯爵、公爵，公爵最高。而男爵，就是最低的贵族爵位了。所以，"王子"这个封号并不高，翻译成"公子"或许更合适。不过，这位王子，却是名副其实的贵 n 代、官 n 代、富 n 代，他出身于法国最荣耀、最显赫的贵族之一：德布罗意家族。

这个家族，在法国自 18 世纪以来的历史中非常显耀，出过将军、元帅、首相、外交官……王位征战闪过光，七年战争练过枪，独立战争漂过洋，法国革命验过伤，外交场上圆过谎，内阁案上安过邦……n 代人文治武功，勋业卓著，所以被册封为世袭公爵。

路易之所以只是“王子”，那是因为，在这一代活下来的 4 个孩子中，他排行老四。只有大哥莫里斯才有资格顶着公爵的光环。1960 年，莫里斯驾鹤西去，68 岁的路易成为第七世德布罗意公爵。莫道桑榆晚，为霞尚满天。别看起步晚，这个爵位，他顶了 27 年！直到 95 岁逝世。

路易王子小时候没上过学，因为这个家族都是请私人教师的。后来，在大哥莫里斯的建议下，聪明的路易被送到巴黎大学。1909 年，17 岁的路易取得了哲学、数学双学士学位。路易小时候看起来蛮有政治天分，对帝国干部花名册了如指掌，还能以时事政治为题材，进行像模像样的演说。

和家人一样，路易也以为，自己将来会继承家族传统——混政坛。所以，他又选修了中世纪历史。但是，他很快发现，自己对政治家这个很有前途的职业不“感冒”。他左看看，右看看，还是大哥干的事儿好玩。

莫里斯是个科学控，在家里弄了个实验室，什么无线电、X 射线，各种高精尖，还搞出点名堂，在圈子里小有名气。路易没事儿就往大哥的实验室跑，慢慢地喜欢上了物理。狗血的是，刚喜欢上物理，物理考试就得了一次不及格。难道，天将降大任于路易王子，已经开始苦其心志了？花样年华的路易很彷徨：搞得掂的提不起兴趣，提起兴趣的搞不掂，我这是在跟上帝撒娇吗？

路易正纠结间，大哥莫里斯捡到一件好事儿——去布鲁塞尔，参加第一届索尔维会议。

意气飞扬的弟弟冷不丁深沉起来，莫里斯很担心。参加索尔维会议，自己虽然只是书记员这个龙套角色，但是，有机会见到一群物理大腕，还能聆听他们的讨论，机会实在难得。正好，带弟弟去见见世面，就当旅游散心了。

后来的事情，在前面都说过了（第十七章“波粒再战”一节）。书记员莫里斯公爵利用职务之便，每天会议结束，见到路易，就绘声绘色地转播会议时况，路易王子无限神往、激情澎湃。回家后，路易王子欣赏了大哥带回家的会议记录，扔掉历史书，拿起物理书，树立了当一名物理学家的远大理想。

1913 年，21 岁的路易拿到了理学学士学位。他没有摩拳擦掌继续深造，因为，他知道自己要服兵役了。

当兵这事儿，对德布罗意家族来说，那真不叫事儿，别的不说，光是元帅，就出过三个！但人家不是靠关系，都是从基层干起的。比方说路易王子，他加入法国陆军，在工兵连当了一名倒霉的二等兵。不想当将军的王子不是好士兵，路易既不喜欢打仗，也不喜欢指挥打仗，所以，他后来被调到无线电通信部，干技术活去了，在埃菲尔铁塔下面，一干就是 4 年多，度过了人生中最无聊的岁月。

1919 年，路易王子翻身得解放，他光荣退役了，回到了久违的实验室。哥俩做实验，写论文，讨论问题，不亦乐乎。功夫不白费，慢慢地，哥俩对光的认识越来越深。他们认为，光粒说、光波说，在某种意义上说，都没错。这种看法相当前卫，因为当时，只有爱因斯坦宣扬这种看法，但是没人信。

1922 年，路易·德布罗意写了一篇论文，采用了“光量子”的概念。这种看法更前卫，因为当时，也只有老爱自己相信光是“量子”。

然后，康普顿效应证实，光真的是量子！后来，光量子被称为“光子”。而这时，德布罗意已经完全接受老爱的“一元二体认识”这种奇谈怪论了。

只要有实验支持，不管看着多丑陋、多荒唐的东西，德布罗意都能接受。这种大胆的包容性，可不是谁都能有的。也许，正是这巨大的包容性，让他眼界更宽，完成了又一个伟大的统一。

波？粒？这个纠结了几百年的问题，正在困扰德布罗意。

1923 年，冥思苦想的德布罗意头脑中划过一道闪电，一个大胆怪诞的问题浮现出来：光波可以表现得像粒，那么，电子之类的粒，可以表现得像波吗？

德布罗意略一沉吟，答道：“可以。”爱因斯坦大叔 1905 年的发现，应该推广到所有物质粒子。

老爱 1905 年的发现很多，王子指的是哪个呢？当然是光电效应，老爱的论文里有句话，我们复习下：

“光学观测都同‘时间平均值’有关，而不是同‘瞬时值’有关。”（第十七章“波粒再战”一节）

他的看法是：观测光在一段时间内的平均状态，你看到的是“波”；观测光的瞬时情况，你看到的是“粒”。这就是小爱同学推销了 18 年，直到变成老爱大叔，也没推销出去的“一元二体认识”。这个步子迈得太大，物理界的同人们不肯跟，觉得

德布罗意

扯淡。

现在，德布罗意打算迈出更大的一步：把老爱大叔的这个认识，推广到所有物质粒子，尤其是电子！

这个想法太感人了！

光、电、磁，质量、能量、运动，引力、加速度、惯性，固体、液体、气体，分子、原子……大自然中千奇百怪的现象，似乎各自遵守着不同的规律，但是，经过不懈探索，我们渐渐发现，这些花样，都服从某个更高层次的规律。层次越高越简洁。从经验上看，追求统一、追求融合、追求简洁的思路，似乎总是指向正确的方向，让我们越来越接近世界的本质。万有引力定律、热力学、电磁论、相对论……这些理论的建立，都是谋求统一的结果。

如果波、粒合体，统一物质的存在形态，会发生什么呢？

这个问题提得太早，因为，现在有一个更要紧的问题：怎样才能让波、粒合体？

为这俩家伙，人类动用最高智慧，已经斗了几百年，战鼓未歇，烽烟又起，这时节，你让它俩合体？开什么星际玩笑！你能想象，一只足球，同时又是一缕波吗？什么？你说国足们一直是把球当波玩儿的？I 服了 you！You win！德布罗意用法语说道，俺既然采纳了老爱大叔的“一元二体认识”，为啥不顺便动用他的相对论呢？

老爱告诉我们，能量、质量可以相互转化。我们目前知道的物质，不外乎以这两种形式存在。那么，任何物质，光子也好，电子也罢，俺都可以当作能量来看。OK，现在，咱俩手上，有 2 套关于能量的方程：

爱因斯坦的方程：$E = mc^2$。

普朗克的方程：$E = h\nu$。

大家都很熟，所以不介绍了。能量面前一律平等，那么：

$$mc^2 = h\nu$$

哇，一个简单的交换，就异象环生：质量和频率这两个风马牛不相及的家伙，闷骚地盘踞在公式的两侧，各自坐拥一款妖娆的常数。

如果你觉得不奇怪，那麻烦你称一下，这缕波的质量是多少？

质量是粒子的属性，而频率是波的属性，这两种没法联系在一起的属性，居然可以画等号！

假设物体以速度 v_0 在运动，根据相对论，会产生质量、时间膨胀的效应。

看看上面这款闷骚的公式，c 和 h 都坚挺不变，如果质量 m 膨胀，那么频率 ν 必须如何？当然要提高，才能 hold 住这个等号，是吧？

可是，频率是什么？频率就是单位时间内，运动的周期性变化呗！时间膨胀，意味着周期延长，周期延长的意思是，频率降低！

矛盾啊矛盾！

可是，等一下，频率真降低了吗？不如大家来算一算。

算来算去，频率是没降低，但这个波的速度超了光速！

这还了得？敢超光速！尤其，这是用相对论算出来的。你是在挖苦中微子吗？这个节骨眼，整蛊很好玩吗？

“不是整蛊。”德布罗意沉声道。

这个波，不含任何信息，也没有任何质量。所以，不违反相对论。还记得前面提到的“相速度”（第十一章“光障 VS 中微子”一节）吗？就是这个意思。不明白？回去复习咯。有没有发现，前面提到的东西，后面总能用得上。

不对啊！我们刚刚不是在八卦光子、电子等粒子物质吗？怎么变成谈论“波”了？难道是两个大妈在谈物理吗？这么容易跑题。回去看看是从什么时候开始的？哦，从老爱和普朗克的方程开始的，能量把粒的质量、波的频率联系到了一起！

如此看来，波和粒这对冤家，还真是分不开！实际上，从 $mc^2 = h\nu$ 开始，德布罗意就已经知道，自己是对的，电子这样的粒子，也可以表现得像波。因为这个等式本身，就是在暗示我们：粒子，有一个内禀的频率。它的频率，刚才已经算出来了：$\nu = mc^2/h$。

德布罗意左算右算，发现，所谓粒子，是甩不掉波的！它不管怎么运动，都是“随波”逐流，这个波，就是刚刚说到的，那个超光速的波，德布罗意管它叫“相波”。但是后来，大家都更喜欢叫它“德布罗意波”。

那么，“随波”逐流的粒子，是一个什么样的粒子呢？如果非要形象化，你可以脑补一下冲浪运动，冲浪者，就是“随波”逐流的粒子。

但是，德布罗意波上，不存在一个随波运动的粒子，因为这个波本身就是那个粒子。

啊?！你确定自己是在跟地球人说话吗?

粒子是个波?！先不要管它是什么样(实际上,你也没法想象作为波的粒子是个啥造型),单说咱们这个世界吧,都是由粒子组成的,但是粒子都是波,也就是说,咱俩,还有一切,都是波?！

波是啥东西?我们前面已经说了,波不是东西,它只是物质的一种周期性运动现象,离开了物质,怎么会有波?

"物质本身就是波,这就是所谓'物质波'。"德布罗意残忍地回答道。

上帝啊!有爱因斯坦、玻尔这些标新立异的地球居民已经够受的了,怎么又冒出德布罗意这样异想天开的家伙?

这就受不了了?更奇葩的还在后面,因为泡利、海森堡、狄拉克……这群冒失鬼还没正式登场呢。

我们先安抚下扑扑乱跳的小心脏,看看德布罗意接下来要干吗。

"电子是'驻波'。"德布罗意沉吟道。

驻波?很眼熟的样子,对了,赫兹测电磁波波长的实验里说过(第七章"捕捉电磁波"一节)。所以,咱俩对它不陌生。在这里,需要拓展补习的是:

① 两个相邻的波节的距离,就是半个波长。这半个波长,拥有一个"波腹",画出来像一节藕,咱俩可以私下叫"一节"。

② 作为驻波来讲,它的节数总是整数。不可能出现半节。

电子作为一缕驻波,盘旋在原子核周围。我们原以为的电子轨道,变成了一个误会。也就是说,原子核周围,不存在什么绕着轨道转的小颗粒,只有一圈一圈的驻波!

这个设计虽然荒诞,但它回答了一个问题,一个玻尔回答不了的问题:为什么能量吸收和发射必须是一份一份的?

那是因为,一缕环状驻波,总是波峰→波谷→波峰……平滑起伏,首尾循环相接,不可能在波峰处突然消失,然后接着波谷,这没法接,所以,波峰也好、波谷也好,都是整数。就像自行车链条,一节一节地首尾相接,才能形成一圈完整的链条,如果把其中一节链拦腰斩断,那就接不上了。

这样的环状驻波,该怎么吸收、释放能量呢?很明显,不管是吐,还是吞,必须保证能凑足整数波节,否则它吐不出、吞不进!这就是能量必须按份吐纳的秘密,同时也是轨道数有限的秘密。

还有一个更好的消息:如果电子是一圈驻波,那么,它就没有加速度了,就

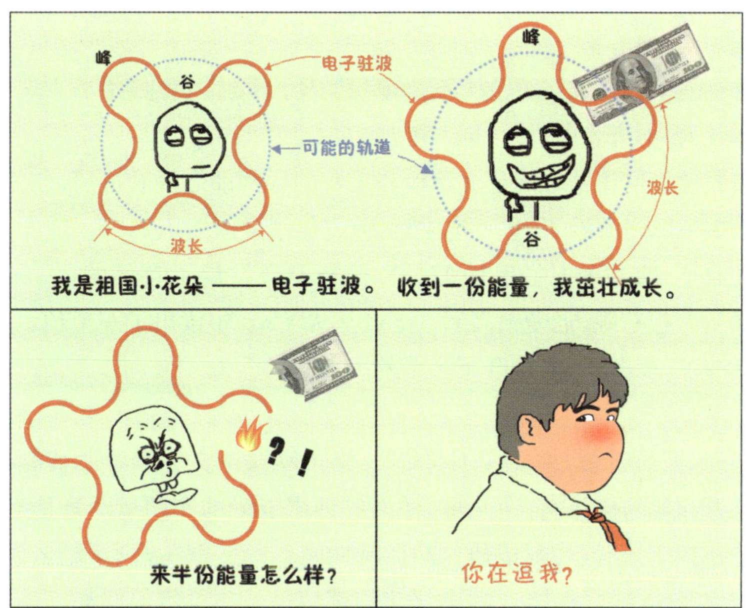

驻波一份一份吐纳能量

不会连续损失什么能量了，也就不会自主坠亡了！

1923 年秋，德布罗意的这些思想形成了三篇短文，发表在《法国科学院通报》上。又是三篇？不要紧张，德三篇比玻三篇精练多了！所以，1924 年春，他把这三篇短文合成一篇论文：《量子理论的研究》。合成一篇后，仍然不太长。

论文虽然不长，但相当精悍，提出了石破天惊的概念：光子、电子这些东西具有"波粒二象性"，波即粒，粒即波。不仅光子、电子如此，其他所有粒子都一样！

你别以为我们的德布罗意王子在玩哲学，这可是正儿八经的科学！他拿出了一个公式，把波与粒紧紧地联系起来：

$$\lambda = h/p$$

简约而又旖旎。

波军的专属族徽"λ"，闪耀着古老的荣光，速度和频率的暗纹，簇拥出灵动的"波长"。

粒军的传世帅旗"p"，招展着历史的辉煌，速度与质量的底色，烘托出鲜活的"动量"。

雍容华贵的普朗克常数 h,从容肃立,令波、粒这对宿敌,传奇般地融为一体,混搭成一个神迹!

是谁在战栗?是谁在哭泣?不要嫌我诡异,不要怪我忤逆!

奴本佳人,出身名门。$E = mc^2$ 和 $E = h\nu$,是我双亲!

德布罗意把这篇精练的论文给他和大哥的导师郎之万看过后,作为博士论文交了上去。郎之万看了,拿不定主意,就寄给了爱因斯坦。

老爱看了,感到于吾心有戚戚焉!德布罗意发展了自己的“一元二体认识”,还搞得有板有眼,老爱很高兴。老爱从 $\lambda = h/p$ 中读出了一个预示:一场大戏就要开演了,德布罗意“掀开了大幕的一角”。

转眼间,大约到了冬季,11 月 25 日,德布罗意论文答辩。考官有 4 个,保罗·郎之万和他的伙伴们:让·佩兰(因验证了老爱的布朗运动理论得诺奖的那个)、查尔斯·莫甘(当时以研究晶体特性闻名)、艾里·嘉当(著名数学家)。看到德布罗意的论文,郎之万的小伙伴们都惊呆了。虽然他们都不懂量子论,但也感到一股怪诞的气息扑面而来。

一篇博士论文,得到当世活牛顿的好评,着实不易,博士论文千千万,有几篇能入老爱的法眼?况且,自己又不懂,凭什么反对?又有什么理由不予通过呢?

于是,路易王子成了德布罗意博士。他喜欢这个称号,因为这个不能祖传,只能靠自己争取。

老爱没看走眼,评委们没信错人。这是迄今为止,人类史上含金量最高的博士论文。作者凭它获得了 1929 年的诺贝尔物理学奖——这是诺奖首次,也是截至目前唯一一次因一篇博士论文而发奖。并且,它还衍生出至少两次诺贝尔物理学奖!

这些都是后话,现在的问题是,虽然评委们通过了这篇论文,但是,这不代表他们相信粒可以是波。这时,全世界可能只有三个人相信这件事:路易、莫里斯、爱因斯坦。是莫里斯引导路易重视“辐射的粒子、波动二元性”的。

也难怪大家不信,如此出格的论调,你又没个证据,单凭一款看上去很美的公式,就让大家相信整个世界都是波?!想让人信你,还是那句话:你有证据吗?

会有的。德布罗意做出了一个很疯狂的预言:电子穿过一个小孔,应该有衍射。

说完,他把目光转向大哥的私人实验室。莫里斯正带领他的团队忙着别

的，他认为让电子衍射的实验太难，没时间做。路易也就没再坚持。德布罗意家族就是牛啊，很随便地就放弃了一个诺奖。

所谓难题，从来都是只对大部分人来说的。哥廷根大学的埃尔泽塞尔同学很快就提出实验办法：可以利用晶体让电子发生衍射。爱因斯坦听了，觉得靠谱。老爱有十足的信心，波粒二象性是对的，我们一定能看到电子衍射，看到电子衍射，就看到了诺奖。于是，老爱给小埃提了个醒：小伙子，你坐到金矿上了！

话是不假，不过，你以为被你坐在屁股底下，这座金矿就是你的？就在大家眼巴巴等着小埃挖金矿的节骨眼上，两个家伙从天而降，误打误撞地把金矿从小埃屁股底下抢走了！

克林顿·戴维逊，1911 年取得普林斯顿大学的哲学博士学位，同年被卡内基理工学院任命为物理学助理教授，1917 年加入西部电力公司实验室——就是后来鼎鼎大名的贝尔实验室。

这段时间，戴维逊和助手革末一直都在玩一个很无聊的游戏：用电子轰击各种金属，看看会发生什么。虽然没有什么神迹发生，但，他们一直在期待，发生点什么震撼的事情。

1925 年 4 月，神迹终于发生了：一瓶液化空气爆炸了，场面很震撼。

这不是重点。重点是，一个真空管被炸坏了。虽然人类炸坏的东西就像天上星，亮晶晶、数也数不清，但这支管，堪称“舍生取义”的典范，被无数次写进物理史。真空管里，装着用来接受电子轰击的镍靶。镍靶为什么要装在真空管里呢？因为只有靶的表面够纯净，细微的电子弹射到上面，才有可能观测到发生了什么。现在真空管坏掉了，空气浪荡地侵蚀了镍靶娇弱纯洁的肌肤。实验装置基本报废。

这也不是重点。重点是，为了节能减排，戴维逊和革末打算勤俭节约一把，修复这个装置。恢复镍靶纯净肌肤的最好办法，就是加热，高温会除去氧化层。但是他们忘了一件事：高温还会改变晶体结构。镍靶本来由诸多微小的镍晶体构成，高温让它们融成了几大块晶体。

这还不是重点。重点是，这种巨变是内在的，镍靶表面还是很无辜的老样子。戴医生和革护士都以为手术成功，它痊愈了，于是，很有成就感地接着做实验。然后，他们发现，观测结果跟以前不一样了！数据曲线出现了好几处尖锐的峰值！What？是以前看走眼了，还是现在看走眼了？公司一位显微镜专家诊断了下，发现这是一起医疗事故：镍靶变性了！先不管了，折腾了一年多，也该

戴维逊和革末

歇歇了。这时已经是1926年7月了，戴维逊匆匆把数据发表了，就迫不及待地给老婆写信，约她去英国旅行："亲爱的洛蒂，这将是咱俩的第二个蜜月，而且将比第一次更甜蜜!"

1926年8月，牛津。第二次蜜月里的戴维逊听说，本月10日，英国科学促进会在这里召开，他的大舅子，也是他的老师理查森也要去参会，于是戴维逊决定一起去凑热闹。会上，他惊奇地听到，德国著名物理学家马克斯·玻恩提到自己的名字!

玻恩认为，戴维逊发表的那些实验数据，支持了一位法国王子的理论。此前，戴维逊从没听说过德布罗意，更别提看过他的论文了。运气来了，真是神仙也挡不住。

蜜月结束后，戴维逊恶补了德布罗意、薛定谔的理论，投入了甜蜜的事业：用镍晶体做电子衍射实验。

冬去春又来，戴维逊的实验带来一个噩耗：电子发生了衍射，这厮真是波!世界太疯狂了!

实验的一系列成果经整理后，于1927年12月发表在《物理评论》上。狂飙未启雷先炸，惊落了，几多下巴。

故事还没完。戴维逊埋头挖金矿时，没注意到，另一边还有个人挥汗如雨。

英国物理学家乔治·帕吉特·汤姆逊(G. P. 汤姆逊)。他爱电子的一切，因为电子是他们家发现的。没错，他就是J. J. 汤姆逊的儿子。德布罗意说电子应该有波动性，G. P. 汤姆逊当然要验证一下。也是1927年，他另辟蹊径，用特制的金属箔，也搞到了电子的衍射图像!

1937年，埃尔泽塞尔眼巴巴地看着戴维逊和G. P. 汤姆逊分享了诺贝尔物理学奖。

三十年前，老爹J. J. 汤姆逊因为发现了电子这个粒子而喜获诺奖，三十年后，儿子G. P. 汤姆逊因为证明电子是个波又喜获诺奖。谁说三十年河东三十年河西？波粒二象被老汤家玩儿了个够。好吧，你们爷儿俩赢了。

但是，整个物理界抓狂了。电子是个波？电子是个波?!

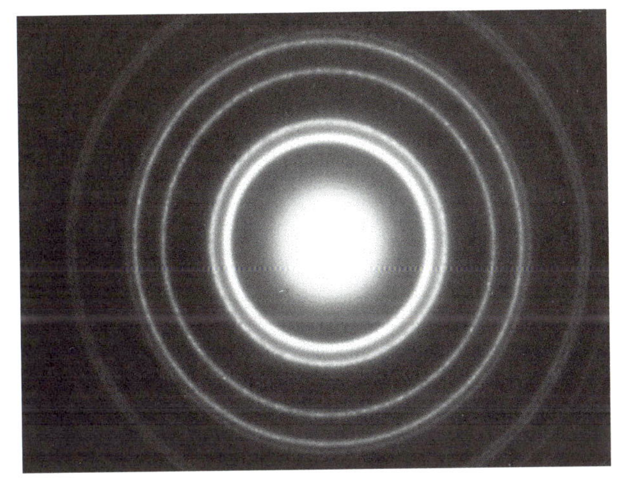
电子衍射图像

电子是个波吗?

还记得J.J.汤姆逊发现它时，是怎么算出它的质量的吗？如果它是波，这样能算出它的质量?

还记得康普顿效应吗？不是粒撞了粒，怎么解释那遗失的能量、精致的散射角、被踢飞的电子?

还有，1912年，英国科学家威尔逊改进了自己在1895年发明的云室，电子经过云室中的水蒸气时，划出了一道道清晰的轨迹——电子是个粒子，这就是直接的观测证据！为此，威尔逊和康普顿分享了1927年的诺贝尔物理学奖。如果电子是波，怎么解释这些轨迹?

还有，你怎么解释电子在感应屏上砸出的小点?

还有……

粒军扫射一梭子问号。波军看了看城墙上的弹孔，扔回一颗问号：那你怎么解释美丽的衍射图案?

再美丽的图案也是由一个一个小点组成的！粒军急了，飞回一柄叹号。

有本事你用颗粒搞出个干涉、衍射图案给俺膜拜下？波军一把接过叹号，折弯了又扔回去。

……

波、粒这对生死冤家，无论是看概念，还是看形态，无论是看外表，还是看内心，它们之间都没有任何逻辑联系，如果非要说有联系，那就是你死我活！在光的本质之争中，它们各司疆域，各领风骚，势成水火，来来往往斗了几百年，直杀了个硝烟弥漫、天昏地暗，从波义耳、牛顿、胡克、惠更斯、托马斯·杨、马吕斯、菲涅耳、拉普拉斯、泊松……到麦克斯韦、赫兹、普朗克、爱因斯坦、玻尔……两军阵前，随便拽出任何一个将领，都会把咱俩和小伙伴们惊呆的!

波粒大战，是人类顶级智慧的大PK！现在，光的波粒之争还没平息，又把以电子为代表的粒族——也就是所有物质卷了进去，光的内战，变成了真正的世界大战！德布罗意，你是唯恐天下不乱吗?!

双方打得鼻青脸肿、丢盔卸甲，却丝毫没有结果。物理世界的天幕神秘而厚重，肃穆的背景深处，隐约透出阵阵郁积已久的骚动，似乎有某种恐怖的东西在逐渐接近，沉着而坚定，从容、舒缓却势不可挡。

大幕掀起了一角。幻光乍泄，转瞬便湮灭在一片巨大的阴影之中。

你可以瞠目结舌，但架没打完干吗要扔掉刀呢？什么？敌人也扔了?！压力再大，饭也得吃、路也得走不是？兄弟，拾起掉落的盔甲，横刀跃马，继续前行吧！

4 不相容

话说哥廷根“玻尔节”，这是合作双赢的典范，哥廷根引进了原子物理的新鲜空气，玻尔更是赚得盆满钵满，交了友，扬了名，立了言，还挖了墙角，为哥本哈根谋取了两个栋梁之材。

其中一位，就是在前文打过几次酱油的泡利。这是个真正的奇才，同行们公认，在对物理的直觉和理解能力上，这厮跟爱因斯坦有一拼。

沃尔夫冈·泡利，美籍奥地利物理学家，1900 年 4 月 25 日出生在多瑙河畔的音乐之都——维也纳。其实他是沃尔夫冈 2.0，因为他父亲与他同名。

沃尔夫冈 1.0 是个医生、维也纳大学教授，妻子贝莎是个著名的记者和作家。泡利的教父更有名，他是马赫，对，就是跟牛爷抢水桶的那个马赫。

音乐之都，书香门第，教父是哲学和物理学大腕，三者居其一，就够一般人汲取半辈子营养、“臭屁”一辈子的了。但是这些，对于学习能力强到变态的泡利来说，很快就不够塞牙缝的了，这里变成了他的“精神沙漠”。

1918 年 9 月，18 岁的泡利迫不及待地走出维也纳，一头撞到慕尼黑，投入索末菲门下。那时，索末菲正在苦心经营他的理论物理学“苗圃”。经营苗圃，有两个关键，一个是“苗”，一个是“圃”。索末菲建的研究所，起点就不如玻尔，只有办公室、研讨室、教室、小图书室四个房间，外加一个地下实验室。圃是小了点，但更关键的是苗。好在索园丁眼光独到、园艺精湛，培育出不少好苗子。

索末菲很快就发现，泡利天赋异禀、前程似锦，是棵打着灯笼都难找的好苗子。好苗子遇到好园丁，那是双方的幸运。你负责精心培养，我负责茁壮成长，师生各展其长、相得益彰。

毒舌泡利的花样年华

索末菲对这棵进步神速、健康、可持续成长的“苗子”相当满意，对泡利的能力相当有信心，在这一点上，泡利和索老师始终保持高度一致。

工作之余，索老师揽了个瓷器活：编辑《德国大百科全书》的物理部分。本来，他想请爱因斯坦写相对论部分，但老爱没时间干这事儿，于是，就找泡利江湖救急。泡利同学18岁那年，就发表过一篇关于广义相对论的论文，已经是内行人眼里的相对论专家了。泡利没辜负索老师殷切期待的眼神，很顺利地写完了初稿。索老师一看，太深刻了！太成熟了！一个字都不用改！（顿时想起玻三篇，卢老师泪奔啊！）索老师还真不是吹，爱因斯坦看了这篇长达237页的文章后，赞不绝口：“对该领域的理解力、熟练的数学推导能力、对物理深刻的洞察力、使问题明晰的能力、系统的表述、对语言的把握、对该问题的完整处理及其评价，足令所有人羡慕！”当老爱得知，这篇“构思成熟、宏伟”的文章出自一位21岁的毛头小子之手时，感到很震撼。直到现在，这篇雄文还是相对论领域的经典论述之一。

在索老师手下，泡利最大的收获，应该是接触到量子论。那时，大家都在忙着拯救玻尔，给他的原子模型打补丁。最大的补丁当然是索老师几年前打的 k 和 m。

泡利刚听到量子理论的基本假设时，惊呆了。但他很快就适应了，接受了索老师指派的另一项任务：用玻尔理论和索老师的补丁搞定电离氢分子。啥叫电离氢分子呢？前面说过，2个氢原子核共享2个电子，这就是氢分子；把电子踢飞1个，它就变成了电离氢分子。

泡利的任务完成得相当完美。但他很失望，因为，他的分析虽然无懈可击，但结论却与实验不符。虽然大家对玻尔理论与实验不符已经习惯了，但泡利一点也不适应，因为这是他的“处女败”，虽然责任并不在他。他的这顿分析，直接证明了玻尔－索末菲模型搞不定电离氢分子！

虽然结果不尽人意，但泡利同学的分析相当给力。

1921 年 10 月，泡利顺利取得博士学位后，就去了哥廷根，给德国物理学家玻恩当助手。

马克斯·玻恩，1882 年生于布雷斯劳。他本来喜欢数学，后来在父亲古斯塔夫教授的建议下，选修了物理、化学、逻辑学、动物学等七七八八的东西，然后爱上了天文学。不过，他还是数学最厉害。1906 年，在哥廷根取得数学博士学位。后来，他去了剑桥，又移情物理。回到家乡后，他打算像汤姆逊老师那样，搞搞实验，教教学生，拿拿诺奖什么的，但很快，他悲哀地发现，自己根本不是这块料。因为搞实验，是一门技术活，而且是需要超强耐心的技术活。技术、耐心，这两样他一样都不占，咋办？改研究理论物理！

这个选择看似很搞笑，实则很靠谱。因为那时，玻恩博士已经是哥廷根数学系的讲师了，虽然是无薪讲师，不过，别忘了，哥廷根的天才们，能用强大的数学武器解决几乎所有问题。只要你提出问题，我就能用数学解答问题。所以，他们不厚道地炫技："对物理学家来说，物理太难了！"因为物理怎么也离不开数学，而物理学家，可不是个个数学都好，比如法拉第、爱因斯坦等。哥根廷的学生尚且如此强悍，何况是讲师！

果然，玻恩小试牛刀，就尝到了新鲜牛肉——他用数学，悍然解决了一连串物理问题。比做实验爽多了！

但是，武器，永远只是武器，解决问题的能力固然重要，如果不能发现和理解物理问题，那就像找不到目标的猎手，手里的枪再高档，也是摆设！所以，数学家成为物理学家，也不容易。

好在玻恩颇有物理天赋。所以，他的选择还是正确的。后面，我们将细细领略他对物理的理解能力。

1914 年，玻恩应邀任柏林大学理论物理学教授。这个职务可不是闹着玩的，看看同事就知道了：普朗克、能斯特、爱因斯坦……老爱比玻恩来得早一点，哥俩都是音乐爱好者，很投缘，所以常在一起混，讨论物理、搞音乐会等。后来，自从玻恩解读了那个神秘的 ψ（后面会提到），他俩就开始吵架，那时玻恩早就离开柏林大学了，只能写信吵，牛人吵架也是成果——这些信后来结集成了一本书！

1919 年，玻恩转战法兰克福大学，1921 年杀回哥廷根时，他已经不是数学

系无薪讲师了，而是响当当的理论物理学教授！

玻恩也在暗暗跟索末菲较劲，铆足了劲建设理论物理培训基地，培育出不少新人，人称“玻恩幼儿园”，哥廷根被建成国际理论物理研究中心。

玻恩

泡利的到来，让玻恩很 happy，人才宝贵，天才无价啊！可是这个天才不太好控制。泡利的缺点和优点一样明显：他是个直筒子。直筒子很常见，但这位，是个反应异常敏锐、看问题异常尖刻的直筒子。这几个词凑在一起，如果你依然无感，那咱俩就看看，跟异常敏锐尖刻的直筒子在一起，会发生什么。

在“开扒”这些雷事之前，我们得先了解泡利的优点，不然，谁都受不了这厮的所作所为。

首先，泡利的实力不同凡响，说他是最聪明的物理学家，他的同行们谁都不会反对。有人认为，在物理王国，泡利是个征服者，而不是殖民者，他似乎只注重解决问题，而不在乎问题是谁解决的。所以，他有大量的工作没有发表，包括一些相当牛的发现，他只是在信里提出一番见解就过去了，而懒得去搞出一个成型的成果去发表。具体事例，后文会提到两三个，那时，咱俩会像当时的物理学家一样，为之倾倒。

其次，泡利的眼光也是顶尖的，物理学的任何新理论拿给他，他都能迅速给出一个明确的评价，这不算牛，牛的是，他的结论准确度相当高！并且，他有一眼就能发现错误的能力，这一点，当时的物理学家们都服气。

再次，对于科学，泡利是真正的一丝不苟。问题搞不清楚，绝对要打破砂锅问到底。他喜欢争论，不肯轻易服输，但是，一旦验证了某个结论是正确的，无论这个结论是自己还是辩论对手得出的，他都会如获至宝，立即把争论时的不快抛到九霄云外。他关注的，从来只是科学本身。

最后，泡利的自信和坦荡人所共知，圈里人习以为常。而这个优点，也是缺点的开始。

他说话从来不掖着藏着，语气也毫不客气。除了对索末菲恭顺一些外，其他人一律不放在眼里，包括对他心中的 king——爱因斯坦。

作为 20 世纪的“世纪伟人”，在大家心里，爱因斯坦简直就是神一般的存

在。泡利拿到诺奖后，普林斯顿高级研究所为其开庆祝会，老爱发表演讲以示祝贺。泡利给玻恩写信回忆道："那情景，就像是物理学的王传位于他的继承者。"这句话至少包括两个内容：老爱是物理学之王；泡利自信自己就是继承者了。可见，老爱在物理学中的地位，在泡利看来，是至高无上的。

饶是如此，泡利对老爱也没客气过。一次，老爱演讲。时年20岁的泡利赶去，坐在最后一排听讲。讲到半路，泡利杀出来，提了一连串问题，火力十分凶猛，老爱险些招架不住。据传，老爱一朝"被蛇咬"，十年怕后排，打那以后，老爱每次演讲时，目光都要扫过最后一排，生怕再蹦出那个毛小子来。

该来的总会来，在一次国际会议上，老爱做完报告，泡利又站了起来，这次没提问，不过评论让老爱哭笑不得："我觉得爱因斯坦不那么蠢。"这对泡利来说，就是至少四星的好评了。

如果看了谁的论文，泡利给出一句："哦，这竟然没什么错。"这就是五星级好评了！得到这个评语的人通常会欣喜若狂。

得到这个幸运的人不是太多。由于新理论并不总是对的，所以，同人们给泡利展示成果时，经常得到的是恶评。

一次，意大利物理学家塞格雷作报告，泡利当面点评："我从来没听过这么烂的报告。"塞格雷顿时抑郁了。瑞士物理化学家布瑞斯彻在旁窃笑，不料，泡利转头冲他道："你上次在苏黎世的那个报告除外。"这下轮到塞格雷 happy 了。

才华横溢、放荡不羁的费曼对别人的看法，总是摆出一副"你爱怎么说就怎么说"的姿态，可是，当别人提起泡利对当代物理学家的评判时，费曼却迫不及待地想知道，泡利是怎么评判他的。泡利的评判是："费曼那家伙，讲起话来像是混社团的。"费曼听了，哈哈大笑。至少，泡利的点评名单里有他。费曼的泡利恐惧症不是凭空而来的，他在自传《爱开玩笑的物理学家》中讲过一件事：

费曼和老师惠勒合作研究关于"量子电动力学的推迟势"的问题，恰逢一个国际会议，二人决定把研究成果拿到会上宣读，费曼讲上半部分，惠勒讲下半部分。中场休息时，泡利降临，和费曼打了个招呼，费曼顿时很紧张。当费曼谈到上述成果和分工时，泡利想了想，露出诡异的微笑，冲费曼耳语道："惠勒永远做不出那部分报告的。"果然，惠勒没做那部分报告，并且以后也没有，因为那是错的。费曼被这个神预测震得目瞪口呆。

当然，泡利的毒舌也不全体现在工作上。一次，泡利想去某地，却不知怎么走，一位被他骂过的同事热心地画了张图给他。回来后，那位同事问泡利，此行是否顺利。泡利赞曰："不谈物理时，你的思路还蛮清晰的。"

在物理学上，泡利是个完美主义者，容不得一点瑕疵，他发现问题又快又准，评论绝不留情，被称为"物理学的良心""上帝的鞭子"。大家对他的毒舌司空见惯。后来甚至发展到，得到泡利的点评，哪怕是虐评，也是可以拿出来炫耀的资本。

这帮变态的家伙还编出一个笑话：泡利死后去见上帝，上帝拿出自己的宇宙设计方案给泡利看。泡利看了挠挠头，评曰："居然找不到什么错。"上帝刚松口气，不料泡利又耸耸肩，"你本来可以做得更好些……"

不论泡利怎么刻薄，在同代同行眼里，他也是那个璀璨的物理夜空中最耀眼的巨星之一。以至于在他去世很久以后，每当物理又有新理论时，大家还常常设想："如果泡利还在，不知有何高见？"

按照性格，泡利的名字应该译作"炮利"。不过，这厮并不总是在放炮，偶尔也会安慰人。一位同事写了篇论文，被泡利发现一个错误后骂了一顿。但论文已发表，没法改了。该同事追悔莫及。泡利良心发现，温柔地安慰道："我其实并不在意你思维迟钝，我只是反对你发表文章的速度比你思考的速度还快。"同事听了痛不欲生。泡利一看，疗效不好，于是恳切地补充道："没关系，不可能谁都像我一样，论文写得滴水不漏。"神啊！

泡利的学生说，他们可以问泡利任何问题，而不必担心太愚蠢，反正在泡利眼里，任何问题都是愚蠢的。

泡利的毒舌让朋友和同事饱受暴虐，却毫无办法，因为事后证明，他总是对的。所以，大伙就盼着能看到泡利出糗，也好让饱受欺凌的劳苦大众扬眉吐气一次。

最期待的是，出现一个超级天才，跟泡利 PK 一下，看看泡利表现如何。在那个天才辈出的时代，你还真可以期盼一下，因为什么都可能发生。这样的天才还真出现了——朗道。

简单介绍下，朗道是苏联人，此人比泡利晚出生 8 年，天资卓绝，4 岁就被誉为神童，被称为"世界最后一名全能物理学家"，他所做的十项物理贡献被称为"朗道十诫"。朗道命运多舛，1938 年差点被斯大林整死，秀才遇到匪，咋整都后悔，多亏恩师玻尔多方周旋、师兄卡皮查以命担保，总算捡回一条命。但 1962 年的一场车祸剥夺了他的工作能力，可惜了。

话说朗道也是极其狂傲自负之人，并且，圈里人都承认他有这个资本。一次，朗道去苏黎世演讲，而泡利正好在苏黎世联邦理工学院任理论物理学教授。

圈里人立即兴奋了:当朗道遭遇泡利,会擦出什么火花呢?所有人都认为,这回有戏看了。

事情的发展,却让殷切期待的围观群众大跌眼镜。也许是到了人家的地盘,知道泡利这条地头蛇不好惹吧,一向狂傲的朗道破天荒地摇身一变,作谦谦君子状,讲完后,居然谦称自己所讲的可能是错的。泡利很能尽地主之谊,立即安慰道:"噢,绝不可能。因为你讲得乱糟糟,根本闹不清对错。"

面对这个出人意料的结果,那些唯恐天下不乱的家伙很不甘心。不过,他们还是有幸见到了泡利俯首帖耳的窘态——在索末菲老师出现的时候。

不论何时,哪怕是泡利名满天下、声望极高以后,只要索老师走进泡利的屋子,泡利都会立即站起来,甚至鞠躬行礼。他对索老师说话也极为恭顺:"是的,枢密顾问先生……是的,那是最有趣的……我可以这样说吗?"这哪是雄狮般的泡利?活脱脱一只温顺的小羊羔!所以,索末菲老师到苏黎世,就是泡利的同事、学生们的节日,因为他们能免费欣赏一场绝世魔术:一头飞扬跋扈、横行霸道的犀牛,瞬间变成一只柔顺乖巧、温和谦逊的小乖猫。这次第,怎一个"爽"字了得!

顺便八卦下,索末菲本人注重德国式的传统礼节,也喜欢他的学生遵守这种礼节。不只是泡利,索老师的所有学生,在他面前无不毕恭毕敬。"枢密顾问"是德国对成就卓著的教授的一种荣誉尊称,索末菲当得起这个称号。在他的学生之中,有 6 人获得过诺贝尔奖,几十人成为一流教授。索末菲一生斩获无数荣誉,独缺诺贝尔奖。不过,他保持了一项别致的纪录:被提名诺奖次数最多的物理学家,他曾被提名诺奖 81 次。

说回到泡利。这家伙不光是毒舌,他生活习惯也不太好,喜欢喝酒泡吧,还酷爱舞蹈。第二届索尔维会议,泡利没去参加,仅寄去一篇论文了事。他为什么这么忙呢?居然是为了赶去参加一个舞蹈比赛!难以想象,一个大眼暴突、身材敦实的物理学家飙起舞来,评委会不会集体疯掉。

除了酒文化、舞蹈艺术和夜店体验,泡利还喜欢在晚上工作和思考,属夜猫子型。他睡觉时通常已经是早晨了,而起床时一般已经是下午了。这也算正常。但是,作为助教,他完全不顾及教授早出晚归的正规作息时间。玻恩有事不能讲课时,只能差人提供叫醒服务,才能让泡利及时赶去代课。

如此自由的空间,泡利还是受不了,因为哥廷根作为大学,够大,但作为小

城，太小，不够 high，于是他经常开溜。

对这些，玻恩特淡定地表示理解："他受不了小城生活。"

玻恩还给老爱写信炫耀："泡利现在是我的助手。他极聪明，特能干。"

实际上，无论是作为物理学家来说，还是作为导师来说，玻恩一点也不比索末菲差，手下也是英才辈出。玻恩在自传中谈到学生们的天赋，最聪明的学生居然不是泡利，而是中国的黄昆。黄昆最牛的贡献是在玻恩手下做出的。20 世纪 50 年代，黄昆回国。他后来的成就，与师兄弟们相比，算是比较低的，跟泡利就更没法比了。

玻恩爱极了泡利，对泡利的评价也是一点没错。但是，泡利和玻恩在工作上不怎么合手，算起来，还是数学惹的祸。

玻恩是个数学控，他大概有个理想：在物理学家里数学最好，而在数学家里物理最好。但我们知道，这个目标永远也实现不了，因为有麦克斯韦、阿基米德和牛顿。尤其是牛爷，在物理学家里物理最好，而在数学家里数学最好。无论如何，神也阻挡不了玻恩对数学的依赖，不管遇到啥问题，玻恩总是物理未动，数学先行，以数学主导物理研究。

泡利虽然数学也不差，但他更重视对物理的理解，喜欢靠自己的直觉认识，寻找逻辑完美的论据，然后再动用数学。

别看只是先后顺序的差别，但合作起来，可就不是小问题了。

泡利与玻恩

1922 年 4 月，泡利跑到汉堡大学当助教。玻恩黯然神伤，却无力挽留。他承认，自己从这个小毛孩身上学到的东西，比泡利从自己身上学到的还多。

1922 年 6 月，玻恩邀请玻尔来哥廷根讲学。泡利赶回哥廷根，欢度“玻尔节”。玻尔的理论让泡利耳目一新，泡利也很快熟悉了量子论。泡利的才华与做派，是在哪儿都特显眼的那种，所以，玻尔很快就注意到这家伙。空荡荡的研究所是玻尔心中的痛，泡利这种天才现在不赶紧笼络过来，更待何时？于是玻尔赤裸裸地挖起汉堡大学的墙角，邀请泡利去哥本哈根当助教。

泡利刚刚被玻尔的理论吸引，加上玻尔独特的魅力、优越的研究场所、丰沛的研究资金、朝阳般的研究领域，这些对任何一个科学家来讲，都是不可抗拒的。泡利答应了，他信心爆棚地说：“物理不是问题，丹麦语可能费点劲。”

1922 年秋，泡利如约而至。他惊奇地发现，这下弄拧了，他很快就学会了丹麦语，但物理出了问题，因为玻尔给他出了个难题：反常塞曼效应。

前面说过，这个问题把凡是涉足其中的物理大牛都折磨得够呛，比方说洛伦兹、玻尔、索末菲等，都束手无策。现在，哄来个顶缸的，玻尔甭提多高兴了，把这个烂摊子往泡利手里一撂，欢天喜地地挖别的墙角去了。

对于原子、电子这些莫名其妙的东西，泡利手里只有刚刚学来的玻尔 - 索末菲模型。他很快就把这些理论玩儿得溜溜转，可以搞定很多问题，但也有很多问题他搞不定，拿反常塞曼效应更是无可奈何。这很正常，要是拿现有的理论能搞定，玻尔和索末菲早就拿下了，还会搬来你这个大神？

对这些，泡利当然门儿清。所以，担子虽重，但他咬牙扛了起来，有种“舍我其谁”的责任感。

咬牙扛重担的滋味并不好受，所以，趾高气扬的泡利在相当长一段时间里，总是一副焦头烂额的样子。玻尔建议，用原子核的有限角动量试试，泡利否决了。

一天，泡利溜达到玻尔家里。玻尔太太热情地问候：“你好，泡利。”

“我当然不好！我不能理解反常塞曼效应！”泡利暴躁地抱怨道。

“要不……我煮碗面给你吃？”隔壁张姨婆探头怯怯地道。

转眼就是一年。反常塞曼效应依旧反常，泡利与玻尔研究所的合同却很正常地到期了。他只好在 1923 年 9 月扛着这副担子回到汉堡。好在汉堡离哥本哈根不远。

在这一年里，泡利和玻尔相处得很和谐。

和爱因斯坦的独行侠风格不同，玻尔更喜欢集团作战。他幽默、外向、合群，是那种“在生活、思想上都迫切需要和别人在一起”的人。这样的人，如果有较强的能力，那就是天生的领袖。而玻尔，恰好具有这个能力。他继承和发扬了恩师卢瑟福的伟大导师品质，魅力倍增。并且，他亦师亦友，思想开放，善于发掘人的潜力，“栽下梧桐树，引得凤凰来”，他把研究所的软硬环境搞得像家一样自在和温暖。所以，泡利离开后，也不忘常回“家”看看。

我们知道，那些奇奇怪怪的原子光谱，其实是电子跳来跳去扔出来的能量。所以，要搞定该死的反常塞曼效应，你就必须先搞清楚电子的情况。

现在，泡利摆弄着几个众所周知的电子生活隐私：

① 喜欢低楼层，先到先得(能量最低原理)。

② 不同楼层房间数不一样，规律是：$2n^2$，n 就是楼层。这样，1、2、3……楼房间数分别是 2、8、18……这是 1914 年，瑞典物理学家里德伯搞到的一个经验公式。

③ 现有 3 种量子数可以确定电子的状态：主量子数 n、角量子数 k、磁量子数 m。我们很熟悉，它们分别代表电子轨道的大小、形状、方向。这些量子数，构成了一个丰满的 3D 原子。

问题是：电子喜欢低能低耗，为啥不都住到一楼？凭什么有的电子顶着压力住高层？它们究竟有着怎样的难言之隐？每层的房间数凭啥限制这么死？到底是政策的不公还是利益的角力？

现在看来，手里掌握的这些隐私，还不足以扒出反常塞曼效应的秘密。线索！我需要线索！泡利在浩如烟海的实验数据、论文中苦苦寻觅。

说来也巧，一天，泡利读索末菲写的新教科书《原子结构和谱线》，要说他对老师的敬重，那真是不服不行，他连序言都看了，而序言里，刚好提到一篇文章，好像跟他要找的那个线索有点关系。而这篇文章的出处，就在他刚刚看过的一本《自然科学》杂志里，当时他没注意这篇文章。泡利一秒没耽误，立即跑到图书馆，找到这本杂志。

这是剑桥大学研究生斯托纳 1924 年 10 月发表的论文：《原子能级中的电

子分布》。还记得前面说过“每个楼层都有亚层”吧？斯托纳给出一个经验公式，亚层房间数是$2(2k+1)$。

每个楼层房间数最多是$2n^2$。为啥n的平方还非得乘以2？

每个亚层房间数最多是$2(2k+1)$。为啥要“$+1$”？表示“顶楼上”？

敏锐的泡利断定，这是因为还有第4个量子数！

这个量子数有两个值，与其他量子数相互影响，贡献出多一倍的量子数。所以，从整层楼来看，n^2还得乘以2；从亚层来看，$2k$还得加1。

这样一算，不管是什么原子，没有两个电子的4个量子数是完全相同的！也就是说，在一个原子里，任意拿出两个电子，它们的4个量子数，至少有1个是不一样的。

是这样吗？泡利综合大量的数据，埋头苦算，有多少数据够泡利玩儿命干的呢？比当年开普勒推算行星运动定律的数据还要多得多。泡利运用的是现代数学手段，难度超高超变态，令人叹为观止。此处略去5万字。

哦！原来，一山不能容二虎，除非一公和一母。在同一个原子里，电子不能容忍有另外一个自己！

自然界又一个伟大的基本规律诞生了：一个原子里，不能容纳运动状态完全相同的电子！

这个简洁的规律，完美解释了为什么电子不能一拥而上，都挤到最低能级。因为都到这儿来，那几个量子数不够区分它们。所以，为了让每个电子的运动状态有区别，它们只能占据不同的楼层、不同的房间。所以，原子才会拥有一定的体积。所以，原子结构基本保持稳定，物质一般不会坍缩……

根据计算，第4个量子数只能有两个值，泡利管它叫“二值性”。有了这第4个量子数，反常塞曼效应里的那些复杂分裂，也就很正常了。这么多问题，被泡利一招搞定。这个发现，叫作“泡利不相容原理”。它把玻尔模型抬升到辉煌的顶点。

1925年，泡利发布了这个光辉成果。物理界一片吐血声。为什么不是喝彩声呢？因为大家感到，这个不相容原理，比它的发现者本人还要霸道蛮横。电子凭什么不能容忍另外一个自己啊？那个神秘兮兮的“二值性”是个什么东西？天啊！快给我一面墙，我要撞死自己！

中科院物理所井盖上的泡利不相容原理

其实，让物理学家们想撞墙的，不仅是泡利毒舌、泡利不相容原理，还有无比恶搞的“泡利效应”。跟反常塞曼效应相比，“泡利效应”更反常。因为这个效应是泡利本人引起的。它是物理界无人不知的效应，却不是物理效应。所以，我们就当饭后八卦，开心一下。

话说当年，有几个理论物理学家的实验水平之烂举世公认：海森堡、杨振宁、泡利……海森堡还好，仅仅是自己实验水平烂而已。而杨振宁和泡利的实验水平是“负”的，不仅自己实验水平烂，还对实验有害！“Where is yang，where is bang”（哪儿有杨振宁，哪儿就有爆炸）这句警世恒言让杨振宁名声更噪。但是，有实验破坏神泡利在，杨振宁简直就是实验之友了。

可能是为了平衡，上帝给了泡利极灵的头脑，却给了他极笨的手脚，你让他搞实验，准砸。他有这种效应，就该离实验室远点，安心搞理论去。但是，这货偏偏好奇心极强，看到啥新鲜玩意儿都要摆弄下。不幸的是，实验室里净是些新鲜玩意儿。更不幸的是，这些玩意儿往往又精密又娇贵。于是，泡利所到之处，故障频发。善于总结经验的各大实验室纷纷把泡利列入黑名单。

但是，百密一疏，防不胜防。一次，泡利乘坐的火车在某车站停留半个小时，泡利很无聊，恰好附近有个实验室，他就决定临时参观一下。实验室领导眼见大名鼎鼎的泡利驾到，来不及“整理”实验室，又不好阻止，只好无比无奈地看着泡利各种鼓捣。幸好时间很快就到了，泡利及时赶回车厢。不过，实验室已经是硝烟弥漫了。

泡利动手搞砸实验倒也罢了，可怕的是，这厮不用动手也能搞砸实验，活脱脱一个实验瘟神，令各实验室闻风丧胆。

一次，实验物理学家弗兰克在哥廷根的实验室出了一次事故。这次，没人发现泡利出没。于是弗兰克告诉泡利，这回不赖你。泡利很诚实地回忆说，那天，他从苏黎世坐车去哥本哈根，路过哥廷根时，车停了一会儿。那个时间正好是事发当时！天啊，居然有超距作用，还让不让人活了?!

传言，某年某月的某一天，意大利的某实验室故障频发，实验人员实在找不到原因，就打听泡利的行踪，得知泡利刚好乘火车经过此地后，毫不犹豫地在记录本上写下:“事故原因是泡利路过。”

但是泡利不信邪。一次，这家伙路过一个天文台。他想，到这里走两步，总没啥问题吧？说进就进！刚进门走两步，一块铁板就很给面子地掉了下来，泡利吓得赶紧逃跑。

如此功力，谁不生惧？所以，另一个天才费米在做实验时，是绝对不敢放泡利进实验室的。有问题请教泡利，只敢隔着门问。你知道，费米搞核物理的，炸不起啊！

“泡利效应”的名头越来越响，其波及范围也越来越广。话说某次学术会议，台上的人讲出一个让泡利十分不爽的理论，泡利便上台抨击之。讲演者乖乖回到台下听讲。重点是，泡利讲到激动处，突然手持粉笔向演讲者凌空一指，吓得演讲者往后一仰，居然把屁股下的椅子弄垮了。坐在那人身后的捣蛋鬼伽莫夫(苏联裔美籍核物理学家、宇宙学家)跳起来喊道:“泡利效应！”

你以为这只是巧合吗？对，它就是巧合，还有更巧的。一次，泡利赴会稍晚，见两位体面的女士中间有个空座，便一屁股坐了下去，你猜怎么着？两位女士的椅子双双垮掉！

真是没有女人缘啊！泡利在物理上所向披靡，但在情场上却是弱势群体。结婚一年的老婆，居然被一个名不见经传的化学家抢跑了。

泡利很受伤，就去找荣格（瑞士心理学家，分析心理学的创立者）帮忙。经过梦境分析，结果很狗血：因为泡利的理性思维太过强悍，忽略了情感交流，所以感情被严重压抑。于是，泡利以科学的态度配合荣格，进行心理疏导。

荣格惊奇地发现，这位病人很快就能和自己一起进行精神分析了，还在不知不觉之间，教会了自己很多物理学知识！

即使在跟心理学家交流，泡利也坚持吹毛求疵的原则，给荣格带来不少压力，竟然迫使荣格完善了他的心理学理论。后来，这两位居然还合作出了一本书！荣格后来提出了"共时性"，用来解释机缘巧合类的事件，引起很大的争议。不过，用来解释"泡利效应"足够了。

"泡利效应"更为传奇之处，在于它"损人利己"——破坏别人的实验，但可以保护自己。泡利的两个助手派尔斯和韦斯科夫，都在各自的自传里提到这件事：

泡利的45岁生日。泡利虽然语言尖锐，但这并不影响他在同时代物理学家心目中的地位。

一次，泡利要去参加一个会议。与会的物理学家们决定跟泡利开个玩笑，在门上安了个触发开关，只要泡利一推门，就会发出爆炸声。反复测试、确认无误后，大家兴奋地等着看戏。泡利果然推门而入，却看到大家惊奇的眼神，这个触发开关竟然卡壳了！“泡利效应”又一次破坏了实验装置，成功“拯救”了自己！

这下，泡利更牛了，他还把“损人利己”作为依据，来判断事故是不是“泡利效应”引起的。1956年，泡利夫妇与助手恩兹夫妇在意大利共乘出租车，路过一个小山坡时抛了锚，恩兹说这是“泡利效应”。但泡利不承认，因为这次故障给自己带来了不便，不符合“损人利己”的特征。

“泡利效应”是一些巧合和传说杂拌而成的逸闻，是物理学家们拿泡利解闷儿的一个打趣话题，从中也可以读出大家对泡利的一种特殊感情。

泡利搞出不相容原理后，他收到一张明信片：“恭喜你，把量子论的‘骗局’发展到了新高度。”

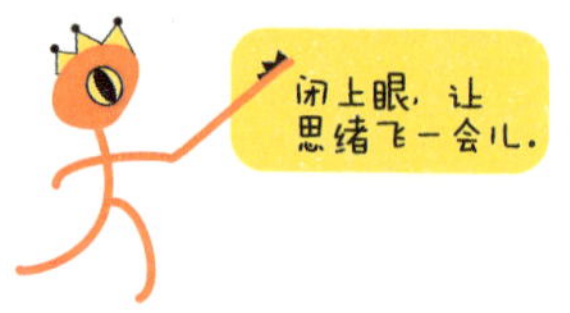

第十九章

量子论二 谁主沉浮

1 天降神童

那张恭喜泡利把量子论的“骗局”发展到了新高度的明信片的作者，是屈指可数的物理奇才——海森堡，即泡利的师弟、朋友。

沃纳·卡尔·海森堡，德国人，1901 年 12 月 5 日生于维尔茨堡，老爸是慕尼黑大学拜占庭语言学教授，爷爷是马克西米廉斯中学的校长，海森堡的中学时光，就是在爷爷治下的学校度过的。普朗克也曾在这儿上过学。

海森堡

老师们很快就对海森堡青眼有加，倒不仅因为校长是他爷爷，更多的是因为这孩子在智力上特别耀眼。“他能迅速抓住事物的本质”“思维非常敏捷，而且一般不出错”……老师们的评价一点也不过分。海森堡 12 岁就玩微积分，并且开始啃希腊哲学著作。同时，他对物理、宗教、音乐、文学都有强烈的兴趣。研究这么多东西，他还有大量精力四处挥霍。如果不是威廉二世以民族和国家利益的名义挑起一战，搞得大家饿肚子，小海的文化生活会更加丰富多彩。他参加了学校的准军事训练营——一种童子军式的组织，这样可以吃饱饭，还可以经常搞些户外活动什么的，大概就是这种经历，让他形成了有些偏执的爱国主义思想。

一战终于结束了，本来已经被战争拖垮的德国经济，又压上了战争赔款的大山，彻底崩溃了。“爱国贼”们终于把国家搞得一片混乱。好在学术界还算比较宁静，这是社会最后的希望。小海不仅幸存下来了，还把学业修完了。

1920年，在数学教授林德曼面前，海森堡阐述了自己想当一个数学家的远大理想。对物理学来说，万幸的是，林德曼拒绝了小海。原因是，教授问他最近看了哪些数学书，小海天真无邪地回答：“时间、空间和物质什么的。”林德曼马上告诉他，你走错门了。海森堡的第一个远大理想泡汤了。

于是，他去找老爸的朋友索末菲叔叔，表示了想当一个物理学家的远大理想。索老师只看了一眼，就让这棵好“苗子”进了他的“苗圃”，还特许18岁的小海参加高年级的研讨班。

在研讨班上，有个黑头发、脸上长着青春痘的家伙，很引人瞩目。索老师告诉小海，那小子就是传说中的泡利，他已经快20岁了，你可以从他身上学到很多东西。

小海是个乖孩子，再去研讨班，总是往泡利身边凑，还老向泡利请教问题。一来二去，俩人就熟了。要说这哥俩，在一起简直就是绝配，除了脑子好、性别男以外，其他毫无相似之处，一个安静、含蓄、友好，一个热烈、直爽、刻薄，一个似美玉无瑕，一个似浪子奇葩，若说有奇缘，今生他好像总在欺负他。这对宝，水和火一样的差别，居然很快就过起了懒虫师兄和勤快师弟的幸福生活。

由于作息时间几乎相反，他俩见面的时间倒也不多。但是，泡利依然严重影响着海森堡的生活、学习和思想。他开玩笑时，就骂小海一顿，他认真时，就狠骂小海一顿，但小海完全不在乎。就算小海名满天下后，泡利看他的理论不爽，也是照骂不误，而小海在讲台上聆听师兄的痛骂以后，依然能淡定地继续演讲。物理界早都习惯了这个剧情，见怪不怪了。

小海见泡利在写百科全书的相对论部分，感觉这哥们太酷了，就嚷着要研究相对论。泡利免不了又骂他一顿，告诉他，相对论被老爱叔叔一个人搞定了，只剩下些残羹剩饭，没啥搞头了，还是搞量子论有前途！不是每个人都有机会被泡利骂，也不是每个人都有机会得到泡利的建议。于是海森堡很听话地去研究量子论。

他俩在理论物理上顺风顺水的，吵吵闹闹过得很开心。但是，学物理，一般是逃不过实验课的。他们的实验课教授，是1920年来的维恩，对，就是搞出位移定律的那个维恩，一个认真的实验教授。

我们都知道，泡利和海森堡都是实验渣。渣就渣吧，你倒是找个好搭档啊，这两位还不知死，老凑在一块搞实验，于是实验结果没有最烂，只有更烂，维恩对这两位的印象可想而知。不过，他俩的实验也不是每次都以失败告终。有次，哥俩又一起去上实验课，内容是测音叉的振荡频率。做着实验，俩人又开始讨论问题，又有分歧（为什么老说“又”？），于是又放下实验，又开始激烈辩论。

终于吵完，二人觉得很过瘾，却发现快下课了。实验没做完，时间又很紧迫——就剩几分钟，神仙也做不完了。这时，神都想不到，海森堡来了句：“泡利，你敲一下音叉俺听听。”泡利还真敲了。海森堡的音乐天分首次得到了实验证明：他准确地听出了音高，并光速计算出了振荡频率！实验老师拿着他俩的计算结果直犯嘀咕：团结协作时老出错，吵架居然可以得出正确结果？

海森堡不仅不爱做实验，还特贪玩，喜爱下棋、弹琴、爬山、滑雪、露营等各种活动。索末菲忍无可忍，对这位资深驴友、文艺青年下了禁令，这些杂七杂八的爱好，太浪费他的才华和时间了！

小海的天赋让索老师信心爆棚，他开始给小海布置一些超级作业，比方说反常塞曼效应。海森堡的任务是，建立一个公式来描述那些光谱分裂。这个初生牛犊，还真搞出一个理论。虽然后来被证明是错的，但成功地吸引了一些高手的眼球，比如玻尔。

1922年6月，哥廷根“玻尔节”。海森堡本来没奢望去听玻尔的讲座，因为他没路费。一点也不慈祥但无比善良的索末菲再次爱心泛滥，出了这笔钱，于是小海屁颠屁颠地去了哥廷根。又可以欢乐地听师兄骂人了！下面这段是玻尔的作文：

> “美丽的夏日，花园里飘来阵阵玫瑰的清香。大厅中座无虚席，一排排地坐满了著名的物理学家和数学家，人们都点头赞许着我的学养和智慧。突然，跳出一个毛头小伙，指出我的数学计算是错的！”

这次，毛头小伙不是泡利，而是海森堡！老谋深算的玻尔很随便一句“课后再说”，当场敷衍过去。

就这样被无视了？小海很受伤。演讲结束了，小海收拾东西准备走人。突然，玻尔降临：“咱俩干吗不出去散散步，顺便把那个问题彻底搞搞清楚呢？”其实，在课堂上，玻尔已经被这个男孩的洞察力着实震惊了一把。玻尔当时就盘算着，绝不放走这小子！这不，一下课，就来下套儿了。

玻尔请小海散步，小海当然应邀了。下午，一大一小俩爷们儿就在学校附近的小山上转呀转。

“我比你想象中还要更赞同你。”一开始，玻尔就立场坚定地站在海森堡这一边。

哦，原来咱俩是一伙的。海森堡放下心来。

谈心，是玻尔的独门神功。接下来，玻尔就开始袒露心扉，恳切地谈了自己工作的心路历程、对物理学现状的困惑和苦恼。正当小海感到玻尔太坦诚，自己无以为报时，玻尔说：“我的，你都知道了，该你了。”

于是，小海只恨自己的故事太少，竹筒倒豆子，一股脑全交代了，酣畅淋漓。

玻尔表示聊得很开心。他的确开心，因为目的差不多达到了，可以进入正题了。于是，他不经意地提出一个建议：“你可以来哥本哈根访问一个学期。”

小海受宠若惊，但他已经答应玻恩，下个学期要到哥廷根学习。

原来玻恩先下手了。玻尔不动声色，热心地介绍哥廷根的物理、数学大腕，以供小海参考。小海心里暖洋洋的。

分手时，小海欣喜地看到，前途一片光明。

“我真正的科学职业生涯，是从那个下午开始的。”小海如是说。

索老师要去美国，离开的这段时间，他很负责地把海森堡托付给了玻恩。

玻恩的眼力一点也不比索末菲差，他看出来了，海森堡可以媲美泡利！对于天才，玻恩是见一个爱一个。何况，小海又勤快，性格又那么好。这趟哥廷根没白来，小海不仅受到玻恩的教诲，还得到希尔伯特的点拨，超值啊！

玻恩邀请小海：“来当我的助教吧，拿到博士以后。”

如果你以为，反常塞曼效应是索老师给小海出的最难的一道题，那就太低估索老师对小海的期望了。他给小海出的博士论文题目更变态：湍流。说是为了拓宽小海的知识面。这个问题有多变态呢？老实说，直到现在也没完全解决。

索老师当然知道它的难度系数，所以，他只要求用基本方程推出特定情况下的结果，就 OK 了。饶是如此，海森堡还是发现，这个问题无比复杂，按部就班

地去搞定,是做不到的! 情急之下,敲叉听音的温馨一幕又浮现在眼前。于是,他看了一遍森林般的方程,眉头一皱,“恶向胆边生”——凭感觉猜出一个答案,交差。

对这个完全是蒙出来的答案,索老师居然表示理解:方程太复杂,近似解就可以了,论文过关。这就是大结局? No! 20 多年后,终于有人得出了那个解,海森堡蒙出来的不是近似解,而是完全正确的准确解! 天啊! 都出来膜拜天才吧!

好吧,海森堡,你赢了,你是天才,你数学好,你猜都猜得对,你玩转理论没商量,可是,有实验在等着你。

维恩教授虽然没放水,但至少,他应该是没打算为难这个实验渣。你看看,他满脸严肃地问了些幼稚的问题:电池的工作原理是什么? 某显微镜的分辨率是多少? ……维恩老师,严肃点,我们这儿考博士生呢,你把初中题念出来是要闹哪样?

海森堡的答案让维恩教授本来就严肃的脸变得铁青,小海净玩儿高端了,没注意这些技术细节,所以一概说不清。

差评! 维恩教授给了小海应得的实验分。

好评! 索老师给了小海奇高的论文分。

于是,小海得了个平均值:Ⅲ级分。比最差好一点,勉强拿到博士学位。作为一名知名天才,跟博士里面的差生混在一起,这可怎么活! 泡利师兄得的可是Ⅰ级分,全优! 鬼知道他当初是怎么混过实验关的。也许,维恩教授是怕这家伙炸了他的实验室,或者,怕这家伙在课堂上突然跳出来给他挑刺? 反正他是过了。

大家都知道,我是泡利那个档次的,现在搞成这样,同学们怎么看? 师兄怎么看? 今后在天才界怎么混? 跑吧!

往哪儿跑呢? 当然去投奔玻恩。小海从新晋博士庆祝会上溜了出来,连夜坐上开往哥廷根的火车。

他还记得,上次去见玻恩,就很糗。那还是索老师去美国的时候,正值假期,小海听说偶像爱因斯坦要去莱比锡开讲座,就欢乐地去了。没想到,有个疯子前去捣乱,只因为老爱是个犹太人。小海很郁闷,但接下来的消息让他更郁闷:那个捣乱的疯子是个有名的实验物理学家——我不说你也知道那是勒纳德了。小海惊呆了:科学家怎么也会干出这种事?! 讲座没听成,还毁了三观。

老天仍嫌小海不够倒霉,又派了个小偷,把小海的钱偷了个精光! 没钱怎

左起:费米、海森堡、泡利

么去哥廷根?就这样回家,老爸会不会不高兴?于是,海森堡找了份伐木的工作,狠狠地干了一个假期,赚了点钱……难怪玻恩看见他时,感觉他像木工坊的孩子。

上次给玻恩这种印象,这次又以Ⅲ级分得了个博士,不知道玻恩会怎么看。小海心里很没底。

玻恩跟小海本来是约好冬天见的,所以,当玻恩大热天的发现小海站在面前时,他吓了一跳。小海深吸一口气,红着脸坦白了考试的事,然后直奔主题:“不知道您还肯不肯要我?”

玻恩的表情早就从惊讶转为同情了。作为一个资深实验渣,玻恩与他惺惺相惜,爽快地收留了小海。

现在,物理学有太多事情需要去做了,天才紧缺!量子物理靠玻尔－索末菲模型苦苦支撑,但实验结果总是不合时宜地宣布:再完美的补丁,也救不了一个破旧的系统!玻恩、泡利等都看出来,这个系统的根基有问题,得推倒重来。那谁能率先杀出一条血路呢?海森堡认为,是玻尔。

1923 年底,小海给玻尔去信,谈了自己研究反常塞曼效应的情况。玻尔回信道:你可以来哥本哈根聊聊。

于是,小海兴冲冲地来到玻尔研究所。那一天是 1924 年的 3 月 15 日。玻尔挖人的功夫很厉害,短短两年,就把空荡荡的研究所搞得人满为患,不得不建了两座新楼，才实现居者有其屋的宏伟目标。

没新鲜几天，小海就抑郁了。本来，他以为一来就能和玻尔在一起搞研究，没想到，玻尔这家伙神出鬼没，基本见不到人影。这还罢了，更郁闷的是，他惊奇地发现，在这儿，他再也找不到那种鹤立鸡群的优越感了，因为，几乎每个年轻人都是出类拔萃的，在这种群体里，想崭露头角，和玻尔并肩作战，机会很渺茫啊！

这帮家伙不光专业好，有各种特长，还都会好几门外语，而自己，只懂德语，聊起来挺别扭。另外，业余爱好也不一样，玩儿不到一起去。所以，还是老老实实宅在房间里比较好。

正宅得黯然销魂之际，玻尔飘了进来。他是来约小海出去溜达的。

这一溜达，就是三天，他们边聊边走，走了 160 多千米。两人从相识到相知，三天速成。咱俩知道，和玻尔聊，你就得敞开心扉，不然，他会敞得让你过意不去。小海这趟聊得很 happy，这小子已被玻尔的魅力征服。

天真烂漫的小海从来没想通，一直很忙的玻尔，为啥突然肯抽出三天时间，专门用来陪自己呢？玻尔说，是因为收到一封信。信上说："现在的物理学家可以分两类：一类是先用半量子数算一遍，如果不行，就改用整量子数；另一类是先用整量子数算一遍，如果不行，就改用半量子数——海森堡除外，因为他更有头脑。"一看这睥睨群雄的句子，我不说你也知道，信是泡利写的。

目光如炬、毒舌似刀的泡利夸过几个人？这厮把所有搞量子的物理学家都损了一顿，独独把小海刨了出去，甚至用"杰出的天才"来形容他——这究竟是何等人物？聪明的玻尔意识到，自己可能怠慢了一个大神！于是，玻尔这才豁出去三天时间，专程陪海森堡溜达。事实证明，这实在是一个英明的决策，就算专门陪他溜达一年也值！如果没有海森堡，哥本哈根在量子论中的地位，就得重新掂量了。当然，这对海森堡，也是意义非凡。

泡利知道，海森堡的知识与天资没话说，但是，总还欠那么一点点火候，需要一套坚实的哲学思想固本强基。而这个，玻尔可以给他。泡利又对了。玻尔和海森堡讨论的都是基础性、原理性、哲学性的问题。多年以后，小海深情地回忆道，那段日子，是上天的馈赠。他总结道："跟索老师学到了乐观主义，在哥廷根学到了数学，从玻尔那儿学到了物理。"

跟玻尔混，当然不都是好事，一不留神就会被涮。一日，小海同学欢乐地跟玻尔去散步。走上一座小桥，玻尔晃了晃一侧桥栏上的铁链。小海惊奇地发现，对面栏杆上的铁链也跟着晃了起来！看着小海很蒙的样子，玻尔善良地提醒，这是共振现象，并让小海解释一下。共振是一种普通的物理现象，小海同学当然知道。于是，一本正经地发表了一番生动的共振演说。讲完，玻尔虽然一脸诡异的笑，但看上去很满意的样子。于是两人继续 happy 地散步。

故事还在继续。另一位同学跟玻尔散步时，玻尔故技重演。但这位同学认真研究了半天，仍然百思不得其解。怎么我晃就不共振？于是，玻尔解密：栏杆上有根轴，转动之，可以带动对面的链条，刚才是自己在捣鬼。这位同学听了很尴尬。玻尔安慰道："至少你没被玩得像小海那样惨，他到现在还不知道自己被玩儿了，哈哈哈！"

唉，发表演说前，小海都懒得自己动手试一下。实验渣啊！

海森堡也不是每次被玩儿都毫无知觉。前面说过，到了哥本哈根，小海意识到，不会几门外语真有点尴尬，于是开始学外语。在丹麦，首选当然是丹麦语。和泡利一样，他很快就学会了，随时准备施展一下。

机会说来就来，玻尔让小海准备一次演讲。小海顺理成章地用丹麦语做了充分准备。开讲前半小时，玻尔飘过来对小海说："很显然，我们应该讲英语。"小海当场凌乱了："英语俺还没学好啊！"这位神仙只好在半个小时内用自己不熟悉的英语又准备了一遍。咱俩当然知道，小海的这次演讲是有多糗。

玻恩不会这样玩儿小海，他越来越喜欢这小子。对小海的栽培，也是走传统路线。不过，小海在哥廷根比较纠结。他最早想学数学，被拒，便下决心学物理，但到了哥廷根发现，这里的物理学家似乎比数学家更爱数学。所以，数学成绩越来越好的小海，越来越想提高物理成绩，哥本哈根的吸引力也就越来越大。

1924 年秋，小海获得了在德国大学任教的资格。那时，他已经发表了十几篇论文，物理界的一颗新星冉冉升起。玻恩要去美国开会，要等 1925 年的 5 月才回来。所以，小海出去疯玩了三个星期，9 月，又来到哥本哈根。

小海慢慢地融入了哥本哈根团队，和所有人相处得都很好，除了玛格丽特。玻尔夫人从第一眼起，就不喜欢小海，要知道，她对那个动不动就咆哮的泡利还很友好呢！女人的直觉有时候真的蛮厉害。

我们先把女人的直觉放到一边，因为玻尔研究所很忙。为了拯救玻尔－索末菲模型，消灭爱因斯坦的光量子，终结波粒大战，玻尔说服他的助手克拉默斯和斯莱特，隆重推出了以三者名字命名的"BKS 理论"。

为什么是“说服”呢？因为这件事儿，真的是靠玻尔的三寸不烂之舌促成的！

这里有必要深度八卦一下玻尔的领袖力，因为这对量子论的发展影响很大。以后任何事情涉及玻尔的时候，我们首先要考虑的，是他的超强影响力。玻尔智商高，情商更高，他对身边的人，有极强的吸引力和控制力，是天生的领袖。玻尔借这种神力，把众多天才聚拢到身边，为其效力。作为一个研究机构的中心人物，这种素质，当然是必需的。

但是，由于他的口才和韧劲也同样强大，所以，你只要在他身边，就一定会被他说服。这就导致玻尔身边的人，就只能跟着玻尔走——这句话翻译过来就是：玻尔的影响力会压倒性地消灭不同意见——当然，他不是故意的，因为他更需要正确的意见（稍后有证据）。在前面，通过他与卢老师关于玻三篇的战斗（第十七章“原子迷图”一节），我们已经领教过玻尔的这种能力，这无疑会影响天才们的创造力，即使玻尔非常善于诱发你去创造。听起来是不是特绕、特矛盾？事实就是如此纠结。

我们可以拿卢老师、玻尔二者的门下做个对比，玻尔聚集的天才，质量上应该是略高于卢老师的，数量上也不比卢老师手下的天才少，研究所的条件也不差，但是，获诺奖的人数，却跟卢老师没法比。我们稍稍留意一下，就会发现一个事实：海森堡、泡利、狄拉克这些大神最重要的贡献，都是玻尔不在身边时做出的！但是，又不可否认，这些贡献，离开了玻尔的影响，也不会如此集中爆发。所以，现在看来，哥本哈根的成功秘诀是：要跟玻尔在一起充实自己，然后躲开他去创造。苍天啊！怎么会这么纠结?!

玻尔的超强影响力是一柄锋利的双刃剑。他的伟大之处在于，他虔诚地企盼得到真理，并千方百计地去追求它。这里有一个费曼的故事，比较典型。

20 世纪 40 年代初，那时，玻尔已名震江湖，而费曼刚刚出道，在洛斯阿拉莫斯国家实验室当小厮。这个实验室负责研制原子弹，而玻尔是曼哈顿工程的顾问。一天，玻尔带着他的儿子玻尔 2.0 来到实验室，讨论炸弹的事儿。对实验室的研究员们来说，玻尔是个神，每个人都想离玻尔近点。所以，在讨论会上，小厮费曼只能坐在角落里，从前排人的脑袋之间找个缝看玻尔。

第二次会前，费曼接到一个电话，是玻尔 2.0 打来的，说是玻尔要约费曼聊天。费曼不敢相信：“找我？我是费曼，我只是个小厮……”

“没错，找的就是你。8 点见行不？”

于是8点见。下面是他们的对话。

玻尔:“咋能让炸弹更给力呢?我的想法是……”

费曼:“不行。因为……”

玻尔:“那么……这样呢?”

费曼:“稍好点,但愚蠢之处在于……”

以上过程重复n次,玻尔的烟斗灭了又点,点了又灭。费曼这小子火力太猛,战斗很激烈。

最后玻尔边点烟斗边说:“现在可以把其他人叫来讨论了。”

后来,玻尔2.0对费曼解密:上次开会,老爸就对他说,“记住后排角落那小子,他是这里唯一不怕我的人,只有他才能指出我的想法是否疯了。所以下次,我们先不和那些只会说‘是’的人讨论。把那个小家伙叫来,我们先跟他讨论”。

看看,玻尔十分清楚自己的影响力,生怕这种影响力压制了正确意见,所以,他会想办法让不同的意见得到充分表达。但是,当玻尔认为自己的想法正确时,他会毫无节制地施展无敌神功,锲而不舍地把身边所有人拉上自己的船——有时候是贼船——比如这个BKS理论。

我们知道,关于这个理论的目标,大致可以用“一救一杀一调停”来概括:拯救量子原子模型,消灭光量子,终结波粒大战。这个理论烦琐得要命,而且特别短命,所以就没必要细说了,主要想法有三:

① 原子之间有一种神秘的联系,叫作“虚辐射场”,它最牛的作用之一,就是可以引起量子跃迁。

② 毙掉光量子,重新考虑能量吸纳机制。

③ 砍掉守恒定律。

这样一来,玻尔模型就可以抛弃讨厌的光量子了,光不是量子,也就不存在什么波粒大战了,劝架成功,世界一片和谐,除了一个小小的问题:久经考验的伟大战士、自然法则先驱——守恒定律被牺牲。

这可不是小事,物理界认为,这不是革命,是谋杀,赤裸裸的谋杀!玻尔的两个小伙伴不怎么在乎光量子的死活,他们也知道,消灭光量子,最省事的办法就是干掉守恒定律。但是,当玻尔真要干掉守恒定律时,小伙伴们还是惊呆了,他们联合起来反对玻尔。但是你知道,玻尔的无敌神功是所向披靡的,斯莱特很快被说得哑口无言。克拉默斯坚持得久一点,但是代价也大,他刻骨铭心地“享受”了玻尔夜以继日的神聊,终于被聊倒,在病房里举手投降了。

有了同盟，玻尔开始各个击破，搞定身边的每一个人。怀疑派海森堡被玻尔成功洗脑，他不仅自己归顺了 BKS 理论，还把玻恩拉下水。玻恩上了贼船，还喜滋滋地祝贺玻尔找到了“最终答案”。最终答案！这是被洗得有多彻底啊！

拿下小海、玻恩，对玻尔来说很容易。他最大的战绩是，搞定了反对派泡利。泡利一听到这个 BKS 理论，立即跳起来反对，但不幸的是，他那时去了趟哥本哈根，玻尔可以随时找他聊。经过 n 个昼夜，这位以思维犀利著称的物理学的良心，终于被聊晕了，居然鬼使神差地归顺了 BKS 理论！小海、泡利这对神组合，在玻尔的指使下，尝试巩固这个可疑的 BKS 理论，当然，他们不可能成功。

泡利毕竟是泡利。一离开哥本哈根，他的脑子就清醒了，立即向玻尔宣战：我反对。光量子本来就不招人待见，再加上玻尔的无敌神功，一时间，BKS 兵团居然节节胜利，征服了越来越多的降军。可是，有一个人始终坚定不移地反对 BKS 理论，即使在他访问哥本哈根期间，玻尔施展无敌神功，也没能把他的意见撼动分毫，更别提洗脑了！咱俩知道，这位，是爱因斯坦。他说，这个理论太烂了，如果想拉一张反对意见清单，绝对能列满整整一大页纸。老爱宣称，如果 BKS 这种理论是正确的，他宁可去当修鞋匠，或者赌场伙计。

不管玩儿理论的闹得多欢，终审判决还得靠实验。BKS 的判决来得挺快。BKS 论文刚发表一个月左右，康普顿效应的进一步研究成果表明：反冲电子和散射光，总是同时出现，并且角度密切相关，这不是粒子相撞是什么？光不是量子是什么？BKS 理论八成是错的！1924 年 4 月，盖革和博特通过实验证实，光子与电子相撞，能量和动量依然守恒。守恒定律又一次经受住了考验，坚挺不倒。所以 BKS 理论应声而亡。

玻尔不得不接受那个讨厌的光量子，他伤感地写道：“除了为我们的革命努力举行一场尽可能体面的葬礼外，已经没啥可干的了。”他向斯莱特表达了歉意，斯莱特当面表示不介意，但 40 多年后，玻尔已去世，斯莱特在一次访谈中，表达了强烈的不满：“我对玻尔先生不曾有过任何敬意，因为我在哥本哈根度过了一段可怕的日子。”实在是令人唏嘘呀！

BKS 理论的葬礼不算体面，可也不算太糟。因为，它并非一无是处。海森堡和克拉默斯联手，用 BKS 理论成功地处理了色散问题。这项研究，对于 BKS 理论是否成功，已经无关紧要了，要紧的是，它首次尝试了如何不依靠电子轨道来解决问题。这算得上是通向新量子论的一块垫脚石吧。

BKS 理论是旧量子论的最后一根救命稻草，它的倒掉，意味着玻尔量子论的根基被摧毁，粒军的崛起，让麦爷帝国自顾不暇，更无力支撑量子论，劝和波粒的努力宣告失败，波粒大战风云突变，一切都得从头再来，场面相当混乱。

打架的还没停，劝架的被打倒，还扔下一大堆麻烦。泡利抓狂了："我希望我是一个喜剧演员，并且从来没听说过物理是什么！"说实话，泡利当喜剧演员，比老爱当修鞋匠更靠谱，因为他是卓别林的铁杆粉丝。

更惨的是海森堡，因为他已经被玻尔搞成了 BKS 理论的信徒。现在，BKS 理论就像一座冰雪大厦，被实验结果瞬间融化，所有凉水都浇到可怜的小海头上，让他一时明白一时晕菜，他十分清楚必须另找一条出路，但方向在哪儿，心里完全没底。

泡利也在痛并寻找着。他十分羡慕老爱用几个简单原理就能一步一步演绎出新理论的手法，但是，当你去找时，就知道，这有多难。他和海森堡一直在交流这方面的看法。

玻尔对海森堡已经倾囊以授，剩下的只有殷切期待：交给你了，小伙子，去吧，找到解决办法！

方法！我需要一个方法！

带着这个问题，海森堡在 1925 年 4 月底回到哥廷根。一场风暴在小海头脑中肆虐。我们已经试了无数办法，这些努力没有白费——效率奇高地得出同一个结论：此路不通！

问题出在哪儿？原子核、电子、椭圆轨道、电子跃迁、电子壳层、光量子……这些东西，素材具体，结构清晰，机制美丽，论点有趣，论证有力，多么美妙的篇章啊！但它解决不了一个实际问题：不管怎么搞，很快就会出现杀不死的 bug！

为什么？一定是有些东西靠不住！那么，谁是靠得住的？这是个问题。

原子核、电子甚至光量子，是实验证实的东西，但它们的结构和运动，却是人类"猜"出来的。虽然不是胡猜，而是根据辐射观测，比照我们的经验世界，去揣摩、描绘出来的，但是，谁也没验证过：这个美丽温馨的图像到底靠不靠谱？

谁见过电子长啥样？谁见过电子像行星那样沿轨道绕转？我们为啥要给原子画出一个经典图像？泡利师兄早就对这事儿不满了，尤其是塞给电子一个"确定的轨道"！

对，问题就出在这儿，这些东西，很有可能是不靠谱的！

既然我们不能像爱因斯坦那样，找到靠谱的基本假设，那么，对那些不怎么

靠谱的假设，为什么不直接搁置不用？让轨道见鬼去吧！让对应原理见鬼去吧！可是，这些都不用，我们手里还剩什么？还有什么是可以相信的？

是的，只有可以“看”到的东西，才是可以相信的！

只讨论“看”得见的东西，以“可观测的量”为基础去建立理论，这就是“实证论”。在 BKS 理论垮台荡起的烟尘中，哥本哈根悄然兴起了这股思潮。

但思潮，只是想，还没人做。海森堡做出了一个勇敢的决定：不管前面是地雷阵，还是万丈深渊，这第一步，由自己来走。

实际上，小海不走也不行了，因为他染上了严重的花粉热病。

有多严重呢？鼻塞、流涕、喷嚏、双目发痒、眼睑肿胀、畏光流泪、哮喘咳嗽……人要是倒霉啊，闻一下花香也能让帅哥变猪头！小海还不知道这是天将降大任于斯人也，所以快被折磨疯了。他向善良的玻恩请了两个星期假，想找个没有鲜花的地方躲一阵了。

6 月 7 日，小海来到黑尔戈兰岛。这里没有花香，没有树高，只有一些无人知道的小草。而且，这里离大陆有 50 km。

女房东只看了小海一眼，就认定这倒霉孩子刚刚被海扁了一顿，于是，爱心泛滥地保证会精心照料他。

远离了尘嚣，小海每天游游泳、散散步、读读诗，过起了悠闲而又文艺的生活。这时候思考物理，心静如水。他挑挑拣拣，发现手头上只剩两样东西是靠谱的：谱线的频率和强度。似乎又回到原点。这不是从夫琅和费开始，到基尔霍夫和本生的年代就可以掌握的数据吗？闹得这么欢，一竿子打回石器时代了？

当然没那么惨！现在，我们掌握的谱线频率和强度数据更丰富，精度更高。更重要的是，现在我们知道：光谱线是电子跃迁吐出的能量。跃迁的能级差，决定了谱线的频率（能量大小），而不同能级之间的跃迁率，决定了谱线的强度（数量多少）。那么，有了频率和强度，我们就应该能倒推出电子的运动状态！

这也太激动人心了！小海摩拳擦掌，说干就干。

现在，电子这个“幽灵电梯”开动了！我们已经知道，它从一层开到另一层，是用跳的，不路过中间地带，所吐纳的能量，也是一份一份的，我们现在能记录的，就只是它吐纳的能量，至于层级这些东西，我们是看不见的，不能引入计算。

为了偷懒，我们把原子大厦设计得简洁一点，它一共只有 5 层：底层、中产

层、富裕层、富翁层、大富豪层。假设邻层之间的能耗为：

底层→中产层:2

中产→富裕层:1

富裕→富翁层:4

富翁→大富豪层:3

电子可以在任何楼层之间穿越。现在，我们要做的是，准确算出穿越各层时吐纳的能量。最简单、最经典的办法是，画一把尺，以底层为原点0，将邻层之间的能耗依次累加，得数依次为各层的刻度。这样，想知道任何两层之间的能耗，用它们的刻度数相减，就OK了。

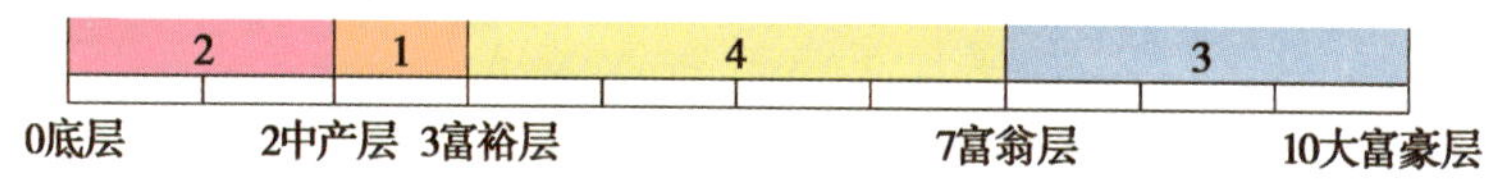

电子层能耗刻度尺

注：上层数字代表邻层之间的能耗，下层数字代表刻度。

现在咱俩操练一下，因为算的是能级差，所以都取绝对值：

底层→中产层：|0 - 2| = 2

大富豪层→富裕层：|10 - 3| = 7

中产层→富翁层：|2 - 7| = 5

……

很爽很好用，是吧？咱俩画出这把尺，居高临下，一目了然。但是，这些刻度，是无法观测的，也就是说，“幽灵电梯”到底是从底层到中产层，还是从大富豪层到富裕层，谁也观测不到。我们能观测到的，就是能耗——频率。

所以，这把经典的尺，虽然用起来很爽，但是，它的基础——刻度，好听点说是“假设”，难听点说是“臆测”。这样做，一开始就把主观因素引入了计算。而这个主观因素稍有偏差，以后的计算，就会离真相越来越远，蝴蝶效应、准星误差，你懂的。那么，怎样才能只用靠谱的，而把不靠谱的都扔掉呢？

海森堡想了个“笨办法”：记账。把每个观测到的能耗罗列成一张表：

	底层	中产层	富裕层	富翁层	大富豪层
底层	0	2	3	7	10
中产层	2	0	1	5	8
富裕层	3	1	0	4	7
富翁层	7	5	4	0	3
大富豪层	10	8	7	3	0

这里的量，都是观测结果，没有计算，相当靠谱；不管从哪层到哪层，不用算，找对应的观测结果，就 OK 了，相当直接。就像列车价目表，一目了然。

小海列的表，比上面这个表要复杂，而且不止一个表。比方说关于跃迁率，也要弄个表。

前面说过，有了这些可观测的数据，就可以想办法倒推出电子的运动状态。比如动量 p 和位置 q。怎么做呢？电子的运转周期，与它发出的辐射频率，是密切相关的。所以，有了频率，就能求出周期。有了周期，就不愁速度。速度 × 质量，就是动量 p 了。有了这么丰富的素材，加上跃迁率，位置 q 也就不远了。大致就是这样。当然，实际情况要比这复杂得多得多。比如现在，小海就面临另一个问题：

他所列的每一张表，在方程里都只是一个因子，比方说刚才这张表，用 x 表示，另一张表用 y 表示。现在，x 非要乘以 y——出事了。

如果 $x=3,y=7$，就万事大吉了，不管三七二十一，它就等于 21。

但是，现在咱俩面前有两个因子，x 是一张表，y 也是一张表。每张表里都有很多数，这怎么乘？总不能胡乱抓几个数，让它们随便互乘吧？

海森堡分析了下，只有用一种非常奇葩的算法，才能行得通：用 x 表每一“行”中各数，去乘 y 表每一“列”中对应的各数，简单点说就是“x 行 × y 列”。这样一来，任督二脉打通了，路走通了。但是，出现一个大问题：xy 减 yx 不一定等于 0！也就是说，xy 不一定等于 yx。

这还了得？无论你管不管三七二十一，你 $7\times3-3\times7$ 都必须等于 0 啊！这叫乘法交换律，自从地球上有了乘法以来，一直是这样交换的，怎么可以不遵守?!

小海也知道这不得了。可是，他搞不懂这是为什么。小海只知道，他的新物理成功地解决了几乎所有问题。虽然算法很陌生，很麻烦，但是，它不需要任何补丁，也不用任何假设，就能再现已知的任何情形！

真是这样吗？小海很没底，决定用守恒定律验证一下。于是，激动的心，颤抖的手，算来算去，还行……一高兴，就弄错了，算术错误，晕……再算……又是算术错误，汗……又算……

凌晨 3 点，小海终于撂下笔，长舒一口气：各种守恒定律还健在，公式很强大。

春风得意马蹄疾，一日看尽长安花。现在天还没亮，小海也不敢看花。于是他决定奖励自己看日出。他推开门，披星戴月，独自漂到黑尔戈兰岛南端。那儿有一块探出海面的巨石。这些天，他一直想爬上去，可惜没心情、没体力。现在，什么都有了。小海摸黑爬了上去，意气风发地坐等日出。

终于，无尽的海平面上，东方渐白，一轮红日喷薄而出。物理学的黎明到来了！

2 男孩物理

1925 年 6 月 19 日，又是星期五。海森堡把花粉热留在了黑尔戈兰岛，带着兴奋、激动和紧张，惴惴不安地回到大陆，他不知道自己找到的是宝藏还是垃圾，怎么办？

还能怎么办，找火眼金睛的师兄啊，让泡利鉴定下！反正天天被他骂，顶多再被他骂死一次，也比去外面丢人强！于是，小海的稿子到了泡利手里。

小海正顶着锅盖等挨骂，没想到被泡利狠狠地夸了一顿！

师兄不是被我的奇葩想法气糊涂了吧？他居然在夸我?！并且是“狠狠”夸奖！这是自地球上有泡利以来就没发生过的事啊！爱因斯坦和玻尔都没享受过这待遇啊！小海受宠若惊地看着泡利，确信这是真的，然后欢天喜地、雄赳赳气昂昂地回到哥廷根。

小海含辛茹苦，忙活了十来天，把自己的发现细细整理了一番，变成论文，寄给泡利一份，然后交给玻恩一份。泡利十分高兴，他在给同事写的信中道，这篇论文是新的希望，给生命带来了新的乐趣……如果是别人写的，很正常，但这

种话出自泡利口中，就是肉麻的颂扬了！

玻恩在拿到这份论文之前，完全不知道小海在鼓捣些什么。当他有时间坐下来慢慢看这篇论文时，才领会小海为什么说这是一篇“疯狂”的论文。

玻恩很快就沉浸在小海的奇思妙想里了，那一串繁杂的表格，那一袭诡异的乘法，越看，越觉似曾相识。说到这，咱俩是不是也觉得眼熟了？

恭喜你，跟玻恩一起想起来了：这就是传说中的矩阵——Matrix！

在跟着爱因斯坦痛苦地补习数学，描绘广义相对论的弯曲时空时，我们接触到了让人吐血的“张量”，为了搞清楚什么叫“张量”，我们提到过“矢量”“矩阵”等一些呆板枯燥的东西（第十三章“张量”一节）。大意就是：

相关的分量按照大小个儿排成一排，形成一个一维的数据表格，也就是一行有序的数组，叫“矢量”。我们画的那把尺，就相当于矢量。

若干行矢量排列成二维的数据表格，这个纵横排列的有序数组，就叫“矩阵”。小海列的那些个表，就是矩阵。

若干矩阵组成的三维数据表格，就是“张量”了。

老爱的广义相对论用到了张量。现在，小海用到了矩阵。

矩阵是19世纪的著名数学家、剑桥教授凯利提出的。作为一个数学概念，它不新，但鲜有人知。小海为了解决手头的问题，在毫不知情的状况下，竟然重新发明了矩阵！这数学天分是有多强悍啊！这事儿传出去后，当初把小海关在数学门外的林德曼教授不知有何感想……

矩阵看起来很冷门，但在适合的领域，相当好用。现在，咱俩就用工作、生活常遇到的事，来列阵演习一下。

假设你的公司有2个工厂，它们都生产2种产品：飞机、航母。下面我们用矩阵假装算一下产量、利润、储存空间需求什么的。

下面是上个月的产量报表：

产品 工厂	飞机	航母
一厂	4	1
二厂	3	2

将产量写成矩阵格式，就是下面这个样子：

$$\boldsymbol{x}=\begin{pmatrix}4 & 1\\3 & 2\end{pmatrix}$$

偷个懒，本月产量 $\boldsymbol{y}$ 我们直接写成矩阵格式：

$$\boldsymbol{y}=\begin{pmatrix}2 & 0\\6 & 5\end{pmatrix}$$

那么，怎么算这两个月的总产量呢？相当简单，$\boldsymbol{x}$ 加 $\boldsymbol{y}$ 就 OK 了。矩阵加法很简单，就是将相同位置的数字相加：

$$\boldsymbol{x}+\boldsymbol{y}=\begin{pmatrix}4+2 & 1+0\\3+6 & 2+5\end{pmatrix}=\begin{pmatrix}6 & 1\\9 & 7\end{pmatrix}$$

看，两个厂两个月的飞机、航母总产量一目了然——你怎么开始眼皮打架了？要不给你来碗心灵鸡汤，吐一吐就好了。

矩阵的加法很简单，那么乘法呢？前面说过，矩阵乘法是“行×列”。下面，我们要算利润，就不得不用诡异的“行列相乘”了。我们假设一架飞机的利润是8，一艘航母的利润是10。那么，上个月，一厂的利润就是：$4\times8+1\times10=32+10=42$。

但是，现在我们要算的不是一个厂，而是两个厂的利润 $\boldsymbol{L}$，所以，需要用矩阵一下子全搞定——那位同学，打盹也要讲公德，不要把哈喇子甩来甩去的，枯燥的不是公式，而是你的内心，你的内心！知道不？——看题：

$$\text{单位利润 } \boldsymbol{l}=\begin{pmatrix}8\\10\end{pmatrix}$$

$$\boldsymbol{L}=\boldsymbol{x}\times\boldsymbol{l}=\begin{pmatrix}4 & 1\\3 & 2\end{pmatrix}\times\begin{pmatrix}8\\10\end{pmatrix}=\begin{pmatrix}4\times8+1\times10\\3\times8+2\times10\end{pmatrix}=\begin{pmatrix}32+10\\24+20\end{pmatrix}=\begin{pmatrix}42\\44\end{pmatrix}$$

Over。唉，擦擦汗，我们再坚持一会儿。

上个月，一厂利润是42，二厂利润是44。如果想知道单项产品的利润，看倒数第二步：算式左项就是飞机的利润；算式右项就是航母的利润。相当清晰。

矩阵不仅能同时表达多个厂、多种产品的利润指标，还能在此基础上，同时表达其他多个指标。

喂,这位大神,你打呼噜我也忍了,干吗说梦话?打起精神,下面要讲形势任务了!

由于当今时代的主题是和平与发展,所以,飞机、航母的销量不会很大。因此,库存问题不能不考虑。假设,一架飞机的体积是 1,一艘航母的体积是 9。接下来,咱俩就把利润、储存空间需求同时算出来:

$$单位利润、体积\ \boldsymbol{k}=\begin{pmatrix}8 & 1\\10 & 9\end{pmatrix}$$

$$\boldsymbol{x}\times\boldsymbol{k}=\begin{pmatrix}4 & 1\\3 & 2\end{pmatrix}\times\begin{pmatrix}8 & 1\\10 & 9\end{pmatrix}=\begin{pmatrix}4\times8+1\times10 & 4\times1+1\times9\\3\times8+2\times10 & 3\times1+2\times9\end{pmatrix}=\begin{pmatrix}42 & 13\\44 & 21\end{pmatrix}$$

Look,行列相乘,很方便地算出:上个月一、二厂的利润分别是 42、44,储存空间需求分别是 13、21。

那么,我们交换一下,用 $\boldsymbol{k}$ 乘以 $\boldsymbol{x}$,会怎么样呢?

$$\boldsymbol{k}\times\boldsymbol{x}=\begin{pmatrix}8 & 1\\10 & 9\end{pmatrix}\times\begin{pmatrix}4 & 1\\3 & 2\end{pmatrix}=\begin{pmatrix}8\times4+1\times3 & 8\times1+1\times2\\10\times4+9\times3 & 10\times1+9\times2\end{pmatrix}=\begin{pmatrix}35 & 10\\67 & 28\end{pmatrix}$$

看看,乱套了不是?得数完全不相等!驴唇不对马嘴。为什么呢?就是因为行、列相乘时,相乘、相加的数字、项目都不是原配了,结局自然就很诡异了!

在量子世界,就算 $\boldsymbol{x}\times\boldsymbol{y}$ 不等于 $\boldsymbol{y}\times\boldsymbol{x}$,驴唇也完全对得上马嘴,乘法交换律也还是遵守的!可是,这个公式在告诉我们什么?

我们又遇到了巴尔末、普朗克的尴尬,公式很强大,但是它在嘀咕些什么,我们听不懂!

但玻恩意识到了小海设计思想的意义,他把这篇论文投给了《物理期刊》。然后,继续陶醉在小海的设计方案里。

海森堡,这个年仅 24 岁的男孩,大笔如椽地勾勒了量子王国的建设纲领,实证论的设计思想,立意深远,基础牢靠,结构稳健,隐隐大师气象。玻恩一认出小海的核心算法——矩阵,就清楚地知道,怎样把它变成一个完整的理论框架。现在要做的,就是尽快修整完善,让量子论大厦拔地而起!至于它背后的深层寓意,以后再解读不迟。

玻恩知道自己很难独立完成这个浩大的工程,必须找个合伙人才行。他立即想到一个人:泡利。这小子物理和数学都很强悍,效率奇高,他来干这事儿,

约当

再合适不过了！

恰好，玻恩与泡利都去参加汉诺威的一个会议，一见到泡利，玻恩就迅速邀请他联手，没想到，泡利同样迅速地拒绝了合作。拒绝就拒绝吧，他还来了句"我知道你喜欢沉闷和复杂的形式主义"。泡利一直对玻恩是个数学控不爽，他担心玻恩的数学会"把海森堡的物理思想破坏掉"！

玻恩乘兴而来，却碰了一鼻子灰，在败兴而归的路上，把幸运女神顺手推给了一个 22 岁的男孩——约当。

帕斯库尔·约当，1902 年生于德国汉诺威，1921 年进入汉诺威理工高等学校学物理，后来发现这里的物理教学水平还不如自学的，就改学数学。1922 年，他到哥廷根学物理，后来投入玻恩门下，物理成绩、数学成绩双优。约当内向而腼腆，说话有点口吃，但这都不要紧，因为他有个讨人喜欢的特点：学过矩阵。

约当开心地拥抱了这个机会。把小海的方案用正宗的矩阵来写，顿时顺眼 5 倍。玻恩和约当很快发现了一个矩阵公式，能把动量 $\boldsymbol{p}$ 和位置 $\boldsymbol{q}$ 撮合到一起。当然，你知道的，在这个公式里，$\boldsymbol{p}\times\boldsymbol{q}$ 不等于 $\boldsymbol{q}\times\boldsymbol{p}$。玻恩和约当取得的一个突破性成果是，他们得到了 $\boldsymbol{pq}-\boldsymbol{qp}$ 的值：

$$\boldsymbol{pq}-\boldsymbol{qp}=(h/2\pi\mathrm{i})\boldsymbol{I}$$

这个公式后来被称为"海森堡非对易关系"。

简洁未减瑰丽，优雅又添神秘。

$\boldsymbol{p}$ 旗飘移着动量，$\boldsymbol{q}$ 旗昭示着位置。动静相宜，扑朔迷离。

面对面读你，背靠背品你。那一刻的你我，模糊了彼此，却扰乱了平衡。

普朗克常数 h，端然坐镇，从容而又坚硬。虚数 i 摇曳着朦胧的烛光，映射 π 值妙曼而圆润的身影。

天大地大，有物混成，独立不改，周行不殆，却是奇诡的定海神针——单位矩阵 $\boldsymbol{I}$ 在支撑！

这一切，都衍生于小海的大设计。一个崭新的力学——矩阵力学，在玻恩和约当的笔下奠基。量子基因活蹦乱跳地跃然其上，守恒定律等经典结论自然而然地囊括其中，一切都是那么美好。

玻恩和约当挥汗如雨、大干快上时，小海正在 happy 地爬山。他当时把论文甩给玻恩，拍拍屁股就出去疯了，现在已经乐不思蜀，他说："过去的一个月，我一秒钟也没想过物理，我都搞不明白自己现在还懂不懂物理了！"玩儿得意犹未尽的脸上，隐隐透出"欠扁"二字。

小海确实欠扁。他已经知道自己用的那个奇怪算法是矩阵，却一眼都没看矩阵是怎么回事，以至于他看到玻恩和约当用正宗矩阵写成的新论文时，表示根本就看不懂，随手甩给了玻尔——那时已经是 9 月，他已溜到哥本哈根。

虽然小海对哥本哈根充满深情，对玻尔恋恋不舍，但奇怪的是，他的新发现最先告诉了泡利，然后甩给玻恩，对玻尔，却一个字也没提，直到他发表了以后，玻尔才知道。难道是怕万一玻尔看新理论不爽，施展无敌神功给灭了？

别说，这个担心还真不是多余的。玻尔看了经过玻恩、约当完善后的新量子论，认为，这也许是关键的一步，但它解决不了原子结构问题。

然而，有个人神速给出了强力支持：泡利。他成功地把矩阵力学应用到氢原子光谱上了。有意思的是，这项杰作运用了无比强大，同时无比沉闷、无比复杂的数学。唉，玻恩伤不起啊！

玻恩和约当合著的"二人论文"叫《论量子力学》，1925 年 9 月底发表在《物理学杂志》上。海森堡在哥本哈根 happy 期间，抽空学了矩阵。

10 月中旬，小海回到哥廷根，与玻恩、约当组成三人团队，趁热打铁，构建了矩阵力学的主体，完美解决了让物理学家们吐血的原子光谱难题，并很快取得了一个辉煌战果：发现了氢的同素异形体。这篇"三人论文"也于 11 月底发表在《物理学杂志》上，名字叫《论量子力学Ⅱ》。你知道，海森堡发表的那篇发轫之作，当然就是"一人论文"了。

玻尔的"老三篇"，已经随着旧量子王国的衰落，成为刻满沧桑的遗迹，镀着夕阳的金光，诉说着昔日的辉煌。现在，"玻恩幼儿园"的"新三篇"在半年内骤然问世，取而代之。这是一场为物理学开办的数学盛宴，它标志着哥廷根在量子领域的崛起，"百业待兴"的量子王国，呈现出哥本哈根、哥廷根、慕尼黑三足鼎立的盛况。

矩阵力学的兴起，让海森堡声名鹊起，当玻恩、约当建立的"$\boldsymbol{pq}-\boldsymbol{qp}=(h/2\pi\mathrm{i})\boldsymbol{I}$"被称为"海森堡非对易关系"时，玻恩无语，小海不言。1933 年，海森堡斩获 1932 年的诺贝尔物理学奖，但玻恩、约当却被晾在一边，这事儿摊在谁身上，都会不高兴。但玻恩到底是伟大导师，他风度十足地压住抑郁，给小海写了封贺信，小海这才良心发现，回信道：“当初是咱仨合作完成的工作，现在我却独占了诺奖，这让我感到羞愧。”

实际上，即使没有建立矩阵力学，玻恩后来的概率解释、小海后来的测不准原理，也都够获诺奖的了。不过，在矩阵力学的建立上，虽然小海的作用最大，但玻恩和约当的工作也至关重要，所以，小海独揽矩阵力学带来的诺奖，还是值得商榷的。

约当除了参与矩阵力学的建立以外，还在量子场论、量子电动力学等领域做出了贡献，也是强人一个。他曾被三次提名诺奖，都名落孙山。有人认为，这跟他当时太年轻，并且不善交流、不善表现有关，但是，狄拉克的获奖，有力否定了这一说法。

还有人认为，这跟他倾向于纳粹，并被指告密，从而声誉受损有关，这一说法有些道理，但是，当时的物理学家们了解约当，他在政治上有些幼稚和偏执，属书呆子型，但并非人格败坏的阴谋者和投机者，他不支持极端种族主义的做法，还因此影响了政治前途，战后，泡利、海森堡都曾为其开脱，所以，这方面也并不能成为约当无缘诺奖的主因。

就他所取得的成果而言，建立矩阵力学是最大、最有影响力的一个，约当在矩阵力学的建立中做的工作不少，但是，科学贡献不是看工作量，而是看创造力。是小海开辟了矩阵力学这片疆土，泡利和玻恩发现了它的价值和意义，由玻恩主导，在小海的设计思想基础上，完成了主体构建。在这个工程里，小海是总设计师，玻恩是设计兼项目经理，而约当是施工单位。在具体施工时，小海和玻恩也有添砖加瓦，盖楼时，他们一起克服了一些技术上的困难。其中，约当搬的砖也许最多。这就是约当在这个工程里的作用。

这个楼盖成这样，没有小海，是不可能的。没有玻恩(甚至泡利)，这个方案可能就作废了。但是，没有约当，换一个施工单位，也能盖成这样，甚至更好——狄拉克证明了这一点。就约当所起的作用而言，他与其他二人一起因矩阵力学获诺奖，是没问题的，但是，如果这个诺奖没玻恩的份，那么，约当也应该没份——他的贡献不是非得诺奖不可的。

要怪，也只能怪约当生不逢时，在那个巨星璀璨的年代，物理贡献比他强、声望比他高的人随处可见，各种成果火山爆发般涌现出来，以至于面对20世纪20年代的大量成果，诺奖委员会难以取舍，纠结到头疼。综合这些因素来看，约当获奖，不过分；不获奖，也不十分冤枉。我们这些坐享其成的围观群众，只要记住，有个诺奖级别的牛人叫约当，也就可以了。

1953 年，当玻恩终于因概率解释捧回迟到的诺奖时，他已经年过古稀了，爱因斯坦发来贺信，提到诺奖来迟了，玻恩回信道，当年被诺奖遗忘，一直深深地伤害着他。1970 年初，玻恩去世，临终前，他吩咐把“$pq-qp=(h/2\pi i)I$”刻在墓碑上。唉！这些都是后话，不提。

狄拉克

现在，玻恩将面临他科学生涯中最大的一个惊喜。1925 年 12 月的一天，他打开一封邮件，里面是一份来自英国的论文，作者的名字叫保罗·阿德瑞恩·毛里斯·狄拉克。

这篇论文囊括了量子力学“新三篇”的所有内容，这不算牛，牛的是，这篇论文的完成时间，在哥廷根“三人论文”《论量子力学Ⅱ》之前。也就是说，在玻恩率领小海和约当群体作战时，这个叫狄拉克的家伙单枪匹马打赢了这场战争。更绝的是，同样的效果，这小子用的数学简洁多了！这让数学圣殿哥廷根的数学控玻恩为之倾倒，这会儿，如果让玻恩选一篇十全十美的论文，他会毫不犹豫地举起手里这篇！

狄拉克，这小子到底是何方神圣？

小狄是剑桥男孩。哥本哈根、哥廷根、慕尼黑在量子王国闹得那么欢，怎么可以没有剑桥的份？所以，剑桥不出手则已，一出手，就亮出一柄神剑。小狄 1902 年 8 月 8 日出生于英国。完成这篇论文时，他才 23 岁，比小海还小 1 岁。

狄拉克的父亲是个教法语的瑞士人，母亲是英国人。狄拉克有一个哥哥和一个妹妹，按理说，如此完美的家庭结构，应该幸福得像花儿一样才对。但是，由于父亲的刻板和独裁，这个家很压抑。父亲规定，孩子们和他讲话只能用法语，因为这样容易学好法语，至于孩子们怎么想，从不在他的考虑之中。小狄不喜欢用法语表达自己，就选择沉默。

如果仅仅是父亲太严厉，也就罢了，他的父母还相互憎恶，这让家里有种随时要崩塌的紧张和不安。后来，哥哥雷金纳德自杀，这让狄拉克更难接受父亲。尘世间最痛苦的事，不是生离死别，而是亲人活生生站在你面前，你却无法接受他！

这种家庭环境，让小狄成为一个喜欢独处、沉默寡言的人，他羞于社交，尤其是对异性，达到了害怕接触的程度，这种性格，加上他卓越的天资，你想起了

狄拉克出生在这所房子里并居住于此至 1913 年。

谁？是的，如果小狄不是个实验渣，大家一定以为这是可爱的卡文迪许同志再世。

狄拉克在 12 岁时，就被送到他父亲任职的职业技术学校，学习电气工程，毕业后可以从事电气工程师这份很有前途的职业。他的表现不是很突出，只是狂爱数学，这一点的确异于常人。中学毕业后，狄拉克获准在母校免费学习两年数学。他沉醉在数学海洋中，两年很快就过去了。

小狄想去剑桥接着学，但是，剑桥给的奖学金不够花。因为奖学金里不包括路费，不会先寄给他，所以，狄拉克还需要 5 英镑才能到剑桥。这时，他的父亲拿出了这笔钱，狄拉克认为，这次是父亲帮了他。然而，直到他父亲 1936 年去世后，他才得知，就连那 5 英镑也不是父亲给的，而是当地一个教育机构赞助的！他父亲不是没有钱，去世时已经攒了 7 500 英镑，相当于 15 年的年薪！冰冷的事实，残酷地掠去了小狄心中对父亲仅存的一丝温暖。

好在小狄可以在理论物理中体味安宁和快乐。这一切，造就了小狄独特的个性。

狄拉克极少与人交流，但只要是交流，不管是写还是说，遣词用句都极为谨慎，能说出去的话，在他看来，就是最清晰准确的了。于是，在他演讲时，要是有人没听明白，提出疑问时，小狄的做法是：把之前说过的话复读一遍，分毫不差。这种授课法，颇具麦爷遗风啊！

小狄对语法的理解也很古板。一次，他演讲后，一位学生起立道："狄教授，俺不明白黑板左上角那个公式是咋推导出来的。"狄拉克不理他，这位同学以为小狄没听清，就又复读了一遍刚才的话，狄拉克久久凝视之，一言不发。主持人实在看不下去了，就问狄拉克，干吗不回答问题。狄拉克惊奇地回答道："回答问题？他刚才说的是一个陈述句，不是一个疑问句！"

还有一次，一个法国物理学家来见狄拉克，他英语超烂，讲得很吃力。这时，狄拉克的妹妹飘过，用法语说了句话，狄拉克用流利的法语回应（父亲没白逼着他们学法语）。这个法国人顿时感觉被耍了，气愤地问狄拉克干吗不说他懂法语。狄拉克满脸无辜地说："你又没问过我。"

狄拉克说话简洁，也是出了名的。小狄的一个同事说，经过坚持不懈的努力，他终于学会了怎样和小狄交流：你简单、直接地提问，然后等着小狄回答"Yes"或"No"就可以了。当然，他的回答都是对的。但是有人纠正道，小狄有时还会说"I don't know"。

喜欢神侃的费曼跑去跟狄拉克聊，结果费曼说了半天，狄拉克最后只回应了 5 个单词。费曼很郁闷，回去跟别人抱怨。结果人家安慰道，狄拉克肯跟你说 5 个单词之多，说明他对你聊的那些还是感兴趣的，否则你只能得到一个单词"Yes"或者"No"。

不过，狄拉克有时也会主动发表一些评论。一次，他跟玻尔去参观哥本哈根艺术博物馆。在一幅印象主义油画面前，小狄评曰："这条船应该是没画完。"玻尔打了个冷战。小狄似乎嫌玻尔不够冷，一会儿又评论另一幅："这画不错，就其不准确度来看，是整体一致的。"

当然，你要是以为小狄不喜爱艺术，那就大错特错了。在绘画艺术方面，他喜欢连环画，还大爱米老鼠动画片。在文学艺术方面，他喜欢看侦探小说。在音乐方面，他是美女歌手雪儿的粉丝。

狄拉克后来和海森堡开始了纯真的友谊，也擦出了不少火花。1929 年，小狄和小海结伴赴美、日游访讲学，到了夏威夷，由于这两位太年轻，主办方把他俩当成游学者，说是欢迎他俩来听讲，小狄简洁回应："No。"

他俩乘船离开美国时，被记者缠上了。小狄很无奈，小海答应由他来搞定。记者找到小海，问道："我跑遍了整艘船，也没找到狄拉克教授，你能帮我不？"小海诚恳地表示遗憾："我也不知道狄拉克在哪儿，但是如果你有什么问题，我乐意替他答。"于是，记者就问了一堆关于狄拉克的问题，小海慷慨作答。在一旁东张西望、假装围观群众的狄拉克也听得很认真。

旅途很长。在船上，小海不停地跟美女跳舞，小狄每次都迷惑地在旁围观。后来小狄终于忍不住，好奇地问小海："你干吗老跟她们跳舞呢？"小海说："她们都不错，干吗不跳呢？"小狄研究了半天，不明就里，又问："可是，跳舞之前，你是怎么预知她们都不错的呢？"小海完败。

Happy 中的小狄和小海

当然,小狄也不是对女人的任何事都不感兴趣。一次,他参加聚会,发现有个教授的太太在织毛衣,便一言不发地凝神观摩,半晌,小狄一拍大腿,表示他发现还有一种新织法!举座皆惊。女士停下针好奇地看着他,小狄比画了半天,女士明白过来后,大笑道:“狄教授,您说的,就是‘反针’,已经流传几百年了!”小狄大汗。不过,只凭看,就搞懂了毛衣的织法,还顺便重新发明了“反针”,也着实不易啊!

小狄不善与女性交往,大家都习以为常。于是他成了大家眼中的天然单身汉,以至于狄拉克结婚了,大家各种不适应。

狄拉克的妻子是匈牙利裔美国科学家维格纳(1963 年诺贝尔物理学奖得主)的妹妹玛姬特·维格纳,一位贤妻良母。他俩婚后不久,一位朋友去看狄拉克,发现小狄房间里有女人。小狄房间里有女人?这太过分了!于是很震惊地问道:“这是谁?”这个问题很突然,搞得小狄一阵发呆,惭愧地答道:“嗯……这位是……是……维格纳的妹妹。”朋友当场晕倒:“你把人家妹妹弄到屋里,到底是要闹哪样?”

后来,小狄介绍老婆的句式有所改进:“请允许我为您引荐维格纳的妹妹。当然,现在她是我的妻子。”嗯,脉络相当清晰。

小狄婚后,发了两篇很烂的论文,玻尔看后扔给助教说:“看,这就是结婚的下场。”

狄拉克在社交上糗点很多,但在学术上,却是亮点无数。他才思敏捷,令人敬佩。

有小狄的地方,天资卓绝的小海绝不谈学术,下棋、散步、打球、闲聊……什么都行,就是不谈物理,因为狄拉克太强悍。他对自己的学生们说,英国有个叫狄拉克的家伙,他太聪明了,和他竞争,根本没有任何胜算!实际上,海森堡也是这样做的,他始终坚持不和狄拉克搞同一个课题。后来大家发现,这样做是对的。

别看小狄社交有些天然呆,但搞起学术来,才思那叫一个敏捷!他数学功力深厚，反应奇快。在哥本哈根的一次物理学会议上，一名日本物理学家作报告，卖力地在黑板上列满了无数复杂公式，天才们正看得晕头转向，狄拉克突然站起来，指出："最后导出的公式中，括号里的第四项符号应为负号！"观众们惊呆，演讲者更是吃惊不小，因为这套无比庞杂的公式推演，他是第一次展示，在这浩瀚的字符中，狄拉克能看出某处算错了？

见大家很疑惑，狄拉克肯定地指出是从什么地方开始错的，一共错了多少次。后来一验算，小狄所言分毫不差！唉，狄拉克，其实……你化妆成地球人很失败。

狄拉克数学成绩好，什么都算得出来。一次，玻尔从办公室飘出来，满脸不开心，好事之徒们一问方知，原来是因为美国某报纸大骂苏联，用词很不文明。狄拉克听后，掐指一算曰："再骂几个星期就 game over 了。"玻尔欣慰地问："为啥？"狄拉克一本正经道："因为再过几个星期，英语里所有骂人的话都用光了。"言毕，众人皆倒。

话说小海把他的"一人论文"甩给玻恩后，获准到剑桥讲学。小海的新发现虽然得到泡利的盛赞、玻恩的大爱，但他明白，这毕竟只是个设计方案，还没形成体系，没经过时间的考验。所以，在公开场合，他一般不拿出来炫。7 月底，他参加了卡皮查（对，就是卢瑟福的那个苏联学生）组建的"卡皮查俱乐部"。狄拉克当时出去打酱油，没在剑桥，但他的导师福勒参加了这次活动。

在讨论中，海森堡提到他刚发现的新理论，回去后，小海给福勒寄了一份文本。福勒看得很晕，但感觉这个新理论也许还不错，就甩给了狄拉克。过了一个星期，狄拉克才重视起这篇论文，他立即抓住了问题的要害：$AB \neq BA$。

和玻恩一样，他对这个奇怪的乘法规则也感到眼熟。一向超级冷静的狄拉克猴急起来，他太想去图书馆看看了，记忆深处那个违反乘法交换律的东西到底是什么？可是当天恰好周日，图书馆不开门！第二天一大早，狄拉克就守在图书馆门前，门一开，他便"嗖"的一声冲进去，找回了遗落的记忆：泊松括号。

狄拉克发现，用泊松括号，以经典的代数方法，就可以取得跟矩阵同样的效果，不同的是，那些矩阵表格不见了，整个过程顺畅多了，也顺眼多了！小狄建立了新代数，并称之为"q 数"（表示奇异、量子），把动量、位置、时间等概念，重新打造成这种不守乘法交换律的 q 数。同时，他管那些遵守乘法交换律的量，叫"c 数"（表示普通的、可交换的）。

在狄拉克开发的新数学中，令人望而生畏的矩阵不见了，取而代之的，是经典舒适、符合人体工学的泊松括号。把它用于同样经典的哈密顿函数，连接量子条件，于是，经典力学和新力学便通过 c 数、q 数，自然而然地联系起来，更简洁、更深刻地导出了那个梦幻般的 $\boldsymbol{pq}-\boldsymbol{qp}=(h/2\pi i)\boldsymbol{I}$。

狄拉克完成论文后，不慌不忙地把它甩给英国皇家学会。这时，哥廷根三人团正在甩膀子大干，苦苦修炼《论量子力学Ⅱ》。后来，小狄给了小海一份论文手稿。小海看完大赞，认为狄拉克的研究“比玻恩和约当的研究更超前”，公式更精确，甚至论文也写得更好。小海这番点评，绝非恭维。狄拉克出品，颇多神品。

当哥廷根三人团的矩阵力学面世时，物理学家们对这个面貌突兀、虽好用但麻烦无比的怪家伙一百个不待见，直到狄拉克的神作出现，才略感适应。可惜，这次的研究成果，面世时间比哥廷根三人团晚一点。

小狄化郁闷为工作，再接再厉，很快，就把这个新力学成功地应用于氢谱线。然后，他更加郁闷地得知，自己又晚了！而且只晚了 5 天！不过，这次也不算太冤，因为捷足先登的那家伙，是泡利。

不管怎么说，哥廷根这几个人属团伙作战，信息共享，所以在时间上抢尽先机，是情理之中。试想，如果小海从黑尔戈兰岛回来后，直接把论文甩给狄拉克，那会是个什么情况？

不过，历史告诉我们，世间没有如果，只有结果。历史还告诉我们，是金子早晚会花出去的！在后文，我们将看到，小狄扬眉出剑，怒放出更璀璨的光芒！

至此，在物理学激荡变幻的风云中，量子巨人摇摇晃晃地站了起来，雄视脚下八方的断壁残垣、硝烟哀鸿，胸中王者激情正待燃起，却一个踉跄。

他不是喝多了，而是没睡醒。惺忪的睡眼向下一看，咦？我怎么只有一条腿？

没有大典，没有口号，没有宣言，但无论如何，量子巨人也从此站起来了！

献身这一伟业的，是一群挥洒着青春荷尔蒙气息的男孩。他们在量子领域做出最大贡献时：德布罗意 31 岁，爱因斯坦 26 岁，玻尔 28 岁，这三位算大的了；海森堡建构矩阵力学时 24 岁、提出不确定性原理（测不准原理）时 26 岁，泡利 25 岁，约当 23 岁，狄拉克 23 岁，后面还有两个 23 岁的。

不确定性原理：$\Delta p \Delta q \geqslant \frac{h}{4\pi}$（$\Delta q$ 表示粒子位置的不确定性，Δp 表示粒子动量的不确定性）。

1933 年，海森堡、狄拉克、薛定谔三人同去领诺奖，按照规定，领诺奖是可以带家人的。时年 45 岁、骄傲地带着老婆的老薛郁闷地发现，人家小海和小狄都是带妈妈去的。太年轻了！

在老派物理学家眼里，这些男孩，是一群天才冒失鬼，他们顽劣叛逆，年轻气盛，视经典为无物，敢挑战一切，任何阻挡新理论前进的东西，他们都可以弃如敝履，绝不惋惜！

但你毫无办法，只能眼巴巴看着他们东闯西突，大步前行。

这不仅靠胆，更要靠识，所谓"胆识"。无识有胆、有识无胆，都是徒增笑料而已。

花样年华，在吃喝玩乐谈恋爱的年纪，他们却建立了光耀人类的伟业！量子世界，几乎都是年轻人的天下。所以，量子力学被称为"男孩物理学"。

当然，43 岁的玻恩、36 岁的薛定谔总算证明了：年纪大了，照样有资格谈量子力学！

3 纠结的自旋

还是 1925 年。

这一年发生的事儿太多了：BKS 理论垮台，泡利提出不相容原理，戴维逊和革末证实了电子的波动性，海森堡发现非对易关系，哥廷根三人团完成了矩阵力学的主题构建，狄拉克提出 q 数并与泡利先后将矩阵力学应用于氢原子……这是量子论凤凰涅槃之年。

事情还没完。脱胎换骨可没那么容易，新生的量子巨人不仅独腿，还缺顶王冠。这两个问题不解决，他还没法登基。

还记得吧，泡利提出不相容原理时，留下一个问题：第 4 个量子数是什么

（第十八章“不相容”一节）？

我们来复习一下，已知的3个量子数——主量子数 n、角量子数 k、磁量子数 m，分别代表电子轨道的大小、形状、方向。它们已经构成了一个丰满的3D原子。

为了防止电子一拥而上，挤到最低能级造成世界崩溃，泡利规定：原子里不允许存在量子数完全相同的两个电子。

但麻烦的是，这3个量子数不够用，必须有第4个量子数，才能实现这个蛮不讲理的规定。并且还有个条件：这第4个量子数必须具有两个值才行，多一个少一个都玩不转。这个神秘兮兮的“二值性”，究竟是什么东西？

这个纠结的问题，让喜欢啃硬骨头的“好战分子”们头疼不已的同时又兴致勃勃。搞清这个量子数，值一个诺贝尔奖。最早，一个21岁的男孩有了一个异想天开的想法。

拉尔夫·克罗尼格，德裔美国人，哥伦比亚大学哲学博士。当时，他正在哥本哈根访问。

一天，朗德给克罗尼格看了一封泡利的来信。朗德是索末菲的学生，泡利的师兄。那时，泡利虽然还没提出不相容原理，但凭着过人的实力，已经大名鼎鼎了。尤其是他对新理论准确而又犀利的点评，常常成为经典。他的信，连玻尔都很珍惜，逢人就拿出来炫一下，何况是朗德！

泡利写这封信时，他正在鼓捣不相容原理。克罗尼格仔细读了这封信，注意到，泡利认为，原子需要第4个量子数。

克罗尼格的兴致立即被勾了起来。几经考虑，他突然蹦出电子绕轴自转的想法——就像行星那样，不仅绕太阳公转，还绕轴自转。他把这个想法告诉朗德，朗德感觉很新鲜，却拿不定主意，正好他知道，不久之后泡利会来哥本哈根，于是，这二位就兴奋地等着泡利出现。如果这个想法成立，诺奖差不多就到手了！所以，克罗尼格暗暗期待泡利的支持。

泡利终于出现了，但这次，他不是救星。电子绕轴自转的想法，遭到了泡利毫不留情的炮轰，对看不见的电子，他反对用经典图像来说事儿，另外，如果电子真是像一个微缩的行星那样绕轴旋转，那么，它既不符合麦爷的电磁论，也不符合爱因斯坦的相对论——表面速度会超过光速。实际上，玻尔、海森堡等也反对这个想法，但克罗尼格没当真。现在，泡利的反对，让他彻底死了心，立即偃旗息鼓了。此时是1925年初。

泡利的反对，影响的不仅是克罗尼格。所有知道这事儿的圈里人，都放弃了这个可能。但是，只要是圈子，就是有限的，何况那时又没有微博。

世界就是这样，一个人的遗憾，往往会成为别人的幸运。

秋天很快就到了。又有两位毫不知情的同学想到了电子自旋：乌仑贝克和古兹密特。他们是荷兰莱顿大学的学生，此时都是 23 岁，后来同是荷兰－美国物理学家。他俩的导师是我们的熟人埃伦费斯特。乌仑贝克擅长经典物理，而古兹密特是原子波谱方面的行家。埃老师有意安排他俩合作，好让这哥俩互相学习，取长补短。实践证明，效果相当不错。

研究谱线，自然就涉及泡利刚发现的不相容原理。乌仑贝克突然想到，要想搞到第 4 个量子数，电子必须是旋转的。并且，它必须只有两种转法才行：向“上”旋转和向“下”旋转。

乌仑贝克认为，电子在绕核公转的同时，还顺时针或者逆时针绕轴自转。这样，就会产生一个小小的磁场，相当于一个小磁铁。由于自转方向不同，即使是前 3 个量子数都相同的电子，也会导致能级有一点点差别。就是这点小小的差别，导致了光谱线的分裂，也避免了两个相同的电子凑在一起聚众闹事，真正把泡利的蛮横规定落实到行动上，为维持原子世界和谐稳定的大好局面提供了强有力的保障。

左起：乌仑贝克、克拉默斯、古兹密特

多美的想法啊！乌仑贝克和古兹密特迫不及待地进行了数学证明：电子自旋的值有两个，恰好满足泡利要求的“二值性”！他俩赶紧写出一篇短小精悍的单页纸论文，拿给埃伦费斯特看。埃老师觉得这个想法不错，但拿不定主意。乌仑贝克和古兹密特又去问大神洛伦兹。时年72岁的洛老师兢兢业业地工作了一个多星期，算了厚厚一摞纸，得到一个噩耗：自旋的电子表面速度超过了光速n倍！

可怜的小哥俩光速通知埃老师，不要发表那篇论文。但为时已晚，论文早已寄出，追不上了。小哥俩痛心疾首：丢不起那人啊！

埃老师贴心安慰：“年轻人嘛，干点蠢事没关系。”

这篇不想发表的论文顺利发表了。嗅觉灵敏的物理学家们表示出极大的关注。玻尔当然也注意到这篇论文。别看BKS理论垮台了，但玻尔在量子论领域依然威名赫赫，所以大家都想知道他是怎么看的。天知道，玻尔也想知道大家是怎么看的。所以，短时间内，没人能给出一个确切的答案，直到一个大熟人出现。

12月份，玻尔去莱顿大学参加一个活动，列车驶入汉堡时，他发现有两个人已经久等了：泡利和斯特恩。泡利看了那篇论文，猴急地想知道，玻尔是怎么看电子自旋的。玻尔给出了一个外交辞令：“非常有趣。”“有趣你个头。”泡利知道，玻尔觉得某个概念不靠谱，就会拿“有趣”来搪塞。

列车到达莱顿，玻尔又见到两个急不可耐的朋友：爱因斯坦和埃伦费斯特。他们也问了同一个问题：关于电子自旋，你怎么看？

玻尔解释了为什么感到“非常有趣”，因为根据计算，它会导致一些讨厌的累赘，比如，实验结果与计算之间有两个矛盾系数，比如“双重线分裂中的额外系数”就很讨厌。它还有个大bug：不符合相对论。埃伦费斯特赶忙告诉玻尔，这个bug，已经被老爱用相对论干掉了。现在，电子自旋跟相对论已经和谐了。

老爱解密了他的解决办法，玻尔恍然大悟，觉得老爱已经彻底把问题搞清楚了。大bug被干掉，剩下的小股流寇，不成气候，很快就会被歼灭。玻尔的看法来了个180°的大转弯。

带着新思想，玻尔踏上归途。列车到达哥廷根站，两个男孩眼巴巴地在等着他：海森堡和约当。他们也十分好奇，玻尔对电子自旋这玩意儿是怎么看的。玻尔给了一个high评：这是个伟大的进步！

玻尔继续乘车前进，去柏林参加量子论诞辰25周年纪念活动。还记得吧？

1900 年 12 月 14 日，普朗克在德国物理学会上报告了他关于“正常光谱能量分布”方面的新发现，$E = h\nu$ 第一次面世，量子论宣告诞生。到了柏林站，玻尔下车时，有一种下错了站的感觉，因为泡利昨日重现般站在眼前。这家伙专程从汉堡赶来，就为检验玻尔的革命意志是否坚定，他失望地发现，“自旋黑”玻尔去了趟莱顿，果断叛变了，现在是“自旋粉”。因为玻尔的临阵易帜，泡利气鼓鼓地给电子自旋扣上一顶帽子：哥本哈根新邪说。

电子自旋被认可后，克罗尼格悔恨交加，当初的众多反对者，他一个都没记住，除了泡利。从此，他对泡利颇有微词。

这是泡利仅有的两个错误之一（另一个是反对宇称不守恒）。是的，克罗尼格够倒霉，遇上了顶尖高手“百密一疏”中的那个“一”。但即使如此，也不该对别人心生怨尤。你如果不能坚持正确的理论，那只能说明你功力不够。老爱的光量子，被全球物理学家反对了 n 年，但他依然坚信自己的理论是对的，这绝非固执，而是他功力深厚，看到了其他人看不到的地方。

克罗尼格的惨痛教训告诉我们，即使受到权威的否定，也不要垂头丧气，哪怕这个权威是泡利。当然，还是那句话，这需要自身的功力达到一定高度才行。毫无实力地藐视权威、固执己见，是一种低级的无知。

后来，大 bug 之外的小股流寇被围歼。英国物理学家莱维林 · 托马斯证明，那个两个系数的矛盾，是计算误差导致的。1926 年，海森堡和约当用矩阵力学成功地处理了电子自旋。

这时，泡利还孤独地站在反对的一方。看着越来越像行星系统的原子，他气不打一处来，总是觉得哪儿有点怪怪的，横竖不顺眼，但一时又不确定。这种感觉，就像醋坛子老婆闻到老公衣服上若有若无的女士香水味，逮也逮不到，说也说不清，抓狂啊！

终于有一天，泡利用矩阵力学解开了这个谜底：电子的所谓自旋，并不像行星的自转。在经典世界里，我们转动任何东西，都是转一圈回到原状，比如，你和 TA 跳贴面舞，跳着跳着，TA 转一圈，你们还贴面。如果 TA 也像电子那样，可就惨了：TA 转一圈，你贴的就说不定是哪了，TA 必须转足两周才能回到和你贴面的状态。转两周回到原状的性质，叫作“1/2 量子数”。

这和经典世界的“旋转”是完全不同的两个概念，所以，我们不能把电子自旋简单地理解为“微粒在旋转”。从这个角度讲，泡利反对他们所说的自旋，还真没错。

其实，不只是电子自旋，所有粒子都有自旋。自旋，是粒子的4个基本属性之一，另外3个基本属性都大名鼎鼎、如雷贯耳——质量、能量、磁矩，你有我有全都有，一个都不能少。猜猜看，这4个基本属性，哪个最重要？

自旋最重要。

为什么呢？举个例子，就明白了。人类也有一些基本属性，如智力、体质、人种、性别等，其中哪个最重要？

当然是性别。它把人分成两类：男人和女人。

自旋也是这样，它把粒子分为两类：费米子和玻色子。

所谓费米子，就是指自旋为半整数（1/2、3/2、5/2……）的粒子。这种粒子在宇宙中有个重要的任务：构成实物。也就是说，所有实物都是费米子构成的，厉害吧？中子、质子、电子、中微子等等，都是费米子。

费米子遵循泡利不相容原理，它们不能同时以同一个状态出现在同一个位置。后来发现，费米子之所以不相容，正是由于它们的自旋数是半整数，搞不到一起去。

所谓玻色子，就是指自旋为整数（0、1、2……）的粒子。这种粒子的任务是：传递作用力。也就是说，费米子们全靠它才千变万化，宇宙也是靠它才生命不息、运动不止。光子、介子、胶子等，都是玻色子。玻色子不遵守泡利不相容原理。

那么，旋来旋去，是怎么个旋法？那些个自旋数又代表什么呢？

咱俩先用一个老办法，类比一下，观察一下，看看能不能总结出一个简单的办法，去认识一下这个新朋友——自旋。（温馨提示：下面的描述，只是比喻。比喻哟！）

电影《大内密探零零发》里，有一种无相神功——跟《天龙八部》里面的无相功不搭边，我们略去功法，只看“头部形态”。电影里的无相神功练成后，没有五官面目，却可以变出任何面孔。注意，我们下面所说的，都是“无相神功之头”，简称“相头”。OK，我们现在结合波粒二象性，来试着理解下自旋。（提示：粒子有波的性质，波有频率，也就是周期性的变化）

自旋为0的粒子，相头是一个质点，从任何方向看，它都一样。于是，不管它怎么“转”，它都是一样的。转不转都一个样，怎么努力都白费，所以记为0。

自旋为1的粒子，相头是一个正常的脑袋，换个方向，你看到的就有变化。

转动它，想让它和原来一样（恢复原状），必须转满 1 圈才行。也就是说，你转 1 圈，就能看见 1 次原状，所以记为 1。

自旋为 2 的粒子，相头是个“两面人”的脑袋，两张脸毫无分别，你转半圈，就能看见 1 次原状。那么，你转满 1 圈，就可以看见 2 次原状，所以记为 2。

以上是整数。那么，半整数的自旋又是什么样呢？这个比较复杂。这个相头是变化的，它一会儿是正常脑袋，一会儿是质点，循环变化，相当有规律：电子每转两圈，它就变化一个周期。这样一来，如果你第一眼看到的是一张脸，那么，你想再看到这张脸，必须等相头转两周。同样，如果你第一眼看到的是后脑勺，那么，你想再看它一眼，也须转满 2 周才行。转 2 圈可以看见 1 次原状，记为 1/2。电子的自旋就是 1/2。

这下，咱俩好像有点明白了：自旋数 = 看见原状的次数/转动的圈数。

强调一下，上述所谓“相头”，是为了给咱俩提供一个可供想象的图像。实际上，自旋是没法用经典图像来描述的。因为经典世界里，不存在又是波又是粒的怪物。不过，等玻色 – 爱因斯坦凝聚实现大“体积”凝聚的“实体”后，或许咱俩能见到这种“怪物”。扯远了，这个以后再说。回到自旋，从波粒二象性出发，用粒子的转动，结合波动的周期性变化，可以帮助我们理解。顺便复习下：

如果转动 1 圈，没有变化或者见到原状的次数是 1 次、2 次、3 次……这些整数次，那么，这个粒子就是玻色子。

否则，它就是费米子。

没有费米子，这个世界就没有实物；而没有玻色子，那么所有的费米子之间就没有任何关系，世界还是虚无缥缈。而这两个最重要的性质，都源于低调隐秘的自旋。

泡利虽然反对过自旋，但是，自旋跟他还真是相当有缘。

首先，我们知道，自旋的概念，是由于泡利不相容原理需要第 4 个量子数而提出的。反过来，不相容的根源，正是源于“自旋”。

在“挺旋派”的围剿下，1926 年，电子自旋大大小小的所有 bug 全军覆没，海森堡不仅和约当用矩阵力学成功地处理了自旋，还指出了搞定氦原子的道路，氦原子有两个电子！搞定带有两个电子的原子，是旧量子论梦寐以求却求之不得的目标啊！胜利来得这么快吗？泡利举手投降。

1927 年，泡利用二分量波函数和泡利矩阵，把自旋概念纳入非相对论量子力学的表述之中。

1928 年，狄拉克从数学的角度解释了电子为啥会有 1/2 自旋，也就是为啥它非得转两圈才能恢复原状。

1940 年，泡利又证明，量子场论必须引入自旋。自旋是所有粒子的内禀性质、基本参量，参量取值不同，导致性质各不相同。

自旋的基本参量地位坐实后，泡利十分后悔当初炮轰自旋，对克罗尼格负疚不已。多年以后，他提起这事儿，还在自责："我年轻时真蠢啊！"

1927 年，时年 28 岁的泡利受苏黎世联邦理工学院之邀，赴任理论物理学教授，他迅速做了一件事：邀请克罗尼格做他的助理。并嘱咐道："以后不管我说什么，你都要用翔实的论据反驳我。"

由于泡利－克罗尼格事件，电子自旋的诺奖陷入两难：给克罗尼格吧，他没发表；给乌仑贝克和古兹密特吧，电子自旋是克罗尼格首先提出的。诺奖最终没法落脚，干脆绕开了自旋，留给克罗尼格、乌仑贝克和古兹密特三人深深的遗憾。当然，这更是泡利心中深切悠远的遗憾。

也许，我们的世界，正因曲折而异彩纷呈，亦因缺憾而意味深长吧。

波动疑云

他谦虚而文雅，却热情而固执；他远离名利场，却在多个学术领域夺人眼球；他博学多才，却大器晚成；他在政治上极其幼稚，却在经济上精于其道，政治、经济学在他身上完全分裂；他不懈追求纯洁崇高的爱情，却把浪漫搞成了多情；他自认少有原创，却善于借种生花，做出独一无二的创建……此公便是本节的男主角，风度与智慧并重，情圣与学霸的化身，影响社会风气，刺激文化市场，冲突与矛盾的统一体——薛定谔同志。

薛定谔

埃尔文·鲁道夫·约瑟夫·亚历山大·薛定谔，1887 年 8 月 12 日生于奥地利首都维也纳。他父亲的理想本来是要当一个科学家，但为了生活，不得不继承了家族的油毡厂，生意相当火爆。

薛定谔的童年是快活的。他一边享受着优裕的梦幻生活,一边沐浴着父亲润物无声的教导,一个天才就这样低调而茁壮地成长起来。

小薛爱好相当广泛,物理、数学、生物学、哲学、文学、各种语言、体育运动、雕塑……这么多的爱好,却没落下博而不精的毛病,实属不易。后来,他对物理各个领域,以及物理以外的生物学、生理学、气象学、哲学等多个领域都产生过重要的影响。

小薛在学校也比较会耍酷。同学们都没见过他怎么学习,但学校教的知识,却没他不会的。如果你只简单地认定他"功夫在课外",在家偷着学,那也有些冤枉他了,因为他在课堂上绝不会放过老师讲的每一个关键点,在家学不假,但人家小薛学的可是课外书。既会听,又会学,高效低耗。所以,除了课程,他还有大把时间来学习各种语言,什么德语、英语、法语、西班牙语甚至古希腊语等,他都搞得熟如母语。另外,他还有大把的精力去搞艺术鉴赏、雕塑创作、户外运动什么的。

1906 年,在同学们眼里总是在玩儿的小薛,以让人羡慕嫉妒恨的成绩考入了维也纳大学。这当然是一所世界名校。咱们的老熟人多普勒、马赫、玻尔兹曼,以及本书没提到的爱丁豪森、斯忒藩、哈泽内尔、埃克斯纳等,都是出自这所学校。

薛定谔入学时,满校悲伤,因为玻尔兹曼教授刚刚自杀。

玻老师走了,但他的思想留了下来,继续改变着世界,也改变着薛定谔。小薛把自己汲取玻尔兹曼的思想称为"科学上的初恋","没有别的东西如此让我狂喜"。

学习玻尔兹曼思想,竟然是恋爱般的感受!这是一个真正的学霸。

所以,整个大学生活,小薛如鱼得水。

奥地利纸币。正面印有奥地利物理学家薛定谔,背面印有维也纳大学。

所以，他的博士论文选题，直接命中本校第二物理研究所攻而未克的一道难题：潮湿空气中绝缘体的导电性。

他顺利过关，用了一个简单的思路：在潮湿的空气中，很难有静电。从这个众所周知的现象出发，他用橡胶、玻璃、琥珀、硫黄、石蜡等材料制成绝缘棒，一头包上锡纸，通电，另一头接上验电器，调整空气湿度，让电流通过绝缘棒表面。这样，就能通过记录的实验数据推导电阻与湿度的函数关系。猜猜看，上面这些材料，在潮湿的空气中，绝缘性最好和最差的各是哪个呢？

小薛给出的答案是：玻璃最差，石蜡最好。（也许相同湿度下，玻璃表面更容易形成导电膜？）

1910 年 5 月，薛同学变成了薛博士。戴上博士帽后，他逮啥研究啥，涉及物理学的多个领域，并且，他还爱上了一个女孩。4 年间，他发表了 10 篇论文，1914 年 1 月，他喜获大学教师资格。但他忧郁地发现，以大学教师的薪水，养家很成问题，何况，过惯了优越生活的他，觉得理应给心爱的姑娘一个安逸的生活。

于是，小薛问老爹，他是不是也该继承家族生意。

深藏科学梦的老薛果断阻止："你不该干这个。你要留在大学，继续搞学术。"

一年后，薛老爹去世。他的价值观，让世上少了个老板，多了个伟大的科学家。

那个差点让小薛放弃科学的女孩渐行渐远，终于不见。而小薛，我们不用替他担心，因为，他的感情生活，对"空白"二字是零容忍。他很快就爱上了新的女孩——同样情炽如火、掏心掏肺。

后来，这位差点成为老板的未来科学家成了一名军官，因为第一次世界大战爆发了。26 岁的薛定谔作为一名炮兵指挥官，来到意大利前线。和多数有作为的科学家一样，他不喜欢军旅生活。况且，他敬爱的大学导师哈泽内尔在一次冲锋中阵亡，这让他更加厌恶战争和军营。

幸好，小薛可以收到一些书和科学期刊，能够追踪物理学的最新发展，把握科学的脉搏。对他来说，这才是生活。

可是，生活并不容易。战争终于熬过去了，但薛氏企业却没熬过战争。一场仗下来，资产阶级被打成了无产阶级，全家经常要到赈济所去吃饭。

饿着肚子搞学问的滋味不好受，但总比饿着肚子无所事事，老想着肚子饿强。战争后期和战后，薛定谔一直在关注相对论、量子论、气象学、涨落理论等领域的发展。同时，他还对哲学兴趣浓厚。他已经准备好了，只是一时不知从何下手。

本来，小薛是想献身哲学的，物理学作为爱好。但是造化弄人，战争打乱了一切，哲学的饭碗随着帝国的瓦解，被打得粉碎，于是，世上少了个爱好物理的哲学家，多了个哲学味十足的物理学家。

1920 年，薛定谔移居德国，在耶拿大学任讲师。有了可以养家的收入，他立即迎娶了安妮玛丽·贝特尔小姐。这大概是他爱上的有据可查的第 5 个女孩。

小薛恋爱和搞学问的效率都不低，在业界，他的声望持续上升，一如他对爱情的热忱。

为了让生活更好些，薛定谔先后折腾到斯图加特理工学院和布雷斯劳大学任教授。由于薪酬原因，他又折腾到瑞士苏黎世大学任教。可是刚到瑞士不久，他就染上了支气管炎，不得不离岗休养，在阿尔卑斯山上的阿罗萨疗养院，一住就是 9 个月。

不过，疗养归疗养，学问归学问，薛定谔发表论文的速度与激情丝毫不减，一如他对爱情的追求。

时间飞速流逝，薛定谔成了著名物理学家。但是，他始终迈不过那道坎，成为一流的物理学家。

但他已经成为一流的情人。婚后，薛定谔依然不懈追求炽烈的爱情，不断爱上不同的女人。虽然这位花花公子，到处拈花惹草，但他每次都掏心掏肺，有他创作的大量情诗为证。不过他的女朋友数量实在是有点多，以至于这也不能算是真正的爱情。

薛定谔与妻子安妮玛丽没有儿女，但他却有 n 个私生子。他与情人们相处和谐，她们中有演员、办公室职员、学生、同事的妻子等，相当丰富多彩。他对别人的老婆一见钟情，就请那位先生来当他的助手。后来，他的情人给薛家生了个孩子，而身为发妻的安妮玛丽却心甘情愿地照顾这个婴儿，妻子、情人、私生子与薛定谔公开生活在一起，真是让人匪夷所思了。

更乱的是，安妮玛丽也没闲着，她和薛定谔的好朋友赫尔曼·威尔关系暧昧，而威尔的老婆也和别人纠缠不清……苍天啊！生活真是一团麻啊！放在一般人身上，世界早就毁灭 n 次了。但薛定谔显然非同一般，与安妮玛丽做到了白头偕老,共享了41年的喜怒哀乐,走到人生的尽头。真是一言难尽啊!这些都是后话,不提。

薛定谔最近有点烦,因为他和安妮玛丽正在闹矛盾。两个人一起“劈腿”,不闹点矛盾,就显得太不正常了。

不过这次闹得有些认真,他们很正式地谈到了离婚。但算了算,费用太贵,离不起。再说,宗教也不允许,安妮玛丽信天主教的。

还有一件事更烦。薛定谔突然发现,自己已经37岁了。当年意气风发的帅哥小薛,不知什么时候变成了成熟古怪的大叔老薛。根据经验,在物理界,到了这把年纪,要么功成名就,要么退隐江湖。而自己,少年得志,坐拥博学才子的美名,却悬在二者之间,既非winner,又非loser,进而无门,退而不忍,很尴尬。

老薛大叔不是没啥成绩,他已经发表了近50篇论文,涉及相对论、统计物理、原子物理、放射性、色原学说等方方面面的领域,范围广、跨度大,这还没算什么哲学、文学、生理学等方面的东西。他出产的内容够渊博,够坚实,但不够靓丽,不够气派。要出产顶级品牌,谈何容易!

1925年的夏天真难熬,但秋天终于还是来了。

10月,薛定谔读到一篇论文,作者是爱因斯坦。老爱的论文,当然要细读。于是,老薛大叔读到了注脚——读书不仔细的同学们请注意,已经不是第一次提到注脚了。

有一处注脚说,文中有一部分内容来自德布罗意的波粒二象性论文。看得出来,老爱对这小子的看法赞赏有加。

薛定谔风风火火搞到这篇论文,读来读去,想来想去,当他终于想明白了的时候,立即被这位王子的奇思妙想征服。

11月,苏黎世大学和苏黎世联邦理工学院每两周一次的物理学例会如期召开。主持人是联邦理工学院的教授德拜,他让老薛聊一下德布罗意的论文。

老薛刚刚闯进德布罗意的波粒二象世界,新鲜劲儿还没过去呢,于是,兴奋地广而告之。正当大家听得如坠云雾之时,德拜嗤之以鼻,兜头就是一盆凉水:“这玩意儿不仅没有实验证实,甚至连一个基本方程都没有,这算哪门子理论?”

此言一出,万籁俱寂。

德布罗意当时只是想写一篇博士论文,过关后就扔到一边去了,从没想过要弄个啥方程。老爱虽然喜欢德布罗意的创意,但也没想过要给它配一款方

程。现在，德拜揪出了这条大尾巴，真是一语点醒梦中人！

老薛大叔讲的就是一个速度，他马上热情高涨，说干就干，很快，他就搞到一个方程，立即拿来试用，看看它能否描述“带有三维驻波的氢原子模型”。但是，失败来得更快，方程给出的答案与实验不符。为什么呢？因为那时，电子自旋的论文刚刚发表，老薛还没看到。就算看到，也得搞清楚了才行。所以，这次失败，败就败在动作太快。

看来，成大事，光有实力、有抓手、有机会还不够，还得讲求时机：早了干不成，晚了被抢光。难怪晚生几年的朗道面对已经崛起的量子力学，酸溜溜地说：“漂亮姑娘都被别人抢光了！”

爱情事业两不利，老薛很抑郁：方程不给力，老婆正怄气，怎么办？三十六计，走为上计！

恰好，圣诞节假期快到了。老薛是个很讲原则的人，婚姻是婚姻，爱情是爱情，工作是工作，休假是休假。假期来了，谁也无法阻止老薛去休假。不仅如此，他还忠贞不渝地挚爱一个地方：阿尔卑斯山的阿罗萨。要去，就一定要住黑薇谷别墅！

这也不怪老薛死心眼，去了你就知道，这地方很适合休假。尤其是还有美人在侧。

前两年，老薛都是带着老婆去的。现在，两人正在战争中，但他立即想到了一个绝佳旅伴——他的一位神秘情人。说她神秘，是因为现在史学家掘地三尺，也找不到有关那位神秘女郎身份的半点信息。

瑞士东部旅游胜地阿罗萨

雪山、森林、别墅、圣诞节、美人……在这里，老薛的小宇宙彻底爆发了，在接下来的6个月里，他连续发表了6篇论文，囊括了量子理论、哈密顿光学+力学、原子模型、光谱学等多个物理领域，集新老量子论成果之大成，建立起形式完整、逻辑自洽、应用广泛的波动力学体系。

薛定谔立足德布罗意波的概念，把电子看成环形波，把能级与波节联系起来，经典物理的利器哈密顿-雅可比方程、变分法、德布罗意公式在老薛笔下水乳交融。量子在这一刻灵魂附体，波动精灵腾空而起。史上最伟大的公式之一——薛定谔波动方程横空出世：

$$\nabla\psi+\frac{8\pi^2 m}{h^2}(E-V)\psi=0$$

这就是名震物理江湖，在原子物理学中应用最广、影响最大的公式。老薛因此获得1933年的诺贝尔物理学奖。先别忙着陶醉，这个公式虽然比海森堡的矩阵看着顺眼许多，但让人总感觉有点怪怪的。

∇是什么？好像在哪儿见过。对！它是拉普拉斯算符，在麦爷的方程组里出现过，就是微分形式那组（第七章“电磁王国”一节）。是的，它是微分运算符，经典中的经典！

那个大写的V是势能，被总能量E减掉，因为它不是正能量，这两项大家都不陌生。至于h、π、m什么的，大家也都很熟。

这些，我们都不必太关心。

现在，有个关键问题：那个渔叉一样的ψ是个什么东西？

ψ，发音“普赛”，是第23个希腊字母。

薛定谔说，那是我的波函数，波的空间分布函数。

可是，它是什么意思？通俗点说：它的物理意义是什么？

谈到这个问题，我们不得不遭点儿罪，动用一下脑细胞，重新审视一下这个方程，顺便追溯一些干巴巴的东西。让我们深吸一口气……准备好了吗？

这个方程，涉及对光学、力学的研究。而早在19世纪，英国数学家、物理学家威廉·哈密顿就做过这方面的研究——把牛顿力学和光学进行类比。结果，有了一个绝妙的新发现：在零波长极限，光波的传播趋向于明确的运动，也就是轨道趋向于明确的路径。而这个路径，服从“最小作用量原理”。

啥叫“最小作用量原理”呢？通俗地说：任何作用、任何行为，自然界总是采用最简单的方法。所谓高效低耗、绿色环保，就是顺应自然规律而已。还记得

费马同志提出的“光走最短路径”吧？这就是“最小作用量原理”的早期表述，也是一个代表性的表述。

“波的传播趋向于明确的运动”，这句话的通俗说法是：波的运动原来是抽象派艺术，也许波大师自己也不太明确自己要说什么，现在好了，改成了产品示意图，就清晰多了。这就提供了一个可能：波可以用方程来描述。哈密顿没搞出波动方程，但他在拉格朗日力学的基础上，用微分法，演化出“哈密顿力学方程”。

后来，普鲁士大数学家卡尔·雅可比对这个方程进行了改良，使之成为偏微分方程哈密顿－雅可比方程。

一连说了这么多陌生、拗口的名词，看起来很高深的样子，其实，什么哈密顿－雅可比方程、拉格朗日力学、哈密顿力学，它们跟牛顿力学是完全等价的，只是表述方式不同，用起来各有亮点罢了。“牛顿力学”，听起来多亲切啊！

OK，咱俩从“不明觉厉”的幻境中跳出来，回到哈密顿－雅可比方程。由于它脱胎于哈密顿对光学、力学的类比研究，所以，它有一个“特异功能”：能把粒子的运动，搞成“波动的力学表达”，也就是能用“波的力学”来描述粒子运动！

哈密顿、雅可比的研究到此为止，那个时候德布罗意王子还没降世。于是，一个世纪后，老薛大叔完成了这件事：从哈密顿－雅可比方程出发，用经典的微分来处理德布罗意波（当然，其中还用了很多高深的数学方法，咱俩就不迎难而上了），导出了伟大的薛定谔波动方程。

拉格朗日 1736—1813

雅可比 1804—1851

哈密顿 1805—1865

方程中，把粒子看成波，质量为 m 的粒子在势场中，其运动状态就描述为波函数 ψ。摸清了粒子在空间的分布，也就掌握了微观粒子的行为。通俗地说：一撅尾巴，就知道它拉几个粪蛋。

前面说过，我们把粒子看成环形驻波，那么，为了保持环形，它的波节只能是整数，这就很自然地实现了量子化。在这个思想的基础上，满足薛定谔方程

的波函数，就是“本征函数”了。啥叫“本征函数”呢？通俗地说，某函数经过微分后等于它自己的倍数，这样的函数，就叫“本征函数”。所以，薛定谔的论文题目很直接，叫《量子化是本征值问题》，一语点破了方程为什么适合量子。

费了半天劲，总算把来路摸了个大致。还是八卦比较轻松，是吧？现在，我们该回到那个让人头疼的问题了：老薛大叔，你说的这个“波函数”，它的物理意义是什么？

“哦，它是描述电子的一个函数，可以说它表示电子的位置，说是位置呢，它又没有明确的基本度量值，比如坐标、时间什么的。说不是位置呢，它又明明在那儿，却又不在某个点上，而是从那里弥散开来，像云朵，随着电子运动而演化，但这种演化又不像云那样看起来毫无章法，按照我的方程，它的演化是连续的、有规律的，这个规律是确定的。总之，这个函数，它就是……波，飘逸、梦幻而又真实存在的波，像雾，像雨，又像风……”老薛大叔说着说着，声音越来越小，面色突然凝重起来。

那它到底是什么？是什么在波动？电子吗？波动的介质是什么？众说纷纭，谁也不服谁。1926 年夏天，有好事之徒作诗为证：

埃尔文用 ψ，
计算特别灵。
ψ 是什么？
谁也说不清。

我们又遇到了老问题：有了方程，却搞不懂方程在说什么。

咱俩先当一回鸵鸟，不理这个问题。现在，我们只知道，这个方程好用极了，海森堡矩阵力学方程能做到的，薛定谔波动力学方程全能做到。难能可贵的是，老薛大叔这款方程结构简单，轻便小巧，界面亲和，操作起来非常人性化，不仅方便快捷，而且功能强大，简直就是上品中的极品！

就说巴尔末公式吧，泡利大神用浩浩荡荡的矩阵力学公式费了九牛二虎之力，推演出巴尔末公式，其深厚的功力，恰如排山倒海，令人叹为观止。但是，薛大叔用他的波动方程，三下五除二，就推出了巴尔末公式，其简洁自然，却似推窗望月，令人惊艳不已，泡利和他的小伙伴都惊呆了，这款公式简直神了！

大家一试用，发现薛定谔方程可以纵横原子、分子、固体物理、核物理、化学等领域，用它处理原子、分子、核、固体等问题，都能轻松闯过实验关。

拥抱着这款熟悉的微分方程，饱受矩阵折磨的物理学家们顿时激动不已。自从玻尔体系垮台以来，华美辉煌的量子物理瞬间跌回蛮荒时代。矩阵力学的崛起，为量子王国带来伟大的复兴，但是，矩阵的繁杂、冰冷、陌生、蛮横，令人望而生畏，难以亲近。但是，你别无选择，因为它是 No.1，它是唯一，你只能屈服在矩阵力学的权威之下。总之，你越看它，就越想家。真是"人言落日是天涯，望极天涯不见家。已恨碧山相阻隔，碧山还被暮云遮！"搞得大家迷茫、抓狂、凄楚而又彷徨。

现在，老薛大叔用经典的微分方程，把我们带回梦中的家园，这里乡音袅袅，故土悠悠，波动的连续性，让脚下的大地坚实起来，杨柳岸，晓风残月，唯有门前镜湖水，春风不改旧时波，天边飘过故乡的云，它不停地向我召唤，当身边的微风轻轻吹起，吹来故乡泥土的芬芳……

回家了！太舒服了！物理学家们狠狠地松了一口气，纷纷向老薛大叔发来贺电。

普朗克：这个谜团被解开了。

爱因斯坦：这想法来自一个真正的天才。

索末菲：完全疯了！随即改口：帮我们解了围。

乌仑贝克：让我们大大地松了一口气。

泡利：它是最近发表的论文里最重要的一篇。

玻恩：量子定律的最深刻形式。

埃伦费斯特：迈出了决定性的一步。

……

大家都很爽。但是，有一个人很不高兴：海森堡。

不仅不高兴，他还很生气。因为，原来鼎力支持矩阵力学的几个大神，用了老薛的波动方程后，都叛变了。小海很伤心，尤其是玻恩的"变节"——是你亲自引导了矩阵力学的建立啊，大叔！

小海认为，他的矩阵力学才是量子江湖的武林正宗。

本来，小海对薛定谔方程的评价还是措辞考究的：不可思议，非常有趣。（中玻尔的毒太深）

但是，随着两人的相互质疑，这种学术探讨逐渐升级，变成了激烈的争吵。

海森堡："我越是想到薛定谔理论的物理部分，就越感到厌恶。"

薛定谔："一想到我将告诉学生们，矩阵计算代表了原子的本质，我就不寒而栗。"

一件产品，大家用了都说好，你能怎么样？不管小海怎么厌恶，谁也无法阻挡波动力学汹涌的浪潮，它压倒性地席卷了差不多整个量子江湖，所到之处，众生倾倒。

小海对薛定谔方程，由学术上的反对，变成了羡慕嫉妒恨，尤其是当玻恩美滋滋地使用薛定谔方程时，小海简直不敢相信自己的眼睛，愤怒地叫玻恩老师"叛徒"。

但是，你以为三星总裁没玩过苹果、360 老板没用过 QQ、麦当劳 CEO 没尝过肯德基吗？1926 年 7 月，小海忍不住用波动力学成功地解释了氦原子的光谱现象——这可是量子力学的一个伟大突破啊！但是，小海的注意力显然不在这个突破有多大，他此地无银三百两地声明："我没怎么用波动方程，就算用了，也只是权宜之计！"

这孩子，太幼稚了。

自波动方程诞生以来，薛大叔也没闲着。因为他心里有个结——用矩阵力学、波动力学去解决同一个问题，它俩会给出同一个答案。为什么？难道，这两个看起来风马牛不相及的家伙有血亲？

薛大叔埋头苦干了两个星期，被矩阵折磨得死去活来之后，他欣慰地得出一个结论：波动力学和矩阵力学八竿子打不着，没有任何联系。老薛顿时感到一阵轻松。

是啊，这两个家伙怎么可能有血亲？连街坊都不应该是！它们一个强调间断性，一个强调连续性；一个用矩阵，一个用微分法；一个是水中月，一个是镜中花：怎么可能有血缘关系！

哈哈！你以为笑出声的只有老薛大叔吗？海森堡同学笑得更大声！他俩都不希望双方的方程之间扯上任何瓜葛。因为，他们都坚信，自己才是唯一正确的，对方只在数学上有效，而在物理上是错的。

但是，很快，他们就笑不出来了。1926 年三四月间，薛定谔、泡利、约当纷纷证明：二者在数学上完全等价！

这是怎么回事？我们不妨回忆一下，当初狄拉克同学用泊松括号取代矩阵时，靠的是哈密顿函数，而老薛的波动方程，更离不开哈密顿函数，本是同根生啊！相煎何太急？

世界和平了？

哪那么容易！现在的量子巨人，虽然四肢健全，但完全是一个精神分裂者。他的两个“我”都非常强悍，对外所向披靡，可以解决一切问题，但是，自身却矛盾重重，两个“我”性格迥异，三观不合，水火不容，内斗不休，似有不共戴天之恨！

问题出在哪儿？仔细一诊断，我们会发现，它们的生命源于经典，而问题，也来自经典。原来，那个缠斗不休的系统内核，是古老的波粒大战！

第二十章 彩蛋

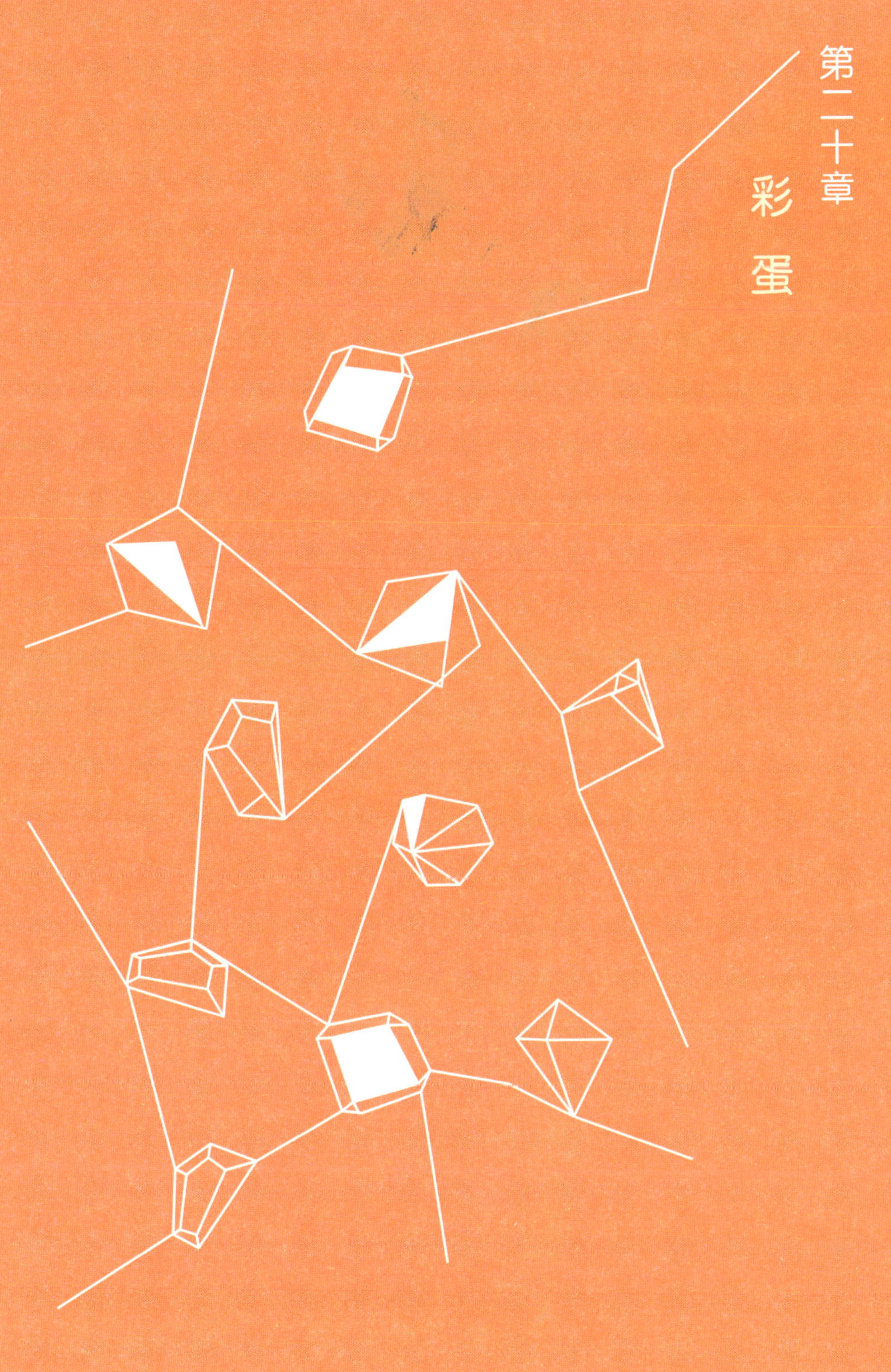

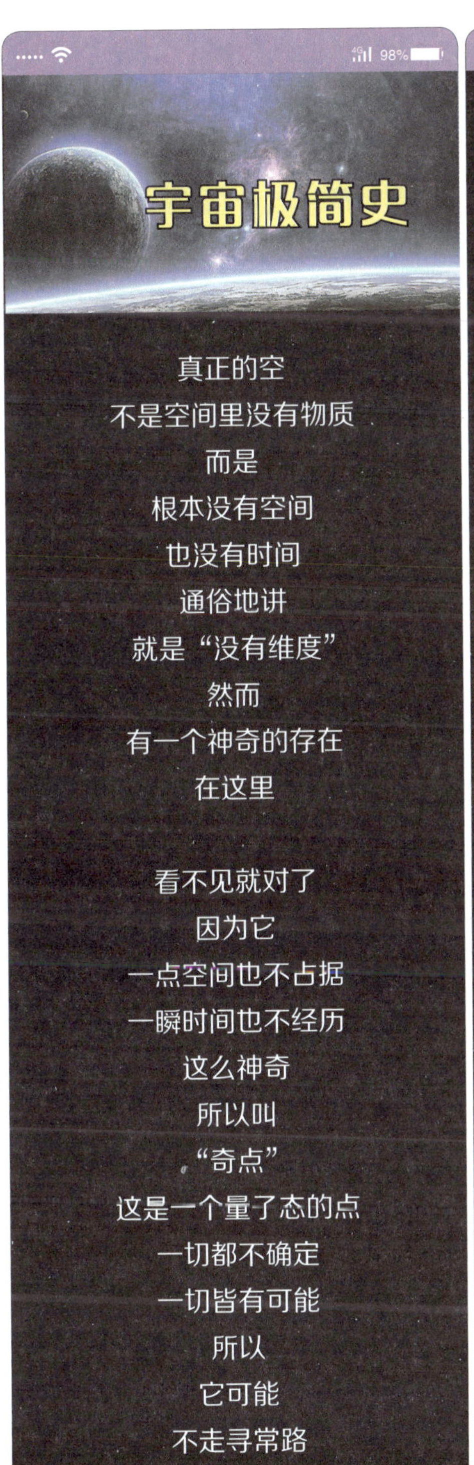

98%
宇宙极简史
真正的空
不是空间里没有物质
而是
根本没有空间
也没有时间
通俗地讲
就是“没有维度”
然而
有一个神奇的存在
在这里
看不见就对了
因为它
一点空间也不占据
一瞬时间也不经历
这么神奇
所以叫
“奇点”
这是一个量子态的点
一切都不确定
一切皆有可能
所以
它可能
不走寻常路

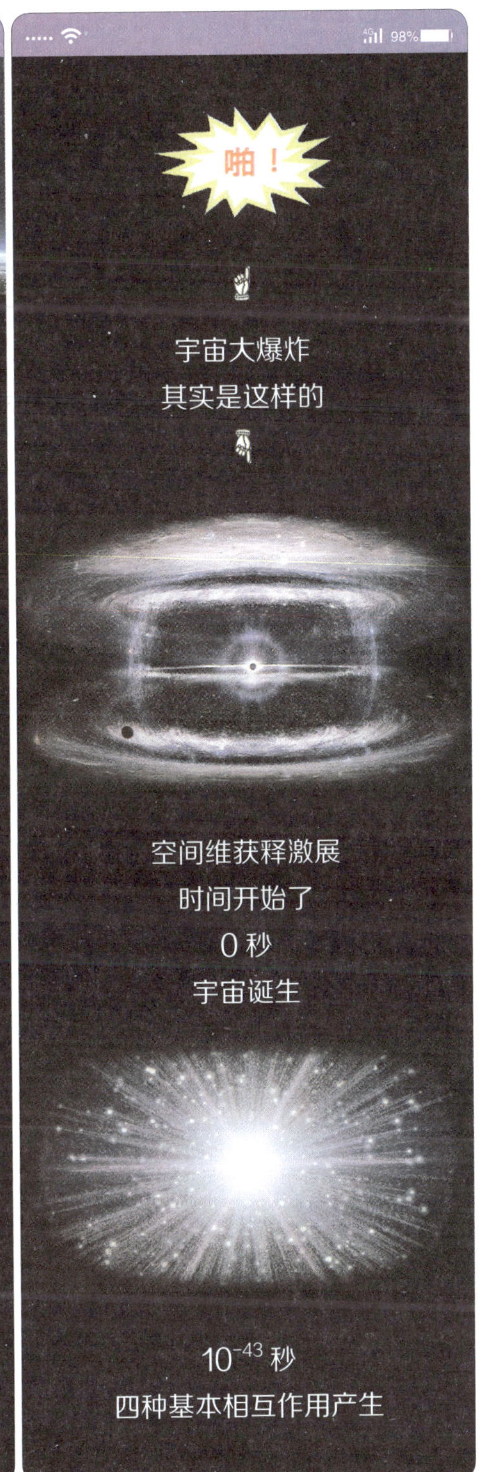

98%
啪！
宇宙大爆炸
其实是这样的
空间维获释激展
时间开始了
0 秒
宇宙诞生
10^{-43} 秒
四种基本相互作用产生

粒子诞生

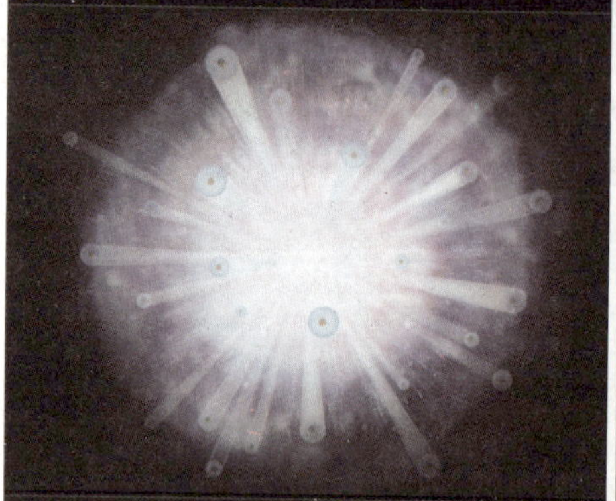

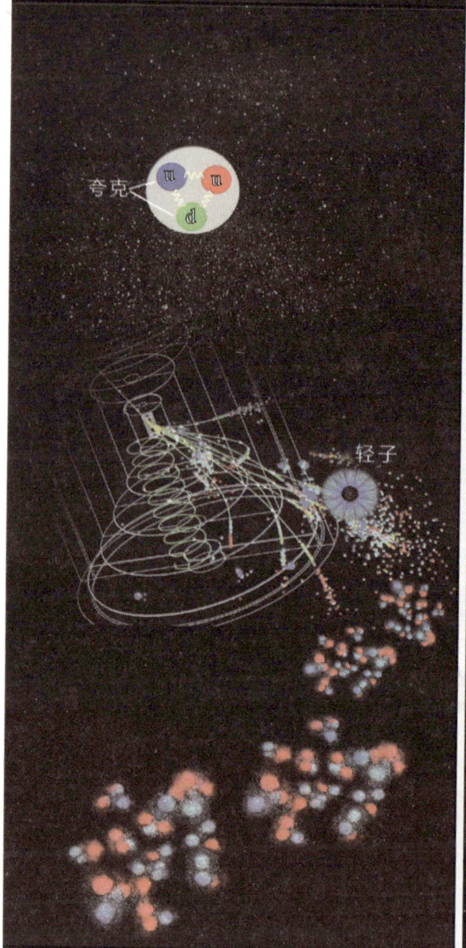

夸克

u u d

轻子

温度 10^{38} K
是太阳核心温度的 10^{31} 倍
（太阳核心温度是 1.5×10^{7} K
铁的熔点大概 1 800 K）
引力波凶猛而旖旎

10^{-36} 秒到 10^{-32} 秒
负压力的真空能量发威

宇宙暴胀了 10^{78} 倍以上
这个数字有多大呢

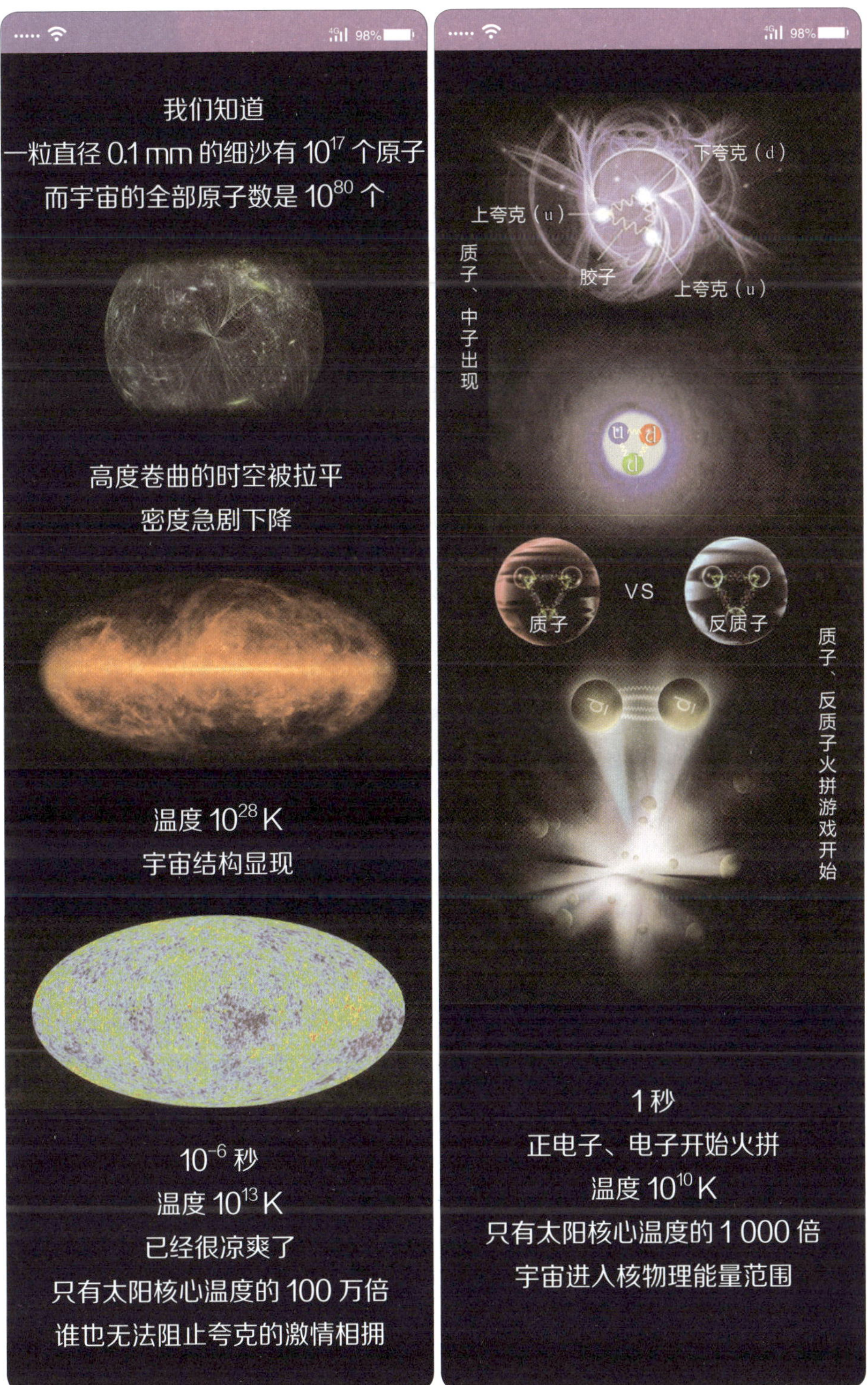
我们知道
一粒直径 0.1 mm 的细沙有 10^17 个原子
而宇宙的全部原子数是 10^80 个
高度卷曲的时空被拉平
密度急剧下降
温度 10^28 K
宇宙结构显现
10^-6 秒
温度 10^13 K
已经很凉爽了
只有太阳核心温度的 100 万倍
谁也无法阻止夸克的激情相拥
下夸克（d）
上夸克（u）
胶子
上夸克（u）
质子、中子出现
VS
质子
反质子
质子、反质子火拼游戏开始
1 秒
正电子、电子开始火拼
温度 10^10 K
只有太阳核心温度的 1 000 倍
宇宙进入核物理能量范围

3 秒

温度 10^9 K

这是太阳表面温度的 16 万倍

（太阳表面温度是 6 000 K）

但质子、中子已感到丝丝凉意

纷纷抱团取暖

原初核开始合成

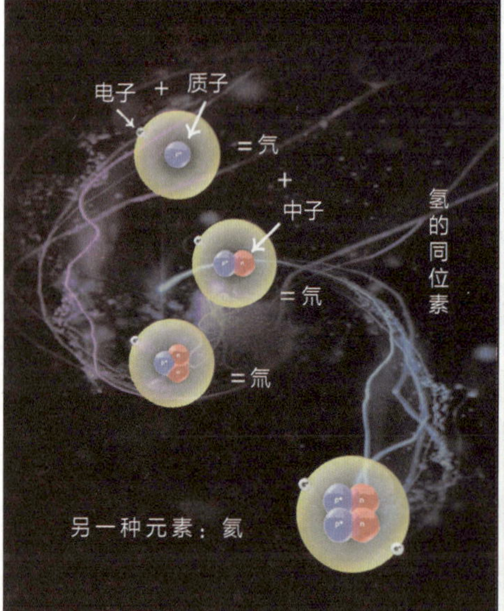

电子 + 质子

= 氕

+ 中子

= 氘

= 氚

氢的同位素

另一种元素：氦

宇宙仍是一片混沌

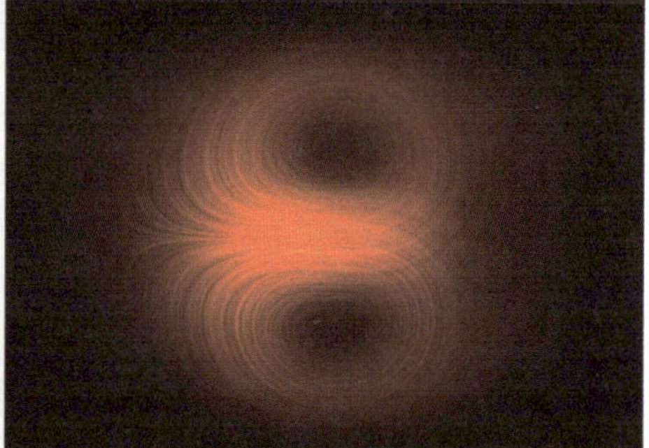

但它不可逆转地走向无序

熵值增高

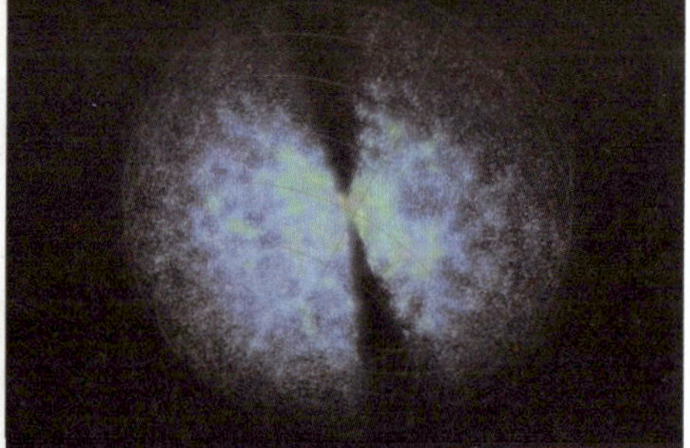

30 万年

温度 3 000 K

混沌初开

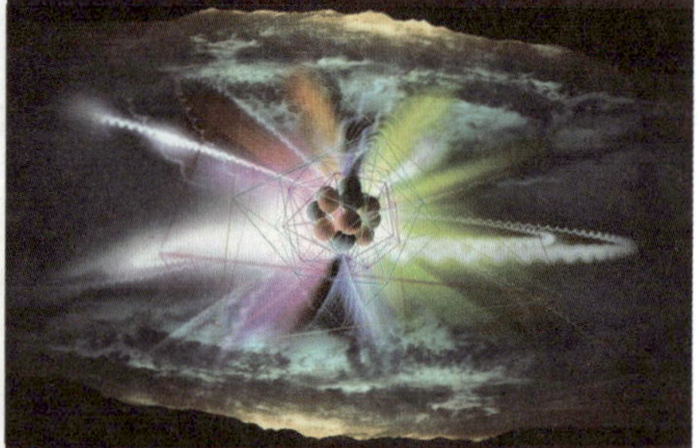

原子的世界

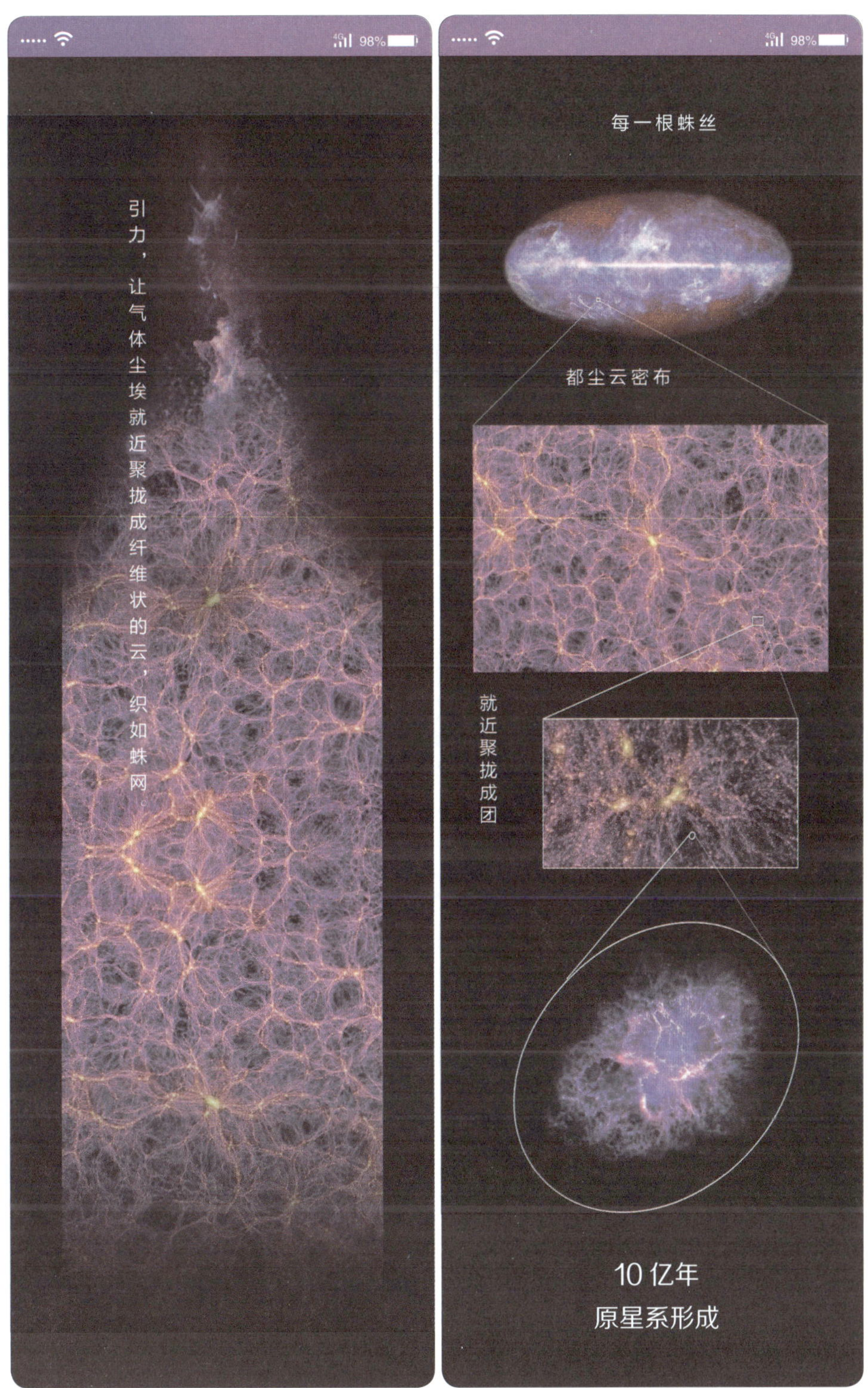
98%
98%
引力，让气体尘埃就近聚拢成纤维状的云，织如蛛网。
每一根蛛丝
都尘云密布
就近聚拢成团
10 亿年
原星系形成

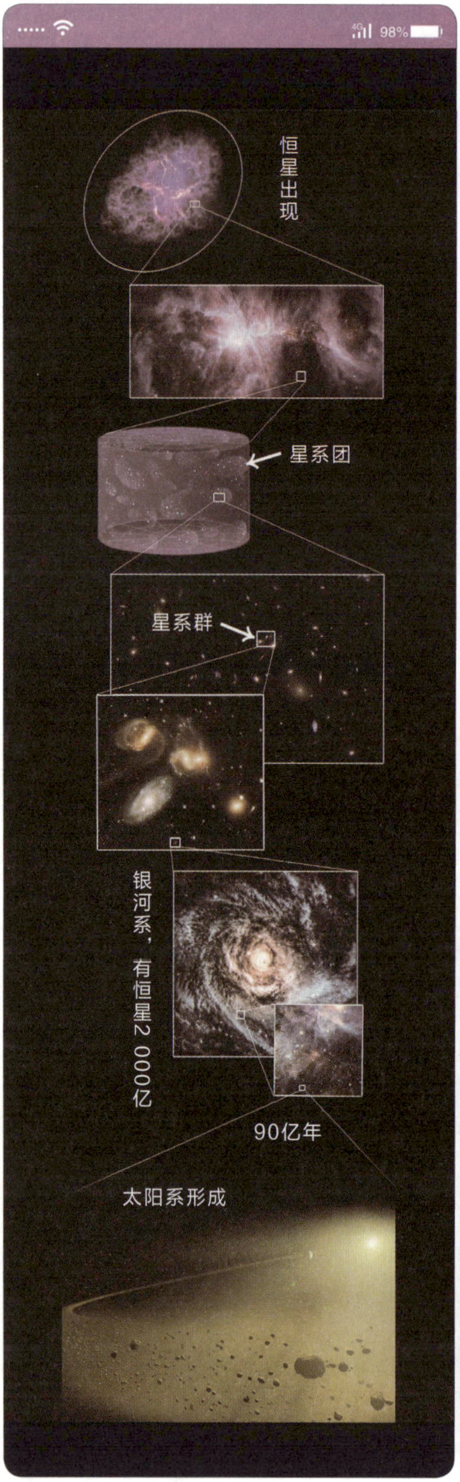

恒星出现

星系团

星系群

银河系，有恒星2 000亿

90亿年

太阳系形成

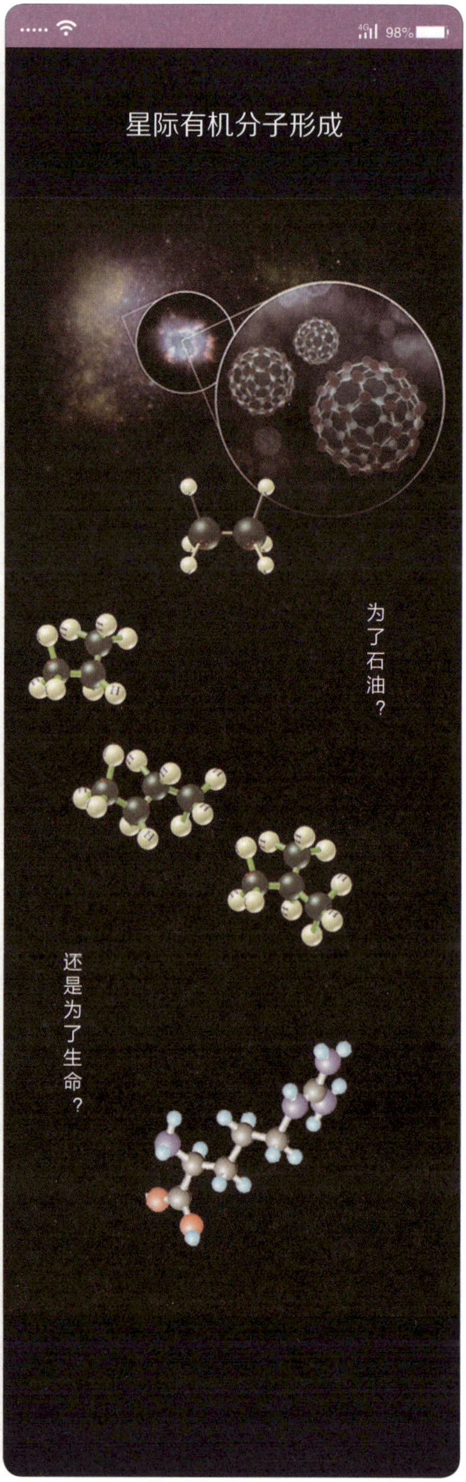

星际有机分子形成

为了石油？

还是为了生命？

98%
我们熟悉的太阳系
比例大概是这样的：
这个蓝点就是地球
行星间距按原来的1/3 000压缩
100 亿年
生命出现
137 亿年
哺乳动物出现
138 亿年
这是宇宙的年龄

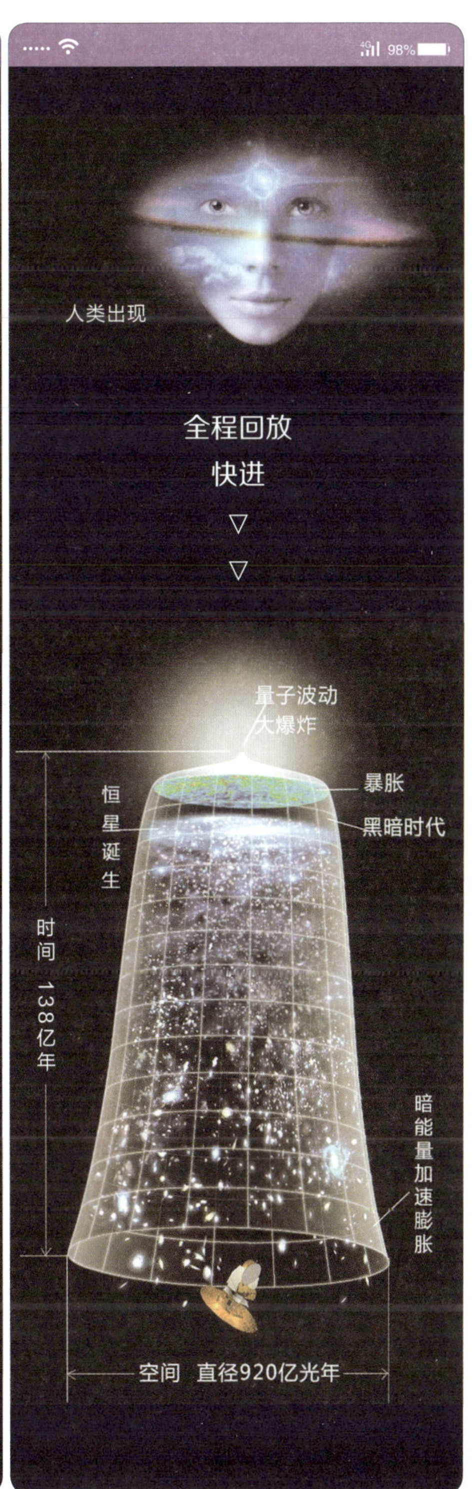
98%
人类出现
全程回放
快进
▽
▽
量子波动
大爆炸
暴胀
黑暗时代
恒星诞生
时间 138亿年
暗能量加速膨胀
空间 直径920亿光年

聊聊张首晟与量子自旋霍尔效应

2018 年 12 月 1 日，美国华裔物理学家张首晟教授去世，他在“量子自旋霍尔效应”领域中的开创性研究，也随之万众瞩目。

想要了解量子自旋霍尔效应，先要了解什么是量子，什么是自旋，什么是霍尔效应。

什么是量子？

1900 年以前，人类认为世界是“连续”的。比如：

你从位置 A 走到位置 B，不管距离多短，也不管是采用凌波微步还是广场舞步的形式，你都不可能从 A 点“直接”穿越到 B 点，你必须“经过”路线上的无数个点。

你烧热水泡枸杞，能量传递也是连续的，水温从 20 ℃升到 100 ℃，一定经历了 20.5 ℃、25.025 025 025 025 0 ℃……总之经历了在 20 ~ 100 之间的任何一个数字。

然而，1900 年，德国物理学家普朗克发现，能量传递不是连续的，而是“一份一份”的，普朗克管这一份能量叫“能量子”，也就是能量“无法分割的最小单位”。能量传递，只能是最小单位的整倍数。就好比你去菜市场买黄瓜，哪怕单价精确到 2 块 2 毛 2 分，那也是 1 分钱的 222 倍，整数倍，你绝花不出去 1 分钱的 2.5 倍、1.3 倍，因为菜市场没这样的计量单位，能量传递“市场”也一样。你不信很正常，因为普朗克自己也不信。

但爱因斯坦信了，1905 年，他用“光量子”的概念完美解释了光电效应，说明这些玩意儿确实是一份一份的。

1913 年，丹麦物理学家玻尔发现，电子绕着原子核飞，是等级森严的：电子按照能量高低，只能在固定“楼层”上飞。谁搞到高能量，谁就升到高楼层，但诡异的是，电子是“直接”升上去的，不必“路过”两个楼层之间的任何一点——它可以从 1 楼消失，直接出现在 6 楼。这叫“电子跃迁”。对电子而言，

空间也是“量子化”的。

OK，我们大概了解了：一个物理量，如果存在最小的、不可分割的基本单位，这个最小单位就可以叫量子。它所导致的不连续的诡异现象，就是“量子化”现象。

什么是自旋?

1925 年，奥地利物理学家泡利想读懂电子，他摆弄电子的 3 个量子数：主量子数、角量子数、磁量子数，它们分别代表电子轨道的层数、形状、方向。但泡利发现，必须找到第 4 个量子数，否则电子的故事不完整。而且，这个量必定只有两个值，简单粗暴。

同年，荷兰物理学家乌仑贝克、古兹密特提出了第 4 个量子数：自旋量子数。

咱俩不能简单地把它理解为地球那种“自转”。因为地球自转的值有无数个：通州正对太阳、朝阳区正对太阳、东城区正对太阳、西城区正对太阳……

而电子自旋的值只有两个：中国正对太阳（左旋）、美国正对太阳（右旋）。没有中间商赚差价。聪明的你秒懂：这个自旋，是量子化的。

如果把电子的前 3 个量子数理解为人的体重、体型、性格，那么，自旋就是性别：男 or 女。非常基本，也就是非常重要。

什么是霍尔效应?

啥叫“力”？“力”是事物之间的“相互作用”。电荷走进磁场，会和磁场互撩互动。磁场对运动电荷的作用力，叫“洛伦兹力”。

导体或半导体中的电子成群结队朝一个方向散步，就形成了电流。电流垂直切进磁场，就会受到洛伦兹力，在电流、磁场共同的垂直方向，会产生一个电场。也就是说：这个附加电场，会改变电流方向。

如果你被 3 个“方向”“垂直”搞糊涂了，想想三维空间坐标轴就明白了，电流、磁场、新电场的方向，分别是 x、y、z 三个坐标轴的方向，它们相互垂直。

这个效应，是美国物理学家霍尔 1879 年发现的，所以叫“霍尔效应”。

电子的自旋可以通过磁场、电场来操控。电子极化率越高，越容易受电场、磁场操控，这就需要磁性半导体、半金属之类的新材料。这门学问叫“自旋输运电子学”，简称“自旋电子学”。

理解了上述概念，我们就可以试着理解什么是量子自旋霍尔效应。

1988 年，美国物理学家霍尔丹提出“量子反常霍尔效应”。

电子自旋可以影响电流，而自旋是量子化的，所以电流受到的影响也可以是量子化的，比如电流方向等。

科学家们兴奋地设想，如果能够实现量子自旋霍尔态，自旋电子学就更牛了。

然而问题是：怎样实现量子自旋霍尔态？

2005 年，美国宾州大学的凯恩教授采用霍尔丹的模型，在理论上设想了量子自旋霍尔态，并认为它可能在单层石墨烯这种二维结构中实现。

二维结构导体，很玄幻的样子，但实现它并不太难。比方说某种绝缘体，内部绝缘，但表面电子可以流动。这就是拓扑绝缘体。

2006 年，张首晟团队提出，碲化汞 - 碲化镉超晶格结构可以搞成限制量子行为的特殊结构——量子阱体系，它存在一种“能带反转”，也就是，其边缘可以是电流传输能带，从而实现“量子自旋霍尔效应”。

2007 年，德国维尔茨堡大学用碲化汞材料做实验证实：张首晟说的对呀！

同年，量子自旋霍尔效应被《科学》评为 2007 年“全球十大重要科学突破”之一。

这当然实至名归，张教授的老师、当代最伟大的物理学家之一杨振宁说，张首晟获诺贝尔奖只是早晚的事。实际上，张首晟已经包揽了当今最重要的物理学奖，只等诺贝尔奖入手。

一些媒体宣传，宇宙第一网红的未来就靠张首晟了，该网红就叫“芯片”。

那么，事实果真如此吗？答案是：有关，但重要性没那么夸张。

先说“有关”。

前面说了，导体或半导体中的电子成群结队朝一个方向散步，就形成了电流。但实际上，它们的方向并没有那么一致，道路是坎坷的，路线是曲折的，磕磕碰碰，相互作用，耗散能量，引起的重要现象之一就是发热。人类管这种对电流的阻碍作用叫电阻。

如果能捋齐电子散步方向，不仅节能环保，还可以解决用电器发热问题。如果你享受过电脑、手机过热死机的待遇，就会明白捋齐电子散步方向，对芯片发展自然是极好的。

那么，这样好的方法哪里找得到呢？

其实人类早就找到了，这就是著名的“超导”。但目前，超导只有在极低温下才能实现，而制造极低温的成本，超过了消除电阻所获得的效益。而用了“量子自旋霍尔效应”原理呢，只要使用特殊材料，构建二维导体，就可以强化电子自旋轨道耦合。于是，电子自旋就会变得很有规律，而电子自旋可以影响电流，这样，电子散步方向被捋齐。

此外，我们知道自旋是量子化的，只有两个相反的方向，所以电流方向也就无比明朗了。并且，普通电流是“电荷电流”，而量子自旋霍尔态就不同了：在二维构架中，这边走左旋电流，那边就走右旋电流，一左一右，总电荷电流互抵，似乎啥也没发生，能耗极低。但两边的自旋发生的变化，却是实实在在的，传输信息没问题。这叫“自旋电流”。所以，这个效应为低功耗电路、新型的信息处理提供了一个可能性，它当然也可以用在芯片上。

十年前，张教授就表示，希望在“通常的半导体硅材料”上实现这一效应，应用于芯片产业。但是，直到如今仍未实现。

为啥呢？这就涉及“重要性”了。

问题很简单：理论可行，但尚未应用。原因就是一大堆技术、工程问题没解决，比如材料问题、设计问题等。而这些，并非张首晟的专业。

“质量可以转换成能量”是爱因斯坦发现的，但落实到核能发电，就不是“非爱因斯坦不可”了。事实也确实如此，没有爱因斯坦参与，后来的核能开发应用也没耽误。不是说爱因斯坦不重要，而是他对核能的贡献早已完成。

张首晟对于芯片也是如此。因此，围绕张首晟、芯片而构想出的种种阴谋论，可以歇歇了。愿逝者安息。

能量的三大终极问题

我们千辛万苦开发能源，归根结底就是为了得到能量。

那么，能量是啥呢？

简单地讲，能量能使物质运动。

但这个简洁的定义不能服人。因为大家都知道，在这个奇葩的宇宙，没有什么是不运动的，我们身上的每一个夸克都在运动，然而你感到处处充满能量了吗？所以，物质简单的运动，并不是人类所说的能量。

我们想要的是，把这个运动进行转换，转换成可以控制和利用的“能力”——这才叫能量。

为啥要用“转换”，而不用“创造”这个励志的词呢？因为，能量是创造不出来的。

根据能量守恒定律可知，宇宙中的能量是守恒的，它只能从一种形式转化成另一种形式，或者从一个物体转移到另一个物体。在转化或转移的过程中，既不会无故缺斤少两，也不会凭空超值赠送，绝对保值。

那么问题便带着诚意扑面而来了：

①物质的运动有那么多“姿势”，转换成啥才能为我所用呢？

②能量到底是从哪里来的呢？

下面，我们从各种运动“姿势”出发，“开扒”各种能量的故事。

先说最熟悉的——火。这是人类最早驯服的自然的能量。

不管是烧柴，还是烧煤、石油、天然气，所得到的能量，都来自化学能。化学能，顾名思义，就是物质在进行化学反应时释放的能量。

化学老师告诉我们：化学反应有很多种，其中一种叫氧化反应。

氧化反应激烈时，就会发光发热，产生历史老师所说的“照亮人类文明之路”的火焰。

那么，氧化反应是咋搞出光、热、火焰的呢？光、热、火焰究竟是啥东西？

解答这个问题还需要物理老师，事情就更复杂了。复杂到需要语文老师足够强大，我们才能听得懂。

这次，我们尽量只用文字说清楚所有事。下面，烧——脑——开——始。

大家知道，凡是可以烧的东西，都是原子混搭而成的。

原子呢？是原子核和电子混搭成的。

而原子核，又是质子和中子混搭成的。

问题的关键来了：质子带正电，电子带负电。

异性相吸的道理，相信大家深有体会，而一夫一妻制就是原子国稳定的家庭结构，所以全世界都知道：一个原子核有几个质子，它就能搭配几个电子。

搭配的电子不管有几个，都紧密围绕在原子核周围，飞扬成欢乐的电子云。

游戏规则：原子核只要按照质子的数量 n，集齐了 n 个电子，就能召唤出一个完美的原子。

啥叫完美？正负相抵、阴阳平衡，这就是一个情绪基本稳定的原子。

说到稳定，这其实是宇宙发展的归宿。

虽然宇宙看上去狂躁不安、活力四射，但组成它的每一个原子都是喜欢稳定的。一般来讲，能量越低越稳定。

当稳定压倒了一切，达到绝对稳定时，就到了传说中的宇宙末日——热寂。

然而，在这个充满了运动、充满了相互作用的年轻宇宙中，能量分配极度不均，基尼系数极其吓人，想要稳定也没那么容易。

就说原子吧，不管什么原因，比如有外部势力让它的电子多了或者少了，破坏了一夫一妻制，那它就成了“离子”，电性整体上显正或者负，这种状态下它就不淡定了，要去跟别的异性离子合体，搞个“帮派”，才能安抚那颗躁动的心。

那么，如果原子整体上呈“电中性”，也就是电子数和质子数正好相等，完美执行了一夫一妻制，原子是否就不躁动了呢？

不是的，因为电子、原子核都在不停地运动。

想象一下：在狂风中，一只飘摆不定的蜂窝，那是运动中的原子核，围着蜂窝飞舞的蜜蜂，就是电子云，大家都在做不可描述的运动，你没法要求蜜蜂以蜂窝为球心，飞出一个完美的球形。

原子核、电子云的运动比蜜蜂激烈多了，所以电子云不是这里密一些，就是那里稀一些。前面说了，电子带负电，质子带正电，所以，电子云密的方向，

电性就显负，反方向就显正，简单地讲，这就有了正负极，是不是很眼熟？是的，整个原子就像一枚小磁铁。

这个正负极，虽然每个瞬间都变幻莫测，但当两个原子相遇时，这个瞬间偶极就会让它俩粘在一起，这就是为什么好好的原子会粘在一起变成分子，分子也会有极性，这样就可以合成更大的分子……

当然，原子们在一起的理由有很多，比如合作双赢、资源共享、追求外层 8 个电子的稳定生活等。

不同的理由，就有不同的结合方式，什么范德华力、氢键、卤键等，但不管是什么方式，大家用的都是同一种力：电磁力。电磁力的本质，是粒子之间交换光子，从而产生的相互作用。

电磁力是个好东西，有吸有斥，张弛有度。

不管是原子核与电子之间，还是原子与原子之间，都是用吸力粘在一起，用斥力和运动保持距离。

说了这么多，只为表明一个简单的道理：所谓化学反应，表面上看，是原子们的各种拆装组合，实际上呢，就是电磁力的各种转换。

前面说了，能量是守恒的，必须等量交换，一手交钱一手交货，这笔交易，在外界看来，就是吸收能量、释放能量。举个例子：

电子和原子核本来好好地在一起，要想拆开它们，就得用能量来换，比方说塞给电子一个光子，电子搂着光子就开心了，运动速度加快，快到能摆脱电磁力的束缚，飞到城市的另一边。这个反应在吃瓜群众看来，就是原子在吸收能量。

相反，一个电子闯进原子核的势力范围，被原子核吸引，想要在一起，电子就得减速、扔掉一部分能量，这样才能被电磁力吸引住。这个反应在吃瓜群众看来，就是原子在释放能量。

当然，实际的物理、化学反应要复杂得多，吸收、释放能量的原因和方式也很多，篇幅所限，不能全聊，但有一个字必须聊：热。

所谓热，其实就是热运动，是原子、分子们不停地乱动。

千万不要小瞧了小伙伴们的乱动，这个速度是很快的：

在室温下，如果把一个空气分子的不规则运动捋成一个方向，它每秒钟可以跑 400 m 左右，比普通手枪发射的子弹速度还快一点哦。

乱动越剧烈，就越“热”，反之当然就越“冷”。

在人类已知的宇宙里，没有哪个原子是不做热运动的。

而我们知道，质子、电子都是带电的，不管正电还是负电，带电物体一运动，就会立即产生磁场，奇妙的是，运动的磁场又会立即产生电场，变化的电场和磁场构成了一个不可分离的电磁场。电磁的变动飞速传出去，就是传说中的电磁波。

电磁波的速度和光速一样，每秒 29.979 245 8 万千米，但它们能量不一样，波长越短、频率越高，能量就越大。

波长大约在 390~760 nm 的电磁波，人类可以看见，我们管它叫“可见光”。

波长比可见光短的，我们管它叫紫外线、X 射线、γ 射线等。

波长比可见光长的，我们管它叫红外线、微波、射电波等。

原子乱动可以通过发射电磁波，也就是扔出能量，冷静下来。

反之，电磁波射过来，原子也可以接收，得到能量，兴奋起来。

既然频率越高、波长越短，能量就越大，那么，是不是说波长越短的电磁波，就越容易让物体变热呢？

并不是。

最容易让原子做热运动的，是红外线，因为它的频率最容易引起原子共振，让大家一起做运动。所以，越接近红外线频率的电磁波，加热的效率就越高。

能量很高的紫外线、X 射线呢？它们可以打飞电子、破坏分子结构什么的，但很难引起原了热运动。

所以，我们用红外线、微波加热，却不用紫外线、X 射线加热。

搞清楚了光、热的关系，就可以开始我们的氧化大业了。

我们这里只谈狭义氧化，也就是和氧气化合的反应。

一场氧化反应，总体上是吸能还是放能呢？这要看具体情况。

同样的原子，不同的分子组合，它们需要的能量是不一样的。比如氢分子、氧分子，它们在反应前，保持“单身”状态的能量就比较高，但如果它们反应了，变成水分子呢？水分子的结构很稳定，需要的能量低，所以，氢、氧化合成水，总体上就是放热。

而氮气和氧气的化合，就正好相反。因为形成一氧化氮所需要的能量，大于拆开氧分子、氮分子所释放的能量。也就是说，你想拆开氧分子、氮分子，

让氧原子和氮原子结合，必须加入点能量才做得到。所以，氮、氧化合，总体上是吸热。

柴也好，煤炭、油气也罢，它们的主要成分是碳、氢之类。这些原子很容易和氧结合，并且都是释放能量。所以，我们拿它们当主要能源，而不是氮气。

前面说过，小伙伴们需要运动，才能聚在一起。运动太孱弱，聚不到一起去；运动太激烈，也没法结合。

所以，氧化反应之前，需要输入恰当的能量，让一部分原子先运动起来，最终带动大家一起运动，这就是“点火”。

当一部分小伙伴们的运动剧烈到一定程度时，氧、碳、氢这些原子就会产生反应，改装成水、二氧化碳之类的分子，产生大量的电磁波，一小部分可以被我们看见，这就是光，多数我们看不见，比如红外线、微波之类。这是舞蹈的旋律，其他小伙伴感受到这个旋律，就会共振起舞、激起电磁波，这叫热辐射；同时，它们的狂舞，还会撞动身边的小伙伴一起狂舞，这叫热传导；狂舞、轻舞的小伙伴来回乱窜混合，这叫热对流。

热辐射、热传导、热对流可以让一部分小伙伴的氧化反应，迅速扩大成亿万个小伙伴的氧化反应，这种剧烈的氧化反应，就叫燃烧。

而所谓火焰，其实是正在发生剧烈反应的高温气体、等离子体之类的物质，这些高温的气体状物质比周围的空气轻，所以上升，下面呢，就不断补充新产生的气化燃料和空气，继续发生反应，所以我们看到的火总是摇曳上升的样子。至于火苗各部分颜色不一样，那是由于各部分的供氧量不一样、反应剧烈程度不一样。

所以火本身并不是某种具体的东西，而是物质气化、氧化过程中的一种发光发热的状态。古人把火作为一种具体的事物，甚至与水、金等并列，那只是人类早期对自然的一种直觉认识罢了。

说到这儿，就很容易理解火的能量转换过程了。

让燃料产生化学反应，释放的能量通过热辐射、热传导、热对流，转化到我们的目标上，帮我们达到各种各样的目的：

让食物中的分子剧烈运动起来，剧烈到一定程度，就可以扯断食物的分子键，破坏细胞、蛋白质等的结构，这样咀嚼起来、消化起来就省力多了，如果破坏太过，让食物碳化了，那就是烧糊了；

让金属原子剧烈运动起来，就可以破坏原子之间的结构，让金属从坚硬的固体变成柔软的液体，任我取用；

燃烧猛烈到一定程度，瞬间产生大量的气体、释放大量能量，形成的高温使气体迅速膨胀，就会引起爆炸；

原子的运动越激烈，它们的碰撞就越猛烈，彼此之间需要的距离就越大，这样就会形成向外的压力，我们把这种必须释放的压力，成功地转换成了可以控制的机械能等形式，比如发电机、蒸汽机、内燃机、火箭、炸弹等都是这个原理。

这就是人类常用的火，一种化学能的来源，它伴随着原子的热运动与电磁力能量转换。这种转换的效率不是很高，搞不好还背负污染环境的骂名。

好在能量转换的方式不止这一种。其他种种，请看《鬼脸物理课 4 · 量子论与未来》“能源极简史”。